主编　袁娟　潘山

# 中国传统文化选讲

江苏大学出版社

JIANGSU UNIVERSITY PRESS

镇　江

**图书在版编目(CIP)数据**

中国传统文化选讲 / 袁娟, 潘山主编. — 镇江：
江苏大学出版社, 2020.12 (2022.8 重印)
ISBN 978-7-5684-1440-1

Ⅰ. ①中… Ⅱ. ①袁… ②潘… Ⅲ. ①中华文化—高
等职业教育—教材 Ⅳ. ①K203

中国版本图书馆 CIP 数据核字(2020)第 253574 号

**中国传统文化选讲**
Zhongguo Chuantong Wehua Xuan Jiang

主　　编/袁　娟　潘　山
责任编辑/汪再非
出版发行/江苏大学出版社
地　　址/江苏省镇江市京口区学府路 301 号(邮编：212013)
电　　话/0511-84446464(传真)
网　　址/http://press.ujs.edu.cn
排　　版/镇江市江东印刷有限责任公司
印　　刷/广东虎彩云印刷有限公司
开　　本/718 mm×1 000 mm　1/16
印　　张/15.25
字　　数/270 千字
版　　次/2020 年 12 月第 1 版
印　　次/2022 年 8 月第 3 次印刷
书　　号/ISBN 978-7-5684-1440-1
定　　价/42.00 元

如有印装质量问题请与本社营销部联系(电话：0511-84440882)

# 目　　录

# 第一章　绪论

## 中华文化，煌煌大矣

20世纪70年代，英国著名历史学者阿诺德·约瑟夫·汤因比曾说过：19世纪是英国人的世纪，20世纪是美国人的世纪，而21世纪将是中国人的世纪；中国文化能够引领人类走出迷误和苦难，走向和平与安定。多年过去了，现实似乎正在印证汤因比对21世纪的预言，21世纪的确是中华民族复兴的世纪。这种复兴不仅是经济上的崛起，同时也是中华文化的伟大复兴。创造出世界上唯一未曾中断的原生文明的中华民族，不仅仅有五千年灿烂的历史，更有能力在新时代里光彩耀人。

## 第一节　观乎人文，化成天下

文化视点

2020年5月21日，全国政协委员、中国医学科学院院长王辰在回答记者提出的中国战"疫"为什么能取得显著成效的问题时指出：这首先是我们文化的一个胜利。

从人民万众一心尊重和维护生命的行动，到党和国家领导人的重要决策部署，再到医务界专业的行动，都深刻地体现了尊重生命与健康的文化和团结一心、共克时艰的文化，这在应对重大疫情中发挥了至关重要的作用。这些深层的精神内核，始终存在于我们中华民族的基因里，流淌在中华儿女的血液中。

## 一、何为"文化"

"文化"，是一个古老的词语。"文"的本义，指交错的纹理。《易·系辞下》："物相杂，故曰文。"《礼记·乐记》称："五色成文而不乱。"《说文解字》称："文，错画也。"在此基础上，"文"又有若干引申义。第一，包括语言文字在内的各种象征符号，进而具体化为文物典籍、礼乐制度。《尚书·序》所载伏羲"画八卦，造书契"，"由是文籍生焉"；《论语·子罕》所载孔子说"文王既没，文不在兹乎"，是其实例。第二，由纹理之说导出线条、装饰、人为修养之义，与"质""实"对称，所以孔颖达对《尚书·舜典》疏解时曰："经天纬地曰文。"《论语·雍也》称："质胜文则野，文胜质则史，文质彬彬，然后君子。"第三，在前两层意义之上，导出美、善、德行之义，这便是《礼记·乐记》所谓："礼减而进，以进为文。"郑玄注云："文犹美也，善也。"

"化"，本义为改易、生成、造化。《庄子·逍遥游》有"化而为鸟，其名曰鹏"，《中庸》有"可以赞天地之化育"等。"化"指事物形态或性质的改变，并由此引申为教行迁善之义。

"文"与"化"合用，较早见之于战国末年儒生编辑的《易·贲卦·象传》："刚柔交错，天文也。文明以止，人文也。观乎天文，以察时变；观乎人文，以化成天下。"这段话里的"文"，即从纹理之义演化而来。日月往来交错，文饰于天，即"天文"，亦即天道自然规律。同样，"人文"，指人伦社会规律，即社会生活中人与人之间纵横交织的关系，如君臣、父子、夫妇、兄弟、朋友构成的复杂网络，具有纹理脉络。治国者须观察天文，以明了时序之变化，又须观察人文，使天下之人均能遵从文明礼仪，行为止其所当止。在这里，"人文"与"化成天下"紧密联系，"以文教化"的思想已十分明确。西汉以后，"文"与"化"方合成一词，如"文化不改，然后加诛"（《说苑·指武》），"设神理以景俗，敷文化以柔远"（《三月三日曲水诗序》），"文化内辑，武功外悠"（《文选·补亡诗》）。这里的"文化"，或与天造地设的"自然"对举，或与无教化的"质朴""野蛮"对举。

西语系统中，有与"文化"对应的词汇，如拉丁文 cultura，原形为动词，含有耕种、居住、修习、注意等多重意义。英文、法文也用 culture 来表示栽培、种植之意，并由此引申为对人的性情的陶冶、品德的修养，这就与中国古代"文化"一词的"文治教化"内涵比较接近。所不同的是，中国的"文化"一开始就专注于精神领域，而 culture 却是从人类的物质生产活动生发，继而才引申到精神活动领域的。从这层意义上分析，culture 的内蕴比中国古代"文化"一词的内涵更为宽泛，与中国语言系统中的另一词汇"文明"更加切近。"文明"，从词源学上追溯，正如唐人孔颖达疏解《尚书·舜典》"浚哲文明"

时所说："经天纬地曰文，照临四方曰明。""文明"是从人类的物质创造，尤其是对火的利用，而扩展到精神的光明普照大地的。

简言之，"文明"兼容物质创造和精神创造的双重意义，接近于今天人们通常理解的广义"文化"。古代中国与古埃及、古巴比伦、古印度共称四大"文明古国"而不称"文化古国"，原因正在这里。

文化作为人类社会的现实存在，具有与人类本身同样古老的历史。文化在时间上的流变和空间上的差异，引起了思想家们的浓厚兴趣。近世以来社会生产力突飞猛进带来的研究手段和条件的极大改善，尤其是社会进步大趋势对于精神养料的迫切需求，更直接促成了专业的文化研究的长足进展。在广泛研究的基础上，人们已基本形成如下共识：人类从"茹毛饮血，茫然于人道"的"直立之兽"演化而来，逐渐形成与"天道"既相联系又相区别的"人道"，这便是文化的创造过程。在文化的创造与发展中，主体是人，客体是自然，文化便是人与自然、主体与客体在实践中的对立统一物。这里的"自然"，不仅指存在于人身之外并与之对立的外在自然界，也指人类的本能、人的身体的各种自然性。文化是改造自然、改造社会的活动，它同时也改造"改造者"自身，即实践着的人。人创造了文化，同样，文化也创造了人。一块天然的岩石不具备文化意蕴，但经过人工打磨，便被赋予了人的价值观念并体现了劳动技能，从而进入"文化"范畴。石器打磨过程中的人的认识水平和技能的提高、人与人之间结成的相互关系，以及最终完成的包含着人的价值取向的石器，都是文化现象，均属"文化"范畴。因此，文化的实质性含义是"人化"或"人类化"，是人类主体通过社会实践活动，适应、利用、改造自然界客体并逐步实现自身价值观念的过程。这一过程的成果既反映为自然面貌、形态、功能的不断改变，也反映为人类个体与群体素质（生理与心理、工艺与道德、自律与律人）的不断提高。

简言之，凡是超越本能的、人类有意识地作用于自然界和社会的一切活动及其结果，都属于文化；或者说，"自然的人化"即文化。

## 二、"文化"的结构层次

关于文化结构，有物质文化与精神文化二分说；物质文化、制度文化、精神文化三层次说；物态文化、制度文化、行为文化和心态文化四层次说；物质文化、社会关系、精神文化、艺术、语言符号、风俗习惯六大子系统说；等等。本书主要介绍四层次说。

第一，物态文化层，由人类加工自然创制的各种器物，即"物化的知识力量"构成。它是人的物质生产活动及产品的总和，是可感知的具有物质实体的文化事物，构成整个文化创造的基础。物态文化以满足人类最基本的生存需要——

衣、食、住、行为目标，直接反映人与自然的关系，反映人类对自然界认识、把握、利用、改造的深入程度，反映社会生产力的发展水平。

第二，制度文化层，由人类在社会实践中建立的各种社会规范、社会组织构成。人的物质生产活动是一种社会的活动，只有结成一定的社会关系才能进行。人类高于动物的一个根本之处，就是人类在创造物质财富的同时，又创造了一个属于人类自己、服务于人类自己，同时又约束人类自己的社会环境，创造出一系列的处理人与人（个体与个体、个体与群体、群体与群体）相互关系的准则，并将它们规范化为社会经济制度、婚姻制度、家族制度、政治法律制度，家族、民族、国家，经济社团、政治社团、宗教社团，教育组织、科技组织、艺术组织，等等。这一部分文化成果虽然不直接与自然界发生关系，但它们的特质、发展水平归根结底是由人与自然发生联系的一定方式所决定的。

第三，行为文化层，由人类在社会实践，尤其是在人际交往中约定俗成的习惯定式构成。这是一类以民风民俗形态出现，见之于日常起居生活之中，具有鲜明民族、地域特色的行为模式。民族的、时代的文化既有物质的标识、制度的规范，又是具体社会行为、风尚习俗的鲜明体现。《礼记·王制》说"五方之民皆有性也，不可推移"，《汉书·王吉传》载"是以百里不同风，千里不同俗"，都是对人类行为文化的明确表达。以民风民俗形态出现的行为文化，"首先是社会的、集体的，它不是个人有意无意的创作。即便有的原来是个人或少数人创立和发起的，但是它们也必须经过集体的同意和反复履行，才能成为民俗。其次，跟集体性密切相关，这种现象的存在，不是个性的，而是类型的或模式的。再次，它们在时间上是传承的，在空间上是播布的"。（钟敬文《民俗学》）

第四，心态文化层，由人类社会实践和意识活动中长期化育出来的价值观念、审美情趣、思维方式等构成。这是文化的核心部分，也是本书讨论的主要内容。具体而论，心态文化又可以分为社会心理和社会意识形态两个子层次。社会心理指人们日常的精神状态和思想面貌，是尚未经过理论加工和艺术升华的流行的大众心态，诸如人们的要求、愿望、情绪等。社会心理较为直接地受到物质文化和制度文化的影响和制约，并与行为文化交融互补、互为表里。社会意识形态则指经过系统加工的社会意识，往往由文化专家对社会心理进行理论归纳、逻辑整理、艺术完善，并以物化形态——通常是著作、艺术作品——固定下来，播之四海，传于后世。依其与社会存在关系的疏密程度，我们又可将社会意识形态区分为基层意识形态（如政治思想、法权观念）和高层意识形态（如哲学、文学、艺术、宗教）。作为基层意识形态的政治思想和法权观念，是经济基础的集中表现，与社会存在保持着较为密切的联系，但它的产生和发展仍然要经过社会心理这一中间环节起作用。作为高层意识形态的哲学、文学、艺术、宗教，其终极根源当然也要追溯到社会存在，但它们是更高的，即远离物质经济基础的意识形态，具有较强的独立性。在这里，观念同自己的物质存在条件的联系越来越复杂，但联系是存在着的。社会存在通过一系列中介作用于这类高层意识形态，而社会心理和基层意识形态便是其间的中介。

## 三、广义与狭义的"文化"

广义的"文化"，着眼于人类与一般动物、人类社会与自然界的本质区别，着眼于人类卓立于自然的独特生存方式，其涵盖面非常广泛，所以又被称作"大文化"。广义的"文化"从人之所以为人的意义上立论，认为正是文化的出现"将动物的人变为创造的人、组织的人、思想的人、说话的人以及计划的人"（钱穆《中国文化史导论》"弁言"），因而将人类社会历史生活的全部内容统统摄入"文化"的定义域。一般来说，文化哲学、文化人类学等学科的研究工作者多持此类文化界说。梁启超在《什么是文化》中称："文化者，人类心能所开释出来之有价值的共业也。"这"共业"包括众多领域，诸如认识的（语言、哲学、科学、教育）、规范的（道德、法律、信仰）、艺术的（文学、音乐、舞蹈、戏剧）、器用的（生产工具、日用器具及制造它们的技术）、社会的（制度、组织、风俗习惯）等。

与广义"文化"相对的，是狭义的"文化"。狭义"文化"排除了人类社会历史生活中关于物质创造活动及结果的部分，专注于精神创造活动及其结果，所以又被称作"小文化"。1871 年，英国人类学家爱德华·泰勒在《原始文化》一书中提出，文化"乃是包括知识、信仰、艺术、道德、法律、习俗和任何人作为一名社会成员而获得的能力和习惯在内的复杂整体"，这是狭义"文化"早期的经典界说。在汉语言系统中，"文化"的本义是"以文教化"，亦属于"小文化"范围。毛泽东在《新民主主义论》中说："一定的文化（当作观念形态的文化）是一定社会的政治和经济的反映。"这里的"文化"，也属于狭义"文化"。

广义的"文化"与狭义的"文化"，涉及范围大小有别，"文化"概念广狭的确定，应由研究者的学科、课题、内容而定。本书肯定"大文化"概念，但基本上以"小文化"为论述范围，主要讨论涉及精神创造领域的文化现象。换言之，在本节前文剖析的文化结构四层次中，我们主要围绕第四层次即心态文化层而展开论析。

狭义的"文化"在逻辑上从属于广义的"文化"，与后者存在不可分割的联系。我们在研究人类的精神创造时，不能忽略物质创造活动的基础意义和决定作用；在讨论关于心态文化诸问题的时候，不能忽略物态文化、制度文化、行为文化对于心态文化的影响和制约，不能将"小文化"与"大文化"割裂开来。这是历史唯物主义文化观与方法论的一个基本要求。需要强调的是，本书讨论的文化主要是狭义的"文化"，亦即"小文化"。

## 四、"文化"与"文明"

"文化"这个概念经常和"文明"有所混淆，其原因在于"大文化"的范畴约等于文明，但还是有区别的。如前所述，"四大文明古国"，不能说成"四大文化古国"，因为人们普遍认为的文化主要还是"小文化"范畴。故本书主张可以对"文化"与"文明"这一组概念做一个简单的辨析。

第一，"文明"，是指人类借助科学、技术等手段来改造客观世界，通过法律、道德等制度来协调群体关系，借助宗教、艺术等形式来调节自身情感，从而最大限度地满足人的基本需要、实现全面发展，是一种高度。而"文化"是指人在改造客观世界、协调群体关系、调节自身情感的过程中所表现出来的时代特征、地域风格和民族样式，是一种风格。

第二，"文明"，是由低到高的一个进程。当我们说"资本主义时代的文明程度高于封建时代的文明程度"这句话时，既意味着资本主义时代的物质生产能力高于封建时代，也意味着资本主义时代的社会组织形式较之封建时代更能焕发人类群体改造世界的总体能力，还意味着资本主义时代的精神产品及其享受形式比封建时代更加丰富多彩。而"文化"，具有非常多元的层次，文化本身并无贵贱之别。比如穿衣服，是否温暖、是否舒适、是否满足基本需要，是一个文明的问题，衣衫褴褛甚至裸奔，也是关于文明的问题；但穿西服还是穿汉服，穿旗袍还是穿牛仔裤，这就是一个文化的问题了。又如吃饭，能否提供能量、是否营养卫生，是一个文明的问题；但是吃西餐还是中餐，吃寿司还是泡菜，这就是一个文化的问题（图1-1至图1-4）。

图1-1　中餐

图1-2　汉堡包

图1-3　寿司

图1-4　泡菜

第三，文明是内在价值，是全人类共同的追求，具有比较相似的或者能够达成共识的判断标准；文化是外在形式，是多元的、丰富的，"一个世界，多种声音"，是今天全球大多数国家都认可的规则，不能用同一把尺子去衡量，更不能将自己的文化标准强行推销给他国，否则必将招致不满或抵制。

第四，强势文化与弱势文化。强势文化，就是指能力较强、效率较高、包含文明价值较多的文化系统，弱势文化则反之。强势文化居于主导地位，一方面的影响是刺激弱势文化改变固有的状态，提高人类的文明总量；另外一个方面的影响则是民族、地域之间的文化差别越来越小，文化面貌日趋相同，是人类文明不断减少其外在文化形式的差异，也就是全球化。因此，全球化是一柄双刃剑，要全面客观地看待。

# 第二节　薪火相传，生生不息

　　相传远古时期，华夏族首领尧准备寻找一个德行高尚的接班人，众人举荐了舜。因为舜不仅才干非凡，体恤众生，而且是个大孝子。他的父亲、继母和弟弟想尽各种奸计欲置他于死地，他侥幸逃脱后却没有半句怨言，反而自责没有尽孝，由此深受民众敬仰。尧为了进一步了解舜，把自己的两个女儿娥皇、女英嫁给舜，把自己的儿子派给舜做助手。十几年后，尧的儿女汇报说，舜是个真正的君子，完全可以信任。于是，尧举行禅让仪式，将天下交给了舜。尧舜禅让（图1-5）的故事对后世影响非常大，其所彰显的尚德尚贤的精神，将中华民族锻造成了一个自强不息、厚德载物的伟大民族。

图1-5　尧舜禅让石刻

文化是一个国家和民族的软实力，如何传承和弘扬优秀的传统文化，进而创造中华民族的新文化，对于包括年轻人在内的全体中国人，都是十分重要的。那么，究竟什么是中国传统文化呢？

# 一、中国传统文化

## （一）中国传统文化的内涵

人通过记忆和一套已有的方式来学习，这套方式不是某个人个别的创制，而是社会共有的。这套传下来的方式就是社会共同经验的累积，也就是我们常说的文化。

何谓"中国传统文化"，关键是如何理解和看待其中的"传统"二字，争议往往也发生在这里。有人说，传统文化就是"传统社会"的文化，中国的传统文化含有一定的封建糟粕，应该加以区分。但是，我们也应该看到，中国传统文化的主流是勤劳节俭、热爱和平的中华各族人民世世代代创造出的文化，是中华文明演化而汇集成的一种反映民族特质和风貌的民族文化，是民族历史上各种思想文化、观念形态的总体表征。中国传统文化是居住在中国地域内的中华民族及其祖先所创造的、为中华民族世世代代所继承发展的、具有鲜明民族特色、历史悠久、内涵博大精深的文化。中国传统文化是中华民族语言习惯、文化传统、思想观念、情感认同的集中体现，凝聚着中华民族普遍认同和广泛接受的道德规范、思想品格和价值取向。

今天，值得我们继承发扬的文化必然只能是历史积淀中的积极的文化，能够成为传统的，就应该是主流的、建设性的文化。费孝通在《乡土中国》里深情地写道："文化，就是共同的记忆。"的确，中国传统文化，就是中华民族的共同记忆，这种记忆在时光的拣选中已经把各种不合时宜的杂质纷纷舍弃，留下的这个我们今天所认同的传统文化，是民族的宝贵遗产和智慧结晶。

正如解释学创始人德国学者汉斯·格奥尔格·伽达默尔所言："传统的意义，正在于尊重和保护。"由此而言，本书所言的中国传统文化，指称的正是民族记忆中的精华部分、具有积极意义与正向价值的部分。其内涵如下：

作为一个地理概念，"中国"的内涵经历了一个渐次扩展的过程。上古时黄帝建国于黄河流域，自认为居天下之中央，故称中国，而将周边地区称为四方。《诗经·大雅》说"民亦劳止，汔可小康。惠此中国，以绥四方"；《庄子·田子方》载"吾闻中国之君子，明乎礼义而陋于知人心"，其中的"中国"均为此义。秦汉以后，以汉族为主体的大一统中央政权建立，历朝版图时有变化，但基本趋势是不断拓展。清代疆域"东极三姓所属库页岛，西极新疆疏勒，至于葱岭，北极外兴安岭，南极广东琼州之崖山"（《清史稿·地理志》）。新中国成立后，政府相继与缅甸、尼泊尔、蒙古、巴基斯坦、阿富汗等邻国签订边界条约。至此，形状酷似雄鸡的中国陆地疆域最终形成。本书所论中国文化，在陆地地域范围上，以此为界。

中华民族，是中国文化的创造主体。中华民族是现今中国境内由华夏族演衍而来的汉族及55个少数民族的总称。"中华"之得名，由来已久。"中"，意谓居四方之中。"华"，本义为光辉、文采、精粹，用于族名，蕴含文化发达之意。《唐律疏议》说："中华者，中国也。亲被王教，自属中国，衣冠威仪，习俗孝悌，居身礼仪，故谓之中华。"在漫长的历史发展过程中，随着疆域的扩大、社会的发展，中国境内各民族间的联系纽带愈益强化，民族共同体诸要素（共同语言、共同地域、共同经济生活，以及表现于共同文化上的共同心理素质）渐趋完备。到了近代，由于西方资本主义殖民势力的侵入，中国境内各族更增进了政治、经济、文化上的整体意识，进一步形成自觉的民族观念，"中华民族"成为中国境内诸民族的共同称谓。在全世界范围内，正如梁启超在《中国历史上民族之研究》中所说："凡遇一他族而立刻有'我中国人'之一观念浮于其脑际者，此人即中华民族之一员也。"

中国文化，是中华民族对于人类的伟大贡献。独具特色的语言文字、浩如烟海的文化典籍、嘉惠世界的科技工艺、精彩纷呈的文学艺术、充满智慧的哲学思想、完备深刻的道德伦理等，共同构成了中国文化的基本内容。

（二）中国传统文化的价值体系

中国传统文化是中华民族的宝贵财富，是每一个华夏儿女流淌在血液里的基因。她能够绵延五千年历久弥新，必有极其坚实的文化价值系统作为支撑，其核心价值主要可以概括为五个关键词。

## 1. 天人合一

中西文化的基本差异之一就在人与自然的关系问题上。中国文化比较重视人与自然的和谐统一，西方文化则强调人要征服自然、改造自然才能求得生存和发展。中国文化的这种特色，往往通过"天人合一"的命题表述出来。当然也有"明于天人之分"和"人能胜乎天"的思想，但这种思想不占主导地位，因为在古圣先贤看来，天与人、天道与人道、天性与人性是相类相通的，因而可以达到统一，所以大多反对把天和人割裂、对立起来，而主张天人协调、天人合一。

"天人合一"的思想传统，有一个逐渐演化的过程。作为一种观念，"天人合一"在先秦时期就已经产生。西周时期，天是有意志的人格神，是自然和社会的最高主宰，天人关系实际上就是神人关系。《尚书·洪范》中说："惟天阴骘下民……天乃锡禹洪范九畴，彝伦攸叙。"其认为天是保佑民众的，因而把九类大法赐给禹，人伦规范才安排就绪。这种观点，肯定在"天"（神）与人之间是相通的关系，可以说是中国古代天人合一思想的萌芽。春秋时期，郑国大夫子产说："夫礼，天之经也，地之义也，民之行也。"（《左传·昭公二十五年》）他认为"礼"是天经地义，即自然界的必然法则，人民必须按照天经地义的"礼"行事。这是把天地与人事联系起来，反映出了天与人可以相通、可以按照同样的法则运作的思想。战国时期，孟子把天道与人性联系起来，他说："尽其心者，知其性也。知其性，则知天矣。"（《孟子·尽心上》）孟子认为，天有善善恶恶之心，人性天赋，善端与生俱有，因而性、天相通。庄子则认为，人与天地自然都由气构成，是自然的一部分，因而天与人是统一的。但是由于人类社会建立了种种制度、规范，破坏了自然本性，造成了天与人的对立，要恢复人性之自然，就必须"无以人灭天"，反对人为，追求一种"天地与我并生，而万物与我为一"（《庄子·齐物论》）的"天人合一"的精神境界。庄子提出的人与自然在本质上统一的观点，确有其深刻的合理性。

《易·乾·文言》提出了著名的"与天地合其德"的天人合一思想："夫大人者，与天地合其德，与日月合其明，与四时合其序，与鬼神合其吉凶。先天而天弗违，后天而奉天时。"所谓"与天地合其德"，是指人与自然界要相互适应，相互协调。所谓"先天"，即未发生之前，在自然变化未发生之前加以引导；所谓"后天"，即遵循自然的变化规律，从天而动。《易·系辞上》说，圣人行事的准则是"与天地相似，故不违；知周乎万物而道济天下，故不过；旁行而不流，乐天知命，故不忧；安土敦乎仁，故能爱。范围天地之化而不过，曲成万物而不遗，通乎昼夜之道而知"。即认为人道是与天地之道相似的，圣人就是既尊重客观规律，又注意发挥人的主观能动性。可以说，这是关于天人关系的一种较为客观的观点。

汉代董仲舒提出天人感应论，将先秦的阴阳五行观念引入儒学，把人体与自然界的时令节气相比拟，认为天有阴阳，人也有阴阳，"以类合之，天人一也"（《春秋繁露·阴阳义》）。

　　两宋时期，天人合一思想发展成为占主导地位的社会文化思潮，几乎为各种派别的思想家所接受。张载在深入探讨前人天人观的基础上，对中国古代天人学说做了高度概括，形成了"天人合一"的哲学命题，他认为，儒者"因明致诚，因诚致明，故天人合一，致学而可以成圣，得天而未始遗人"（《正蒙·乾称》）。他在《西铭》中说："乾称父，坤称母。予兹藐焉；乃混然中处，故天地之塞吾其体，天地之帅吾其性，民吾同胞，物吾与也。"这体现的是自然界和人的共同的"性命之理"（《正蒙·参两》）。他还认为，性天相通，道德原则和自然规律是一致的，他把"天人合一"看作人所追求的最高境界。在张载看来，人生的最高理想是天人协调。根据"范围天地之化而不过，曲成万物而不遗"的理想追求，他主张穷理尽性，"为天地立心，为生民立命，为往圣继绝学，为万世开太平"，以完成人道，实现天道，最终达到天道与人道的统一。

　　之后，"天人合一"得到了不同学派的进一步阐发，其中既有正确的观点，也有错误的观点，必须实事求是地予以分析，辩证地看待，但应当肯定这一思想对民族文化的推进作用有深远影响。

　　天人合一的思想，充分肯定"自然界和精神的统一"，关注人类行为与自然的协调问题，在环境问题日益严重的今天，具有非常积极的意义。一方面，中国古代的天人合一思想，强调人与自然的统一、人的行为与自然的协调、道德理性与自然理性的一致。人不能违背自然，不能超越自然界的承受力去征服自然、破坏自然，而只能在顺从自然规律的条件下去利用自然、改造自然，使之更符合人类的需要，也使自然界的万物都能生长发展。另一方面，自然界对于人类，也不是一个超越的、异己的本体，不是主宰人类社会的神秘力量，而是可以被认识、可以为我所用的客观对象。这种思想长期实践的结果，是得到自然界与人的统一，人的精神、行为与外在自然的一致，自我身心的平衡与自然环境的平衡的统一，以及由这些统一而达到的天道与人道的统一，从而实现完满和谐的精神追求。"天人合一"的思想，对于解决当今世界由于工业化和无限制地征服自然而带来的环境污染、生态破坏等问题，具有重要的启迪意义；对于今天正在进行的生态文明建设，更有重大的现实意义。

　　"天人合一"思想在自身漫长的发展中既有丰富的内涵，也有芜杂的内容，我们应当客观公正地看待。但是，作为民族文化精神的主导观念，作为民族文化特质的典型表现，我们应当从文化发展延续的民族性的一面，给予"天人合一"思想足够的重视，对其做出积极的评价。

## 2. 以人为本

人本主义向来被认为是中国文化的一大特色。"以人为本"，就是指以人为考虑一切问题的根本，肯定在天、地、人关系中，以人为中心；在人、神关系中，以人为中心。人为万物之灵，天地之间人为贵，是中国传统文化的基调之一。中国传统文化价值系统的确立，中国传统文化主体内容的嬗变，中国古代各种哲学派别、文化思潮的关注焦点，以及整个中国传统文化的政治主题和价值主题，始终围绕着人生价值目标的揭示，以及人的自我价值的实现、实践而展开。

在中国文化中，人是宇宙的中心。人可以"赞天地之化育"，与天地"相参"。人是衡定万物的尺度。传统的天人合一思想，强调了天人之间的统一性。一方面，用"人事"去附会"天命"，把人的行为归依于"天道"的流行，以获得一个外在的理论构架。另一方面，人又往往把主体的伦常和情感灌注于"天道"，并将其人格化，使其成为主体意识的对象和外在体现，"天"成了理性和道德的化身，如封建帝王宣称的"奉天承运"，起义农民坚持的"替天行道"，不过是这种思维格局和心理状态的不同衍射而已。从表面上看，是人按天意在"承运"、在"行道"，但在实际上，"天"却成了人们实现道德理想的手段，人为主导，人是目的，充分体现了以人为本的文化精神。

中国古代思想家，特别是儒家思想家，一贯反对以神为本，而坚持以人为本的朴素的人文主义立场。孔子虽然承认天命，但对鬼神采取怀疑的态度："务民之义，敬鬼神而远之，可谓知矣。"（《论语·雍也》）弟子问人死后的情况，孔子说："未知生，焉知死？"可见，孔子是将现实的人事、人的生命放在第一位的，不讨论鬼神。《论语·述而》中还明确记载："子不语怪、力、乱、神。"这都表明，孔子关注的是现实的社会人生问题，并将解决问题的希望寄托于人。

以人为本的思想，在后来的封建社会中得到了广泛的认同和创造性的发展。东汉思想家仲长统说："所贵乎用天之道者，则指星辰以授民事，顺四时而兴功业。其大略吉凶之祥，又何取焉……所取于天道者，谓四时之宜也；所一于人事者，谓治乱之实也……从此言之，人事为本，天道为末，不其然与？"（《全后汉文》卷八十九）这就是说，人们要顺应四时自然，用天道指引人道，建功立业，而不要利用自然现象妄言人事的吉凶。天道和人道，不能混为一谈。天道和人道，前者是末，后者是本。可以说，仲长统这里关于"人事为本，天道为末"的论述，精辟地概括了儒家人本思想的精髓。后来的进步思想家，基本上都继承、发展了这种思想。

人本思想的确立，不仅有助于人们合理地看待人与神的关系，增强人的主体意识，而且有助于抵制宗教神学。佛教传入中国后，宣传灵魂不灭、三世轮回的观念，世俗之人颇受影响，但进步思想家奋起辩驳。南北朝时期的何承天撰写了《达性论》，批判佛教哲学，宣扬人本思想。他指出："人非天地不生，天地非人不灵。"而且，人与动物迥然不同，不能把人与飞鸟虫鱼"并为众生"，归为一类。这就否定了灵魂不灭、三世轮回的迷信。何承天在这里所坚持的正是传统儒学的人本思想。后来范缜在《神灭论》中提出"形质神用、形谢神灭"的观点，系统而科学地论证了形神关系，彻底批驳了神不灭论，有力地捍卫了人本主义。

宋明理学也力倡并躬行人本主义。宋明理学的发展有三条路径：气本论、理本论和心本论。气本论以张载为代表，主张世界统一于气，万物不过是气的聚散而已。理本论以朱熹为代表，主张世界统一于理，万事万物不过是"理"的体现。心本论以陆九渊、王阳明为代表，认为"宇宙便是吾心，吾心即是宇宙"，世界统一于"心"，万事万物不过是"心"的外化而已。三者之间尽管有种种不同，甚至有尖锐的思想分歧和理论斗争，但都否认鬼神的存在，高扬人的主体性，肯定精神生活的价值，强调道德理性对于个人境界的提升和社会发展的极端重要性。气本论认定道德伦理来自气的禀受，理本论宣称道德伦理源于宇宙本原之"理"，心本论鼓吹道德伦理出自"本心"的要求。这些论断各有其片面性。但是它们在对道德伦理价值的肯定和日常践履中，弘扬了主体的能动作用，从而发展了传统儒家的人本思想。

总体来看，中国传统文化是一种以宗法为核心的伦理型文化。它以道德实践为旨趣，把个人价值的实现、个体道德精神境界的提升，寄托于整体关系的良性互动中。一个人既处于个体的伦理关系网之中，又处于整个社会家国一体、家国同构的政治关系网之中，于是一整套与之相应的道德规范"应运而生"。每个人依此规范，履行义务，相互关联，相互制约，维系社会的正常运转，实现各自的人生价值。

"以人为本"的伦理型文化把道德实践提到至高地位，对于人的精神的开发与个体道德自我的建立，有着十分重要的意义。它以道德教育代替宗教信仰，用道德自觉抵制宗教强制，大大强化了中国文化的人文精神，相比于信仰宗教的民族，这是更加成熟的文化，是更加理性的文化。当然，由于明显的重人伦轻自然、重群体轻个体的倾向，只强调个人的义务和道德人格而不重视个人的能动性和创新性，明清以来中国科技逐渐落后于西方，这样的消极影响也是不可忽视的。

### 3. 贵和尚中

"贵和谐，尚中道"作为中国文化的基本精神之一，在中华民族和中国文化的发展过程中起着十分重要的作用。

在中国历史上，有所谓"和同之辨"。西周末年的太史伯已经认识到，由不同元素相配合才能使矛盾均衡统一，才能收到和谐的效果："夫和实生物，同则不继。以他平他谓之和，故能丰长而物归之。若以同裨同，尽乃弃矣。"（《国语·郑语》）不同事物之间彼此为"他"，"以他平他"即把不同事物联结在一起。不同事物相配合而达到平衡，就叫作"和"，"和"才能产生新事物。如果把相同的事物放在一起，只有量的增加而不会发生质的变化，就不可能产生新事物，事物的发展就停止了。太史伯是第一个对和谐理论进行探讨的思想家。孔子继承了这种重和贵同的思想，主张"礼之用，和为贵"（《论语·学而》），"君子和而不同，小人同而不和"（《论语·子路》），把对"和"与"同"的取舍作为区分"君子"和"小人"的标准，表现了重和去同的人文价值取向。

重和去同的思想，肯定事物是多样性的统一，主张以广阔的胸襟、海纳百川的气概，容纳不同意见，以促进民族文化的发展。《易·系辞下》中"天下百虑而一致，同归而殊途"的主张，便是重和去同思想的体现。在文化价值观方面，重和去同提倡在主导思想的规范下，不同派别、不同类型、不同民族之间思想文化的交相渗透，兼容并包，多样统一。在中国文化中，儒道互补，儒法结合，儒佛相融，儒、释、道三教合一，尽管其间经历了种种艰难曲折，却最终走向融合统一，表现了"有容乃大"的宏伟气魄。在民族价值观方面，中国文化素以礼仪道德平等待人，承认任何民族的文化都有其价值。汉代司马相如受武帝之命"通西南夷"，招抚少数民族，便以"兼容并包""遐迩一体"为指导思想，并称这是武帝"创业垂统，为万世规"（《史记·司马相如列传》）的事业之一。正是这种"兼容并包""遐迩一体"的思想，使汉王朝将不同的民族融为一体，成为统一的中华民族。在治国之道方面，兼容天下的胸怀表现为"以君子长者之道待天下"（苏轼《省试刑赏忠厚之至论》），善于听取不同意见。"兼听则明，偏听则暗"，便是典型的理论提炼。这些都是中国古代重和去同文化精神的具体体现。事实证明，这种"和而不同"的文化观，对于中国古代文化发展起了重要的积极作用。

《易传》高度赞美并极力提倡和谐思想，提出了"太和"的观念："乾道变化，各正性命，保合太和，乃利贞。""太和"即最好的和谐状态。《中庸》说："万物并育而不相害，道并行而不悖。"这正是儒家所构想的"太和"境界。张载在《正蒙·太和》中说："太和所谓道，中涵浮沉、升降、动静相感之性，是生絪缊、相荡、胜负、屈伸之始。""道"是中国传统哲学的最高范畴，"太和"便是道，是最高的理想追求，即最佳的整体和谐状态。但这种和谐不是排除矛盾、消弭差异的和谐，而是蕴涵着各种对立面相互作用、相互消长、相互转化的和谐，是整体的、动态的和谐，正是这种和谐，推动着事物的变化发展。

中国传统文化十分重视宇宙自然的和谐、人与自然的和谐，特别是人与人之间的和谐。孟子提出了"天时不如地利，地利不如人和"（《孟子·公孙丑下》）的思想，他所谓的"人和"，是指人民之间团结一致，以及统治者与人民之间的协调关系。他还把"得道者多助，失道者寡助"即人心向背看作统治者是否具备"人和"的基本条件，把它提到决定事业成败的高度来认识。以和谐为最高原则来处理人与人之间的关系，包括君臣、父子等伦常关系，也包括国家、民族之间的关系。中国人民有爱好和平的优良传统，在维护自己民族独立的同时，并不热衷于向外扩张，用武力去征服其他国家和民族。《尚书·尧典》赞颂古代圣王的德时说："克明峻德，以亲九族；九族既睦，平章百姓；百姓昭明，协和万邦。"这就是儒家通过道德教化来"齐家、治国、平天下"的模式。它以道德修养和教化为本，先治理好自己的家族、自己的国家，再以此去感化其他国家和民族，以实现"协和万邦"的理想。

中国古代的"贵和"思想，往往是和"尚中"之义联系在一起的。《中庸》说："喜怒哀乐之未发，谓之中；发而皆中节，谓之和。中也者，天下之大本也；和也者，天下之达道也。致中和，天地位焉，万物育焉。"达到中和状态，宇宙万物和人类社会便各安其位、各得其所了。既然和谐是最好的秩序和状态，是最高的理想追求，那么，怎样才能实现"和"的理想呢？

儒家认为，要实现"和"，根本的途径在于保持"中"道。"中"，指事物的"度"，即不偏不倚，既不过度，也不要不及。此外，"中"也指对待事物的态度，既不"狂"也不"狷"。孔子用"持中"的办法作为实现并保持和谐的手段。在他看来，无过无不及，凡事"叩其两端而执中"，便是"和"的保证，便是实现"和"的途径。而"中"又是以"礼"为原则的，如果为和而和，违背礼的原则，则沦为"乡愿"，是"德之贼"。《中庸》将孔子所主张的持中原则提到"天下之大本""天下之达道"的认识论和政治论的高度，强调通过对持中原则的体认和践履，去实现人与人之间、人与社会之间、人与天道之间的和谐与平衡。总的说来，以中为度，中即是和，是儒家和谐观的重要内容。"和"包含着"中"，"持中"就能"和"。汉代以后，历代思想家都认同这种观念，继承并努力实践这种观念。中庸之道可以说是一种调节社会矛盾、使社会关系达到中和状态的高级哲理，所谓"极高明而道中庸"，就是这种哲理的妙用。

值得注意的是，先秦两汉儒家的中和理论，是以"中庸"观念为理论基础，以"礼"为标准，以对统一体的保持、对竞争观念和行为的抑制为特征的，有的时候这会成为阻碍事物发展变化的保守理论，发展到后来，便成为典型的"天不变道亦不变"守成式的和谐论。

但总体来看，贵和尚中思想的积极影响还是占主导的。由于全民族在贵和尚中观念上的认同，中国人十分注重和谐局面的实现和保持，这对于社会的稳定和发展是必不可少的。做事不走极端，着力维护集体利益，求大同存小异，保持人际关系和谐，是中国人普遍的行为准则。这对于民族精神的凝聚，对于统一的多民族政权的维护，甚至对于构建人类命运共同体，无疑都有着积极作用。

### 4. 刚健有为

作为中国文化基本精神之一，刚健有为是人们处理天人关系和各种人际关系的总原则，是中国人积极有为人生态度的最集中的价值提炼。孔子较早提出刚健有为的思想，他十分重视"刚"的品德："刚毅木讷近仁。"（《论语·子路》）刚毅指坚定性，高度肯定临大节而不夺的品质，所谓"三军可夺帅也，匹夫不可夺志也"（《论语·子罕》），便是对"刚健有为"的生动写照。在孔子心目中，刚毅和有为是不可分割的。有志有德之人，既要刚毅，又要有历史责任感和时代使命感。"不知命，无以为君子也。"（《论语·尧曰》）孔子的弟子曾参提倡知识分子要"弘毅"："士不可以不弘毅，任重而道远。仁以为己任，不亦重乎？死而后已，不亦远乎？"（《论语·泰伯》）即强调知识分子要有担当道义、不屈不挠的奋斗精神。孔子提倡并努力实践刚健有为，为崇高理想而不懈奋斗，鄙视饱食终日无所用心的人生态度，他"发愤忘食，乐以忘忧，不知老之将至云尔"（《论语·述而》）。

《易传》对刚健有为、自强不息的思想做了经典的概括。《易·乾·象传》说："天行健，君子以自强不息。"《易·系辞下》说："天地之大德曰生。"天体运行，健行不止，生生不已，人的活动乃是效法天，故应刚健有为、自强不息。这里阐明了效法天行之健、充分发挥人的主观能动性的思想。《易·乾·文言》："刚健中正，纯粹精也。"它把刚健当作一种最重要的品质，同时又要求刚健而中正，不走极端，坚持原则，以"中正"的态度来立身行事。

《易传》中刚健有为、自强不息的思想深入人心，为社会所接受，不仅对于知识分子，对于一般民众也产生了强烈的激励作用。"昔西伯拘羑里，演《周易》。孔子厄陈蔡，作《春秋》；屈原放逐，著《离骚》；左丘失明，厥有《国语》；孙子膑脚，而论《兵法》；不韦迁蜀，世传《吕览》；韩非囚秦，《说难》《孤愤》；《诗》三百篇，大抵圣贤发愤之所为作也。"《史记·太史公自序》中这段名言，反映了中华民族愈是遭受挫折愈是奋起抗争的精神状态和坚忍不拔的意志。如果说，这只是知识分子和上层人士自强不息、积极有为思想的表现，那么"人穷志不短"等民间俗谚，以及中国古代针对儿童与青少年教育的"蒙学"类著作，都有大量激励人奋发向上的内容，这些都反映出自强不息精神广泛的社会影响和普遍意义。

历史上虽也有以道家为代表的柔静无为之说，如老子主张"致虚极，守静笃"，庄子的"心斋""坐忘"等，但最终还是刚健有为成为主导思想，柔静无为成为补充。在先秦，儒家主张刚健有为；墨家"尚力"；法家"争于气力"，主张耕战立国，富国强兵。王夫之倡导"积刚以固其德，而不懈于动"（《周易内传》卷三上），即以"健动"为人生的最高原则。颜元"一身动则一身强，一家动则一家强，一国动则一国强，天下动则天下强"（《颜习斋言行录》），都是倡导积极有为的。

刚健有为的精神，不仅在我们民族兴旺发达时期起过巨大的积极作用，而且在我们民族危难之际，如外族入侵、政权易手之时，总成为激励人们奋起反侵略、反压迫斗争的强大精神力量。无数志士仁人，为此鞠躬尽瘁，不息奋争。诸如"岂曰无衣，与子同袍"（《诗经·无衣》），"遗民忍死望恢复，几处今宵垂泪痕"（陆游《关山月》），"王师北定中原日，家祭无忘告乃翁"（陆游《示儿》），"会挽雕弓如满月，西北望，射天狼"（苏轼《江城子·密州出猎》），"人生自古谁无死，留取丹心照汗青"（文天祥《过零丁洋》），等等，无不体现出高度的自强精神。历史上许多英雄，诸如岳飞、文天祥等，他们都是不降其志、不辱其身、慷慨捐躯、舍生取义的楷模。他们的壮举，集中体现人生在世要为崇高理想竭心尽力奋斗的正义追求，那些读来荡气回肠的诗句，至今仍然是激励人们为国家建功立业的重要精神力量。正是这种刚健有为、自强不息的精神，凝聚、增强了民族的向心力，培育了中华民族的自立精神和反抗压迫的精神，以及不断学习、不断前进的精神。

从社会角度来看，"日新""革新"的观念，是刚健有为、自强不息精神的突出表现，在历史实践中为人们所普遍接受，并积极促进"顺乎天而应乎人"的社会变革。《大学》称赞"苟日新，日日新，又日新"；《易传》肯定"天地革而四时成，汤武革命，顺乎天而应乎人。革之时，大矣哉"。这种革故鼎新的思想，后来成为不同历史时期朝野上下津津乐道的变革观念，成为有道讨伐无道的思想武器。中国历史上绵延不断的改良、革命、维新、变法活动，都把"汤武革命，顺乎天而应乎人"当作变革的理论根据，体现了"日日新，又日新"的积极进取精神。

从个体角度来看，坚持独立人格也是刚健有为思想的重要表现。孔子认为，为了实行仁德，宁可牺牲自己的生命，而决不苟且偷生。他说："志士仁人，无求生以害仁，有杀身以成仁。"（《论语·卫灵公》）他在自己的治国平天下方略不为统治者接受的时候，不改初衷，秉持"道不行，乘桴浮于海"（《论语·公冶长》）的原则。他始终坚持"天下有道则现，无道则隐"（《论语·泰伯》）的人生准则，决不与黑暗统治同流合污，赢得了人们的尊重，成为后世坚持独立人格、保持自尊自重高尚气节的榜样。孟子明确表示，生存和道义都是可贵的，但如果二者不可兼得，则"舍生而取义"（《孟子·告子上》）。他认为，"大丈夫"应有"富贵不能淫，贫贱不能移，威武不能屈"（《孟子·滕文公下》）的气概，这种坚持独立人格和气节、不为物质利益所诱惑、不为暴力所屈服的顶天立地的精神，成为烛照中华民族奋然前行的精神力量。南朝著名的无神论者范缜，坚持真理，不"卖论取官"，便是受传统的独立人格思想熏陶的结果。这种坚持独立人格、注重"大丈夫"气节的思想，无疑是中国文化的优良传统之一。

**5. 崇德尚群**

重视人的节操和修养，注重人之所以成为人的道德素质，进而追求人格的完美，这可以称为道德意识或人格意识，这是中华文化的又一个重要特点。

"崇德"的意识出现很早。子曰："夫《易》，圣人所以崇德而广业也。"（《易·系辞上》）就个人而言，崇德和修身联系在一起。"子张问崇德、辨惑。子曰：'主忠信，徙义，崇德也。'"（《论语·颜渊》）孔子的"朝闻道，夕死可矣""杀身以成仁""见贤思齐焉，见不贤而内自省也"，孟子的"舍生而取义""富贵不能淫，贫贱不能移，威武不能屈"，曾子的"吾日三省吾身"，都强调了自我修养的重要性，修身注重从我做起。正己不仅是修养自身，也是对社会负责，如果人人都能正己，社会的道德环境就改善了。儒家的这些古训发展到宋明理学，则成为以"天理"为核心的伦理世界观和修养论，特别注重立身处世的道德自励，并以德治兴邦为社会使命。张载的"为天地立心，为生民立命，为往圣继绝学，为万世开太平"，成为后世个人修养的最高境界。

"尚群"，即崇尚群体利益，群体利益高于个人利益，群体的发展先于个体的发展，这是中华民族的价值观，是从宗法制度下家国同构、家国一体的文化精神孕育出来的民族凝聚力之源。小到家庭，大到国家、民族，都是群。个体是小我，群体是大我，群就是公。

"天下为公"的理想作为中华文化核心的一部分，显得格外耀眼。《礼记·礼运》："大道之行也，天下为公，选贤与能，讲信修睦。故人不独亲其亲，不独子其子，使老有所终，壮有所用，幼有所长，矜、寡、孤、独、废疾者皆有所养。男有分，女有归。货恶其弃于地也，不必藏于己；力恶其不出于身也，不必为己。是故谋闭而不兴，盗窃乱贼而不作，故外户而不闭，是谓大同。"落到个人的修养上，公和私，应以公为先；人和己，应以人为先。孔子所说"君子贵人而贱己，先人而后己"便是这个意思。尚群还有一层意思，就是以众人群居为乐事，以合群为美德。荀子发展了孔子的学说，提出把群居和一之道作为人类生活的基本准则。他认为，有秩序的伦理生活才符合天地之道，《荀子·礼论》："上取象于天，下取象于地，中取则于人，人所以群居和一之理尽矣。"这就是说，群体的力量超过个人的力量，众人只有合成群体才能生存并得到充分的发展。

（三）中国传统文化的特点

中国传统文化有顽强的生命力，传统的本来含义就是世代相传。中国传统文化，简单来讲，其实就是中华民族世代相传的文化。

中国传统文化有巨大的包容性。有学者指出：如果将中国文化史比喻为波澜壮阔、起伏跌宕的多幕戏剧，"中国"便是演出舞台，"中华民族"是演出主体，"文化"是演出内容。目前，中国除汉族外，还有 55 个少数民族。这些少数民族在中华民族的历史上都对中华文化做出过不可磨灭的贡献。居于黄河流域的中原农耕文化曾经是中华文化的中心，但这种农耕文化在中华民族的历史上也不是僵化和封闭的，它和中国少数民族的文化一直处于相互激荡、相互学习、相互融合的过程中。以处于辉煌时期的唐朝文化来说，就相当广泛地吸收和融入了当时西域少数民族乃至海外国家的文化。中国传统文化所具有的会通包容性还体现在中国传统哲学各学派之间的相互争鸣、相互辩论和相互吸收上。在中华文化史上，各种学派（如春秋诸子百家）之间及每个学派（如儒家学派、道家学派）内部，都存在着既相互辩论又相互吸收的情况。对于外域文化，中华文化也体现了它充分的开放性与包容性，这在外来宗教——佛教中国化的过程中得到了鲜明的体现。

中国传统文化有超常的稳定性。中华传统文化在发展中不断地以开放的胸怀吸收其他文化之所长，但同时它又一直保持着自身形态的稳定性，这也可以说是一个奇迹，表明了中华文化有强大的生命力和凝聚力。中华文化之所以能够既吸收别人又不改变自己，成为一直保留在中华民族血脉中具有稳定形态的文化，是因为它有特定的内涵和占主导地位的基本精神。中国传统文化的基本精神主要有以下四个方面：第一，中华民族是以刻苦耐劳著称于世的民族，表现在文化上就是"刚健有为""自强不息"；第二，中华民族是热爱和平、追求和谐的民族，表现在文化上就是"天人合一""和而不同"；第三，中华民族是崇礼尚文的民族，表现在文化上就是"人文化成""厚德载物"；第四，中华民族是充满辩证智慧的民族，表现在文化上就是"刚柔相济""阴阳协调"。中华民族的这些基本精神渗透和表现于中国传统文化方方面面的内容与形式当中，使中国传统文化成为既能自我更新，又具有相对稳定形态的文化整体和文化体系。

中国传统文化有无限的丰富性。中国传统文化之所以有力量、有韧性，在于它不但有充满道德智慧的精神与灵魂，而且有多层面的丰富内容作为它的血肉和载体，使古往今来每一个中国人无不生存和生活于中国传统文化的氛围当中。对于每个中国老百姓来说，中国传统文化就像水和空气，无所不在，无处不有。若要列举中国传统文化都有哪些，恐怕说不完、数不清，无法穷尽。像礼仪制度、传统道德、宗教信仰、诗词歌赋、教育科技、汉字书法、音乐舞蹈、戏剧戏曲、中医中药、养生健身、武术功夫、美食餐饮、服装服饰、风俗习惯、建筑园林、铸造雕刻、瓷器玉器等，在广义上都可以说是中国的传统文化，也都可以说是中国传统文化的载体。在中国各民族的生活方式中，处处渗透着文化，像中国的姓名文化、属相文化、生日文化、节气文化、节庆文化、成语文化等，可以说无处不文化。

正因为中国传统文化如此源远流长，有如此生动丰富的内容，也因为中国传统文化有中国老百姓喜闻乐见的形式，才使得中国传统文化的基本精神与价值观在潜移默化中渗透到中国人的血脉当中。比如，有的农民不识字，但他的言行举止却无处不体现着中国传统文化的影响。体现在海外华侨身上，有的在海外几代了，不会讲中国话了，但在行为、思维方式上，仍然是很"中国的"，这说明中国传统文化的影响非常大，这也是中华民族精神基因的传承。中国传统文化对中华民族发展所起的作用是不可低估的。

中国传统文化是我们的先辈传承下来的丰厚遗产，曾长期处于世界领先的地位。传统文化是历史的结晶，但它并不只是博物馆里的陈列品，而是有着鲜活的生命力。传统并不仅仅是一个管家婆，只是把它所接受的忠实地保存着，然后毫不改变地传给后代；它也不像自然的过程那样，在它的形态和形式的无限变化与活动里永远保持其原始的规律。传统文化所蕴含的思维方式、价值观念、行为准则，一方面具有强烈的历史性、遗传性，另一方面又具有鲜活的现实性、变异性，它无时无刻不在影响着今天的中国人，为我们开创新文化提供历史的根据和现实的基础。

因此，中国传统文化距离我们并不遥远，在现实生活的强劲脉搏里，我们时时刻刻都能够感觉到它的存在。传统文化在影响现实的同时，也必然在新的时代氛围中发生蜕变。中国传统文化是一条奔腾了五千年的永不干涸的大河，她亦旧亦新，不断地吐故纳新，持续创新。

# 第三节　守正开新，行稳致远

　　2015年，为了提高网店销量，四川女孩李子柒开始自拍自导美食短视频。但和其他"美食博主"不一样，她将充满传统文化韵味的田园生活搬上了网络，从造面包窑、做竹子家具、做文房四宝、做衣服，到烤全羊、酿桃花酒、酿造黄豆酱油、制作豆瓣酱，甚至记录大蒜的一生等。精美的构图、悠闲的节奏、古韵悠然的田园风光，征服了无数现代人。

2018 年，李子柒的原创短视频在海外运营 3 个月后获得 YouTube 银牌奖，粉丝数破 100 万，被国外网友称为"来自东方的神秘力量"。《汉妆》《面包窑》《芋头饭》等作品在 Facebook 也获得了数百万的播放量。2019 年，李子柒获得超级红人节"最具人气博主奖""年度最具商业价值红人奖"，获得《中国新闻周刊》"年度文化传播人物奖"；2020 年 1 月 1 日，李子柒入选《中国妇女报》"2019 十大女性人物"；2020 年 5 月 19 日"中国农民丰收节"聘请她任首批"中国农民丰收节推广大使"。《人民日报》发表评论《文化走出去，期待更多"李子柒"》；共青团中央新浪微博号发表文章《因为李子柒，数百万外国人爱上中国》；新华社发表评论文章《读懂"李子柒"，此中有真意》……

《中国新闻周刊》评道："李子柒是一位现实中的造梦者，也是一位让梦想成真的普通人。在乡野山涧之间，在春风秋凉的轮替之中，她把中国人传统而本真的生活方式呈现出来，让现代都市人找到一种心灵的归属感，也让世界理解了一种生活着的中国文化。她用一餐一饭让四季流转与时节更迭重新具备美学意义，她让人看到'劳作'所带给人的生机。"

央视著名主持人白岩松也为李子柒点赞："李子柒在带有诗意的田园背景中制作着各种美食，并且以让人很羡慕的方式生活着，她不仅吸引中国网友的关注，还走向了世界。在面向世界的传播当中，她没有什么口号，却有让人印象深刻的口味，更赢得了一个个网民的好口碑，值得借鉴。"

近年来，一系列创新的文化形式出现在大众的视野里，"百家讲坛""中国诗词大会""中国汉字听写大会""经典咏流传""上新了·故宫""如果国宝会说话"等，掀起了一浪接一浪的传统文化热潮。越来越多的年轻人穿上汉服，神态自若地行走于摩登的都市街头；学习戏曲古乐，爱上咿咿呀呀的慢腔调；在现代科技产品中大量使用古典意象；新国风元素的流行歌曲、古装仙侠玄幻影视剧风靡海内外……爱上传统、学习传统、传承传统、弘扬传统成为新的时尚和文化自觉。

## 一、为什么要学习中国传统文化

毛泽东同志在《中国共产党在民族战争中的地位》中指出："今天的中国是历史的中国的一个发展。我们是马克思主义的历史主义者，我们不应当割断历史。从孔夫子到孙中山，我们应当给以总结，继承这一份珍贵的遗产。"对于青少年来说，接受中国优秀传统文化的教育尤其必要。可以说，加强中华优秀传统文化教育，是培育和践行社会主义核心价值观，落实立德树人根本任务的重要基础。在当代，世界多极化、经济全球化深入发展，国内经济社会转轨转型正处于深刻变革时期，现代传播技术迅猛发展，世界范围内各种思想文化的交流交融交锋更加频繁，社会思想观念日益活跃。青少年学生思想意识更加自主，价值追求更加多样，个性特点更加鲜明，但一些不良思想倾向和道德行为也对青少年学生的成长产生了负面的影响。加强中华优秀传统文化教育，对于引导青少年学生增强民族文化自信和价值观自信、自觉践行社会主义核心价值观是十分重要和必要的。

那么，学习中国优秀传统文化对现代青少年有哪些重要的帮助呢？

第一，能帮助青少年培养"天下兴亡，匹夫有责"的家国情怀。以国为家、家国一体、先国后家，是中国传统文化的重要内容。这种"天下兴亡，匹夫有责"的信念和情怀，对维系国家统一、民族团结，对促进中华民族的发展，起到了十分重要的作用。今天的中国人民正在中国共产党的领导下建设中国特色社会主义，为实现中华民族伟大复兴的中国梦而努力奋斗。每一个青少年学生都要深刻认识到，中国梦是每个人的梦，每个人都要以祖国的繁荣为最大的光荣，以国家的衰落为最大的耻辱，增强国家认同，培养爱国情感，树立民族自信，形成为实现中华民族伟大复兴的中国梦而不懈努力的共同理想追求，做有自信、懂自尊、能自强的中国人。

第二，能帮助青少年建立"仁爱共济、立己达人"的人际关系道德规范。"仁爱共济、立己达人"是中国传统文化，特别是儒家思想中十分重要的价值观念和道德追求。儒家以仁为思想核心，以义为价值准绳。在孔子的学说中，"人"和"己"是不可分的。孔子的哲学是事事从我做起，从自己做起，每个人做好自己，整个社会自然就好了。每个人在做人和做事的时候都要考虑别人，如何考虑呢？就是把别人也当作自己，要"推己及人"。因为，别人的别人就是自己，害人其实也是害己。"己所不欲，勿施于人""己欲立而立人，己欲达而达人"，这种"立己达人"的人生哲学和人际关系道德规范在今天仍然具有十分重要的意义。要做高素养、讲文明、有爱心的中国人，就要学习和借鉴中国传统文化中"仁爱共济、立己达人"的道德规范。

第三，能帮助青少年形成"正心笃志、崇德弘毅"的人格修养。人格修养在中国传统文化，特别是儒家思想中占有十分重要的地位。而要讲人格修养，首先要讲"正心"，也就是修养自身的品性。"正心"的关键在一个"正"字。正，就是端正。青少年要讲人格修养，还要讲"笃志"。笃志指的是专心致志、一心一意，无论做人还是求学，都要从小立志，做到坚忍不拔、持之以恒，方能最终成功。"正心笃志""崇德弘毅"，用今天的话讲，指的都是心理素质的陶冶和培养，这对当代青少年无疑都是十分重要的。因此，我们要开展以"正心笃志、崇德弘毅"为重点的人格修养教育，使青年学生明辨是非、遵纪守法、坚忍豁达、奋发向上，自觉弘扬中华民族优秀思想文化，形成良好的道德品质和行为习惯，做一个知荣辱、守诚信、敢创新的中国人。

第四，中国传统文化还对青少年提升文化素质、丰富文化涵养有十分重要的作用。孔子曰："质胜文则野，文胜质则史，文质彬彬，然后君子。"中国的书法、绘画、诗词、歌赋、音乐、舞蹈、饮食、武术、建筑、雕刻等都能陶冶人的性情，提高人的文化欣赏力，从而使人文质彬彬，知书达理，讲理知仪。

## 二、学习中国传统文化的现实意义

### （一）全面客观地认识过去

人类各民族文化相互交流的深度和广度都在不断拓展，"地球村"越来越小。在这样的时代大背景下，中华民族及其文化以怎样的姿态参与"地球村"的合作与竞争，是每一个中国人都应该思考的问题。真切把握一个民族的文化特征，较之把握诸如皮肤、头发、眼睛的颜色之类的体质特征要困难得多。然而，任何民族，尽管其文化形态纷繁多彩，但都可以寻觅到该民族文化的主色调、主旋律。唯其如此，才有英国人绅士风度说、德国人精确高效说、美国人自由开放说、日本人善采异邦说等。我们之所以能够从芸芸众生中大致辨识各民族的特征，是因为每一个民族内部，固然存在着繁复多样的阶级、阶层、集团、党派及个人教养和性格的差别，但同时也深藏着表现于共同文化上的共同心理素质，这便是所谓的民族精神。学习、研究中国传统文化，正是我们认识自己、把握中华民族精神的可靠途径。

### （二）准确深刻地认识当下

当今国人面临的历史使命是建设新时代中国特色社会主义，完成这千年伟业的前提是切实认清中国的国情。国情不是空洞的，其实质就是文化的历史及现状。中华人民共和国成立以来，走过了艰难曲折的道路，也取得了举世瞩目的成就，但是，社会发展和文明进步的程度还不能满足人民的要求。数千年传统文化给我们留下了丰厚的遗产，同时也带来了重负。外来文化的积极因素，我们吸取得还很不充分，但其负面影响已足以引起警惕和忧虑。深入剖析传统文化与外来文化对今日中国的影响，总结70多年来新中国走过的道路，是认清国情的必要工作。

### （三）理性务实地创造未来

马克思说过："人们创造自己的历史，但是他们不是随心所欲地创造，并不是在他们自己选定的条件下创造，而是在自己直接碰到的、既定的、从过去继承下来的条件下创造。"中国文化，就是我们"直接碰到的、既定的、从过去继承下来的条件"，是影响中国人过去、现在和将来的传统。传统是社会的一种生存机制和创造机制，借助于它，历史才得以延续，社会的精神成就和物质成就才得以保存和发展。正因为如此，文化传统并非仅仅滞留于博物馆的陈列品和图书馆的线装书之间，它还活跃在今人和未来人的实践当中，并在实践中不断改变自己。每一个有志于为民族的未来贡献心智和汗水的中国人，都应当努力熟悉传统、分析传统、变革传统，而学习、研究中国文化正是培育这种理性态度和务实精神的最好课堂。

中国文化源远流长、博大精深，面对这样的学习、研究对象，掌握正确的方法十分重要。

要注意掌握以下几种方法：

1. 历史梳理与逻辑分析相结合。中国文化历经数千年发展变化，内容异常丰富。我们既要对它的来龙去脉有一个明晰的了解，又要避免被无法穷尽的枝节材料所淹没，唯有将历史的方法与逻辑的方法有机结合起来。正如恩格斯所说："历史常常是跳跃式地和曲折地前进的，如果必须处处跟随着它，那就势必不仅会注意许多无关紧要的材料，而且也会常常打断思想进程……因此，逻辑的研究方式是唯一适用的方式。但是，实际上这种方式无非是历史的研究方式，不过摆脱了历史的形式以及起扰乱作用的偶然性而已。"

2. 典籍研习与社会考察相结合。中国文化的要义，多被记录在汗牛充栋的古籍之中。研读这些古籍，尤其是其中具有经典意义的文献，如《诗经》《周易》《论语》《史记》等，对于我们把握中国文化的精髓非常重要，但这只是问题的一方面。另一方面，中国文化的众多要素是以非文本的形式存留于社会生活之中的，例如起居习俗、宗教礼仪、道德规范等。这就要求我们将研究视野扩大到文本之外的社会生活的宽阔领域，将典籍研习与社会考察结合起来，相互比照，相互印证，相互补充，从而对生生不息的中国文化有一个动态的、全面的了解。

3. 批判继承与开拓创新相结合。千百年来，我们的先辈对于养育自己的中国文化进行过详尽的研究，取得了丰硕的成果。我们没有理由拒绝这一份珍贵的遗产。苛求前人、否定过去、打倒一切的非历史主义和民族虚无主义态度，是不可取的。但是，我们也不能被前辈的认识成就所束缚，一味地沿袭前说只会裹足不前。新的时代、新的社会，对中国文化的研究提出了新的课题、新的要求。为了完成这一历史使命，我们唯有以历史唯物主义的科学观点和方法，批判地继承前贤已经取得的成就，与时俱进，不断开拓创新，才能在中国文化研究领域有所发现，有所发明，有所创造，有所前进。

## 三、学习中国传统文化的原则

第一是立德树人、用文化来育人的原则。教育的根本任务是立德树人，而中国传统文化最重视的恰恰就是"德文化"。归根结底，中国传统文化就是立德树人的"德文化"，这和近代以来西方注重知识与专业的教育和文化是不同的。今天，我们提倡学习中国传统文化，就要抓住当前教育的主要问题和需要解决的主要矛盾，开展文化育人，以如何做人的教育为核心，从博大精深的中国传统文化中选取精华，结合当代青少年的实际进行学习。要把德育和学生发展结合起来，还要把以德育人和中国传统文化学习结合起来。既要让学生体验到中国传统文化的博大精深，又要能解决他们发展中的实际问题。

第二是寓教于乐、在体验中学习的原则。文化的学习有自身的特点和规律。文化的学习不应该是干巴巴的说教，而应当是寓教于乐，在体验中学。文化并不是一个独立的学科，各门知识中都有文化，文化分为精神文化、行为文化、器物文化、技艺文化、地域文化等，文化是渗透在人们的活动、行为和知识当中的。我们就是要通过真实的、切身的体验，让学生体会其中的文化、其中积极向上的精神追求，从而提高学生的素养。因此，中国传统文化的学习，不但要在书本和课堂中学，而且要在社会、活动和现实生活中学。2019年"李子柒现象"引爆网络，央视新闻评论说："李子柒的视频，没有一个字夸中国好，但她讲好了中国文化，讲好了中国故事。她只是默默地在那里干着农活，偶尔地跟奶奶说几句四川方言，但全世界各地的人，却开始了解'有趣好看'的中国传统文化，并纷纷夸赞中国人的勤奋、聪慧，进而开始喜欢中国人，喜欢这个国家。不得不说，李子柒是个奇迹，一颗平常心做出了国际文化传播的奇迹。"李子柒所代表的中国传统文化的日常呈现，成为现象级文化传播的典范。

第三是固本培元、坚定文化自信的原则。中国人的自信，是建立在源远流长、博大精深的中国传统文化的丰厚基础上的。文化自信是一个民族、一个国家，以及一个政党对自身文化价值的充分肯定和积极践行，并对其文化的生命力持有的坚定信心。2016年7月1日，习近平总书记在庆祝中国共产党成立95周年大会上的讲话中指出："全党要坚定道路自信、理论自信、制度自信、文化自信……文化自信，是更基础、更广泛、更深厚的自信。在五千多年文明发展中孕育的中华优秀传统文化，在党和人民伟大斗争中孕育的革命文化和社会主义先进文化，积淀着中华民族最深层的精神追求，代表着中华民族独特的精神标识。我们要弘扬社会主义核心价值观，弘扬以爱国主义为核心的民族精神和以改革创新为核心的时代精神，不断增强全党全国各族人民的精神力量……当今世界，要说哪个政党、哪个国家、哪个民族能够自信的话，那中国共产党、中华人民共和国、中华民族是最有理由自信的。有了'自信人生二百年，会当水击三千里'的勇气，我们就能毫无畏惧面对一切困难和挑战，就能坚定不移开辟新天地、创造新奇迹。"习近平总书记在党的十九大报告中提出：要坚定文化自信，推动社会主义文化繁荣兴盛。没有高度的文化自信，没有文化的繁荣兴盛，就没有中华民族伟大复兴。要坚持中国特色社会主义文化发展道路，激发全民族文化创新创造活力，建设社会主义文化强国。党的十九届四中全会提出：我国国家制度和国家治理体系具有多方面的显著优势，其中之一就是"坚持共同的理想信念、价值理念、道德观念，弘扬中华优秀传统文化、革命文化、社会主义先进文化，促进全体人民在思想上精神上紧紧团结在一起的显著优势"。这就从国家制度和国家治理层面，指明了坚定文化自信的重要意义。

十九大代表、中共中央党校文史部教授范玉刚认为：文化自信的核心是价值观自信，文化产业是价值观传播的有效载体，是增强文化自信的现实基础。夯实文化自信的现实基础，既要发掘优秀传统文化"软力量"资源，繁荣文化事业；更要积极创新当代文化，以发达的文化产业为支撑，依托国家文化"软实力"，提高文化产业竞争力。十九大代表、中央民族大学历史文化学院教授蒙曼表示：过去五年来，以习近平同志为核心的党中央高度重视优秀传统文化的传承和发展，并把"文化自信"提到了很高的高度。但是就如同"中国汉字听写大会""中国成语大会""中国谜语大会""中国诗词大会"，以及"绿水青山看中国""中国民歌大会"等一系列的文化节目一样，要让"文化自信"融入百姓生活。全国政协委员、中国艺术研究院博士生导师何水法在采访中提到：开放，让中国故事走向世界。近年来，我国综合国力和文化软实力得到了显著提升。我们的优秀传统文化形式，比如书画、戏曲等，在世界范围内得到了越来越多的认可和追捧，汉语也正成为世界上最有影响力的语言之一。全国政协委员、中国社科院考古研究所研究员袁靖表示：我们要继续以习近平总书记对做好文化遗产工作做出的重要指示和批示为指引，进一步发掘中华民族的祖先创造的灿烂历史，大力弘扬具有当代价值的思想内涵，尽量满足公众对于精神文化的高层次追求，为增强文化自信做好有中国特色的文化遗产研究、保护和利用等工作贡献力量。

当今世界正处在一个大发展大变革大调整时代，人类社会已经成为你中有我、我中有你、命运与共、休戚相关的命运共同体，国际力量对比在此消彼长中朝着相对均衡的方向发展，文化在综合国力竞争中的地位越来越突出。个别国家的"背约""退群""筑墙"，并不能扭转国际经济社会文化联系日益频繁和密切的现实，并不能改变全世界人民对"和平、发展、合作、共赢"的共同理想追求。割裂与国际社会的交流合作，只会削弱自身的"软实力"。

我们需要向更多的青少年传递文化的薪火、自信的底气。因为具有文化自信的国家和人民，对自身的文化越是自信，越会积极地敞开胸怀，与其他文明展开平等交流对话，积极接纳一切文明的优秀成果，并将自己在文化创新创造中取得的成果奉献给世界。中国传统文化必将在与时代精神的结合中散发夺目的光芒，推动中华民族长盛不衰，实现中华民族的伟大复兴。

**思考题**

1. 简述文化结构的四分说。
2. 谈一谈中国传统文化的主要精神。
3. 学习中国传统文化的原则有哪些？

查看答案

**我的思维导图**

请认真学习下面这幅"文化"的思维导图，并选择本章中的某个内容为核心词自行绘制一幅思维导图。要求：层次清晰，图文精练。

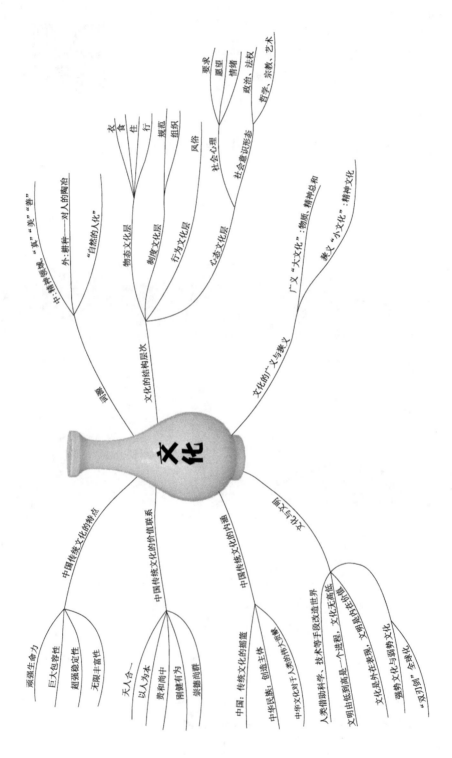

# 第二章　亘古的守望

## 中国文化的纵横时空

中国传统文化包括思想观念、思维方式、价值取向、道德情操、礼仪制度、风俗习惯、行为方式、生活方式、宗教信仰、文学艺术、教育科技和文物典籍等。它是中华民族团结奋进、继往开来、全面建成小康社会、开创美好明天的基础。它的产生和发展离不开特定的地理环境、经济基础和社会政治环境。

在特定的地理、经济和政治环境下，中国传统文化的萌芽、发展、扩散、传承、变革和进步的过程也极其复杂。但总的说来，中华民族的物质文化、制度文化和精神文化还是朝着日臻完善和定型的成熟方向前进的。应该说，中国传统文化在每一个历史阶段都有自己清晰的特点和个性，这些特点和个性相互作用、彼此融合、共同促进，从而使中华文化在不断积淀和变革的基础上形成了自己灿烂辉煌的发展史。

## 第一节　中国传统文化的自然条件

文化视点

《诗经》云："溥天之下，莫非王土；率土之滨，莫非王臣。"中华文明从产生之日起，就气势恢宏。秦朝是中国历史上第一个统一的中央集权制王朝，它北伐匈奴南平百越，国土面积达350多万平方公里。随后，在历史发展的长河中，随着朝代的变迁，中国疆域不断发生变化。

### 一、中国传统文化的地理环境及影响

中国地处亚洲东部、太平洋西岸。除东南及东部面向海洋外，东北、北部、

西北、西部皆与欧亚大陆相连接，但却被河流、沙漠或高山峻岭所阻隔，形成了一个相对封闭的地理单元。因此，四周都有天然阻隔又相对封闭便成为中国地理的第一大特点。具体来说，中国西部是被称为亚洲中轴的帕米尔高原，它向四方伸延出几条大山脉，把亚洲分为东亚、西亚、南亚和北亚。这里高山峻岭，山路崎岖，仅有一线可通。这里的严寒荒凉，在古代是难以逾越的。中国西南更有世界最高山脉——喜马拉雅山脉，它是中国与南亚的分界。另外，西南的横断山脉、江河及热带丛林也是中国与南亚、东南亚的天然阻隔。中国北部是广袤无垠的草原、戈壁和沙漠，地势起伏不大，却形成了一个人文荒漠带；中国东部及东南是广阔的海岸线。

中国地理的第二大特点是地势西高东低，自西向东呈现出三大阶梯式的地形地貌。具体来说，青藏高原为第一阶梯，平均海拔在 4000 米以上，号称"世界屋脊"；青藏高原以北、以东为第二阶梯，海拔在 1000 米至 2000 米，蒙古高原、黄土高原、云贵高原、塔里木盆地、准噶尔盆地、四川盆地相间分布，地形复杂多样；第三阶梯为北起大兴安岭，中经太行山，南至巫山、云贵高原东侧一线以东的中国东部地区，平均海拔在 500 米以下，东北平原、华北平原、黄淮平原、长江中下游平原及江南红土盆地都分布在这一地区。

中国地理的第三大特点是季风气候显著，各地干湿、冷暖差异巨大。就干湿度而言，中国内陆以距离海洋的远近形成了从东南向西北由湿润、半干旱到干旱逐渐递变的自然景观。东部阶梯除华北以外一般湿润多雨，中部阶梯除云贵高原以外一般为半干旱、干旱气候，西北内陆则成为最干旱地区。就冷暖度而言，中国内陆由南向北以名山大川为天然分界，呈现出热带、亚热带、暖温带、中温带、寒温带的渐次递变。具体说，台南、滇南一线以南为热带，以北至秦岭、淮河一线为亚热带，秦岭、淮河一线以北至长城一线为暖温带，长城以北、以西为中温带，大兴安岭、黑龙江一带为寒温带。

中国自然地理环境对传统文化的影响是多方面的，主要表现在以下三个方面：

（一）文化的多样性与多元一体格局

中国东部低平而湿润，西部高亢而干燥，由此，中国古代就形成了东部、中原以农耕为主、西北以畜牧为主的人文生产景观。同时，从南到北温度和湿度的变化，决定了淮河、秦岭以南的南方是以稻为主的农业，淮河、秦岭以北至长城的北方是以粟为主的农业，长城以北则以游牧业为主。由于中原地区自然环境相对优越，文明发源较早，历史上形成了多民族共居、多元文化类型融合的趋势，从而出现了中国传统文化形成、发展过程中的多元一体格局。

（二）文化的封闭性和内敛性

相对优越的地理环境，加上中华先民的勤劳智慧，古代中国曾经长期成为东方乃至整个世界最富足、最强大的国家，但也因此产生了相对自我陶醉、自我封闭观念。

经过几次大规模的人口迁徙与流动，中国绝大部分人口都集中在地理环境相对优越的中原和东南农耕区域，造成了人口增长与土地面积不足的矛盾。人们只能在有限的土地上精耕细作，集约经营，对土地产生了一种特殊的感情，时日积久，便养成了中国人安土重迁、安分守己、乐天知命的民族性格，并由此培养了中华民族对乡土的眷恋和对故国的深切情怀，增强了民族凝聚力。

（三）文化的形成与延续性影响

一个国家和民族所处的地理位置、居住地的地理环境，对文化的形成有重要影响，尤其是对早期文化的形成影响更为直接，是文化形成的首要因素。如果把各国各民族的文化表现比喻成一幕幕的戏剧，那么，这些民族、国家所处的地理环境就是戏剧的舞台和背景。地理环境是中国文化形成的基础，黄河流域与长江流域是中华民族的摇篮，中华民族在长江、黄河流域生存、繁衍，创造了灿烂辉煌的中国文化。从中华民族形成开始，中国文化在数千年发展中从来没有中断过，中国辽阔的地理疆域是中国文化得以延续的原因之一。中国文化在很大的区域内发展，内部有广大的回旋余地。

## 二、中国传统文化的经济基础

中国传统的经济形态是农耕自然经济，农业给古老的中华民族提供了衣食之源，因此，农业是中国传统文化最深厚的经济基础。

关于我国农业的起源，史籍中有许多说法。有的说是神农氏发明了农业，有的说是烈山氏，有的说是炎帝之子柱，有的说是周人始祖弃，而司马迁则认为黄帝发明了农业。目前考古证明，我国农业至少在一万年前新石器时代早期便已存在了。大致说来，黄河中下游一带的远古居民是粟、稷等旱地农作物的培育者，长江中下游一带的远古居民是稻的培育者。

在4000～5000年之前，中国北方的气候发生了由温暖向寒冷的转变，这一气候转变导致长城以北地带的产业结构由原来以农耕为主向以游牧为主转变，并由此形成了我国历史上长城以南的农耕经济和长城以北、以西的游牧经济的分野。

中国古代的农业一直保持着世界领先的地位。经过夏、商、周三代的经验积累，农业生产在春秋战国时期实现了一次较大的飞跃，主要表现在铁制农具的广泛使用、牛耕的推广、水利灌溉工程的大量兴修、耕地的大量开垦等方面。秦汉时期，耧车、代田法的出现及以铁犁为代表的生产工具的改进，大大提高了农业生产效率，促使农耕区向西北方向扩展，江淮之间、关中出现了大大小小的灌溉区，全国垦田面积达到 800 万顷，人口达到 5900 万。魏晋南北朝时期，由于北方战乱，大批人口南迁，南方农业水平迅速赶了上来，长江以南、五岭以北的广大地区及巴蜀一带逐渐成为重要的农业区。隋唐时期，中国农业经济重心开始移向长江流域，长江中下游地区成为中央政府主要的财政来源地，所谓"天下以江淮为国命"。宋、元、明、清各朝，农耕和养蚕重心一直在南方，南方的粮草通过大运河源源不断地运往北方。唐宋以来，以筒、曲辕犁、梯田、施肥、套种、育种、园艺、农书等为代表的工具、工艺和技术远远走在了世界的前面，棉花、花生、玉米、番薯等经济作物不断地从世界各地引进国内。清末，中国人口已达 4 亿。正是古代辉煌的农业文明，才支撑起中国这个人口大国。

纵观中国古代农业生产，可以看到以下几个特点：一是起步早，成就突出，水平高，发展稳定且从未中断；二是一家一户、分散经营的小农经济是中国古代农业生产的主要形式；三是精耕细作，农桑结合，集约化程度高。

中国农耕经济对传统文化的影响是多方面的，主要表现在以下三个方面：

（一）农耕经济的持续性造就了中国传统文化的持续性

中国历史上经历了战乱与稳定的周期性循环，短期的国家分裂时有发生。然而，中国的农耕经济依然向前发展，而建立在这一基础上的中华文化亦未曾中断。相反地，短期的战乱与分裂，更增进了中国文化的坚韧性和向心力。魏晋南北朝是动荡时代，恰恰也是中国农耕文化得到进一步扩展、传播的重要时期。鲜卑族在中原建立北魏王朝，推行汉化政策，所谓"今方厘革时弊，稽古复礼，庶令乐正雅颂，各得其宜"（《魏书·乐志》），体现了中华民族不可抗拒的认同感和文化的向心力。10 世纪至 13 世纪是中国历史上又一个较为动荡的时期，但文化的传承一如既往。忽必烈曾深刻地意识到"国家当行汉法无疑也"（《元文类·鲁斋遗书》卷七），为游牧民族的"汉化"及与汉族的文化融合做出了积极的贡献。清朝也是如此，满族入主中原不久，便已"习汉书入汉俗，渐忘我满洲旧制"（《清世祖实录》卷八四）。在各民族的共同努力下，中国文化得到了持续不断地继承和发展。

（二）农耕经济的多元结构造就了中国传统文化兼收并蓄的包容性

春秋战国是中国农耕经济的重要转型时期，也是思想文化界百家争鸣的兴盛时期。思想文化经过社会变革的洗礼，诸子百家在争鸣中取长补短，到了秦汉时期，儒道融合，综汇百家，促进了中国文化走向新的高潮。"天下同归而殊途，一致而百虑"（《周易·系辞下》），正反映了先秦百家学说相互包容的历史事实。

古代中国因地域的不同又形成了不同的区域文化，如齐鲁文化、楚文化、吴越文化、三晋文化、秦文化等。然而，随着中国农耕经济向周边扩展，中国文化的包容性又促使这些区域文化渐趋合一。

中国文化善于包容百家学说和不同地区的文化精华，因而日臻博大。盛唐是中国古代最为开放的时代，中国文化的包容性发挥得尤为淋漓尽致，"胡音胡骑与胡妆，五十年来竞纷泊"（元稹《和李校书新题乐府十二首其五法曲》）。即使是对外域的文化，中华民族亦能敞开胸怀，扬弃吸收。如明末清初，西方的耶稣会传教士带来了西方的文明，许多有识之士提出了"遐方文献，何嫌并蓄兼收"（李之藻《刻同文算指序》）的主张。近代以来，面对西方列强的欺凌压迫，大批热血知识分子汲取西方优秀文化，"师夷长技以制夷""中学为体，西学为用"，这种文化开放心态，正是中国文化有容乃大的包容性的体现。

### （三）农耕经济的早熟性造就了中国传统文化的凝重性

农耕经济的多元成分结构促使中国封建社会经济得到充分的发育，造就了中国灿烂辉煌的古代文化。早在先秦，我国已有敬德保民、民为邦本的思想。中国农耕经济和中国文化的早熟性，与中国社会的多元结构相互配合，加强了传统社会的坚韧性，中国文化日益显露出凝重的保守性格。

宋元以后，中国文化的开放性和包容性较之汉唐有明显退步。明清之际，固然有一大批士大夫知识分子关注西方耶稣传教士带来的科技文化，但同时亦不乏严厉拒绝者，其理由就是儒家文化已尽善尽美，"惟开天辟地以来，而中国之教，自伏羲以迄周孔，传心有道，阐道有宗，天人之理，发泄尽矣，无容以异说参矣"（《南宫署牍》引《晏文辉疏》）。清代乾隆皇帝面对西方的通商使者，却说"天朝物产丰盈，无所不有，原不藉外夷货物以通有无"。（《粤海关志》卷二三）

## 三、中国传统文化的社会政治环境

中国传统文化的社会政治环境主要有两方面特征：宗法制度的长盛不衰和君主专制制度的高度发达。

所谓宗法，就是指以血缘关系为基础，在尊祖敬宗的前提下，区分尊卑长幼，规定继承秩序，确定宗族成员权利和义务的法则。宗法制起源于父系氏族公社的家长制。父系氏族公社后期，父系家长支配着家族内部的所有财产及成员，具有很高的权威。父亲死后，权力和财产需要有人继承，于是习惯上便规定了一定的继承秩序。

商代，宗法制进一步发展，商王及各级奴隶主的继承实行"父死子继"和"兄终弟及"制度。家族长称为"宗子"，在家族中享有至高无上的地位，正妻之外有众多的妾，于是嫡庶之制便应运而生了。西周时期，宗法制趋于严密。在严格区分嫡庶、确立嫡长子优先继承权的前提下，又增加了庶子继承的原则，这就是"立嫡以长不以贤，立庶以贵不以长"。宗子享有许多特权，如主持祖宗祭祀，掌管本族财产，决定本族成员的婚丧事务，教导或惩罚本族成员，等等。西周的宗法制与等级制、分封制互为表里，天子、诸侯、卿大夫、士形成了层层相属、代代相袭的政治权力结构，在一定意义上，西周的各级行政机构正是扩大了的宗法系统。

春秋争霸，周天子大权旁落，贵族政治开始动摇。战国变法，各国普遍限制贵族特权，宗法制受到致命打击。原来在宗族中居于支庶地位的一些成员，由于军功、力田、经商等而上升为显贵或豪富，于是他们不再愿意受共居共财原则的束缚，也不再愿意继续尊奉并受制于名义上的宗子，这样，宗法制便瓦解了。

秦汉以后，虽实施中央集权制度，但整个社会的组织架构却依然是建立在以宗法制为核心的家国同构的社会基础之上的。

在中国古代自然经济状态下，聚族而居是一种普遍现象，特别是随着东汉庄园经济的发展，强宗大族势力再度膨胀，他们收徒附、置部曲、筑城堡，富甲一方，称霸乡里，甚至过着半割据的日子，经过汉末战乱终于形成了魏晋南北朝时期的门阀制度。门阀士族以门第自诩，相互标榜，操纵选举，累世为官，在社会上的势力和声望往往累代延续。当时，江南有朱、张、顾、陆；山东有崔、卢、李、郑；关中有杨、韦、裴、薛。宋代以后，修族谱、建宗祠、置族田、立族长、定族规等这些宗法制度的具体内容被人们代代承袭，其影响力甚至延续到近代和现代。

中国古代社会政治结构的另一显著特点是存在一个延续了两千多年且不断得到强化的君主专制的官僚政治体制。

秦始皇统一六国后，建立了中央集权的专制政治制度：规定皇帝自称朕，命为制，令为诏，印称玺，"天下事无大小皆决于上"。为保障这种至高无上的权力，中央实行三公九卿制，官员一律由皇帝任免。三公是丞相（掌政务）、太尉（掌军政）、御史大夫（掌监察），九卿分别是奉常（掌宗庙礼仪、占卜祭祀）、郎中令（掌侍卫、传诏）、卫尉（掌宫门守卫）、太仆（掌车马）、廷尉（掌刑狱司法）、典客（掌外交）、宗正（掌皇族事务）、治粟内史（掌财政）、少府（掌山泽之税）。汉承秦制又有所发展，武帝时常破格提拔一些人组成"内朝"，以压制以丞相为首的外朝。东汉以司马、司徒、司空为三公，然而，

"虽置三公，事归台阁"，尚书台拥有真正实权。曹魏时设中书省，掌机要，尚书台沦为执行机关。晋代设门下省，南朝时逐渐参与国政。隋唐实行三省六部制，三权分立，相互牵制。三省是中书省（制定政令）、门下省（审查封驳）、尚书省（贯彻执行），六部隶属尚书省，分别是吏（官吏任免）、户（财政税收）、礼（礼仪选举）、兵（军政）、刑（刑法）、工（工程匠作）。宋朝在形式上沿用唐制，但实际上政事堂、枢密院对掌文武大政，另设三司掌财政。元朝废门下、尚书二省，以中书省、枢密院、御史台分掌行政、军事、监察大权。明初废中书省及丞相制，六部直接对皇帝负责，御史台改称都察院。明成祖以后，大学士逐渐参与机务，内阁产生。清朝沿用内阁制，设大学士、协办大学士，但实权却先后为议政王大臣会议和军机处所掌握。

传统社会政治结构对中国传统文化的影响是多方面的，主要表现在以下三个方面：

**（一）社会结构的宗法性特征，导致中国传统文化形成伦理型范式**

这种范式带来的正价值是使中华民族凝聚力强劲，注重道德修养，比较重视人与人之间的温情，从而使中华民族成为举世闻名的礼仪之邦；它带来的负价值是使"三纲五常"的伦理说教、"存理灭欲"的极端理学等成为中国文化健康发展的障碍。

**（二）社会结构的专制性特征，导致中国传统文化形成政治型范式**

这种范式带来的正价值是中华民族的整体观念、国家利益至上的观念，造就了民族心理上的文化认同和文人学士的经世致用思想等；负价值表现在对中国传统文化精华的抑制和摧残方面。例如，早在战国时期，孟子就提出过朴素的民本思想，他说："民为贵，社稷次之，君为轻。"（《孟子·尽心下》）。

**（三）宗法与专制的结合，导致中国传统文化的伦理政治化和政治伦理化**

在中国传统社会，政治伦理秩序代替了法律秩序，政治大于法律，伦理也大于法律。这种价值取向突出地表现为"内圣外王"的心态，即修身、齐家、治国、平天下的人生理想和追求。这一特点，在先秦时期已经形成，以后经过汉代经学、魏晋玄学、隋唐佛学、宋明理学，形式上虽多有变化，但一直被延续着。中国文化伦理政治化和政治伦理化的范式，从"内圣外王"的矛盾统一体中获得了坚韧的理论架构，并以小农自然经济和宗法专制社会政治结构作为坚实基础，组合成一个严密的体系。这个严密的体系，只有在近代大工业兴起之后才逐渐瓦解，新时代的新文化才有可能形成。

# 第二节　中国传统文化的发展脉络

　　在长期的历史发展进程中，中华民族创造了源远流长的中华文化。中华文化是中华民族区别于其他民族的独特标识。深刻认识中华文化的历史渊源，对于发展中华文化具有重要意义。汉代以后，中国历史上就逐步形成了以汉族为主体的文化共同体。汉族文化与少数民族文化相互交流、融合、会通，构建了中华文化的精神家园，其中积淀着民族的智慧、民族的价值尺度、民族的思维方式和生活方式，具有自身的独特性。2019年2月24日中共中央政治局第十三次集体学习时，习近平同志说："要讲清楚中华优秀传统文化的历史渊源、发展脉络、基本走向，讲清楚中华文化的独特创造、价值理念、鲜明特色，增强文化自信和价值自信。"这些论断深刻阐明了中华优秀传统文化与社会主义核心价值观的内在联系，值得深思。今天，中国特色社会主义的文化共同体是历史上文化共同体的进一步提升和发展，其中有中华优秀传统文化，有中国特色社会主义先进文化，这二者密切结合。此外，我们还要借鉴人类的优秀文化，经过消化吸收，使其转化为自身文化的养料。

## 一、先秦时期——中国传统文化的萌发与争鸣

　　从文化人类学的角度出发，可以将中华民族的始祖根据分布地域的不同划分为三个大的文化区。第一个是黄河中下游的河洛文化区，在这里两个大的氏族部落首领炎帝和黄帝相互结盟，这一文化区被认为是中华文化的主要起源，距今约六千至八千年。第二个是长江中下游的江汉文化区，它以河姆渡文化为代表，距今约七千年，古书记载其多为古苗族和蛮族的栖居区。第三个是位于黄河下游和黄淮之间的河岱文化区，以大汶口文化为代表。河洛文化区的华夏先民战胜了东夷部落和南方的苗蛮族群，从而在中华民族的繁衍生息史上生成了一股占主导地位的力量，"华夏"从此也作为中华各族人民共同的名号沿用至今。

　　在漫长的石器时代，人类早期最重要的精神活动表现在原始宗教现象中，包括巫术、神话、禁忌和图腾崇拜等非常庞杂的内容。其中，图腾崇拜是较为高级的原始宗教形式，它来自于早期的自然崇拜。人们相信自己的氏族起源于某种动植物或自然力，并将其视为氏族的祖先和保护神，这些动植物或自然力被人格化之后就成了氏族的标志被顶礼膜拜，这就是"图腾"，如古蜀文化中

的太阳神鸟（见图2-1）。

**图2-1　金沙遗址出土的太阳神鸟金饰**

　　夏商周时期是中国文明的开始阶段。这一时期最重要的文化事件是文字的产生。毫无疑问，文字的发明及应用是人类进入文明社会的重要标志。我国古代有"仓颉造字"的记载和传说，但文字的创造显然是古人集体智慧的结晶，并经过知识阶层认可和推广而约定俗成的。中国的文字究竟产生于何时一直是个颇有争议的问题，史学界一般认为，真正的汉文字出现在商代，以甲骨文为标志。

　　在河南安阳殷墟发现的距今四千多年的甲骨文（见图2-2），大多是殷人占卜的行为和言辞的记载。甲骨文的单字大约有4500个，这些字不仅代表词，而且能组词成句，表达完整、准确的意思。甲骨文在结构上已经具备了象形、指事、会意、形声、假借、转注等六种形式，这为后来汉字的发展打下了基础。中国文字的产生也在世界文化史上有着深远而重大的意义，因为世界上最早的三种文字符号——埃及的象形文字、古巴比伦的楔形文字和中国的汉文字，前两种文字早已成为历史遗迹，只有汉字一直保持着旺盛的生命力。

　　此外，青铜器作为殷周时代最有代表性的生产工具，对提高当时的生产力和形成独具特色的青铜文化发挥了重要的作用。夏商周时期还是中国古代社会两个贯穿始终的重要制度——宗法制度和礼乐制度的形成期，宗法制和礼乐制的根本目的就是通过强调秩序来增强国家的稳定性。

**图2-2　河南殷墟出土的甲骨文**

《周易》是我国早期的一部非常重要的文化典籍，相传为周文王所作，实际应是西周前期巫师们在大量卜辞的基础上，经过筛选、整理、编排而集体创作的结晶。它运用阳爻和阴爻两个符号，经过一系列排列组合而形成六十四卦、三百八十四爻，以此预测和解释世界万象和人类社会的复杂变化。尽管《周易》是一部有关占卜的典籍，但其中所蕴含的观物取象、阴阳交感和相互联系等观念却充满了辩证思想，对以后儒道文化及中国哲学的发展产生了深远的影响。

德国哲学家卡尔·雅斯贝尔斯认为："在公元前800年到公元前200年间所发生的精神过程中，似乎建立了这样一个轴心。在这时候，我们今日生活中的人开始出现。让我们把这个时期称为'轴心时代'。在这一时期充满了不平常的事件，在中国诞生了孔子和老子，中国哲学的各种派别开始兴起，这是墨子、庄子以及无数其他人的时代。"的确，从文化史的角度看，春秋战国时期就是雅斯贝尔斯所说的"轴心时代"和"革新的时代"。这一判断基于两个重要历史现象的出现：士人崛起和百家争鸣。

一是士人崛起。春秋战国是诸侯争霸、弱肉强食的时代，各诸侯为了稳固自己的统治，进而确立霸主地位，不惜一切想方设法招揽人才，这就给士人施展自己的聪明才智提供了广阔的用武之地。士人自身也想凭借才华和能力来获得生活保障，进而提高自己的社会地位。士人理所当然地成为当时社会中最为活跃的群体。他们有的是武士，有的是卿大夫的家臣，有的是自由职业者，还有一部分来自旧贵族及其子弟，这些人在社会变革和动荡中由于家道中落而开始发奋读书，从而成为士人中的一员。此外，出身低微的庶民中也有一批人通过自身努力而跻身于知识阶层。士人一般知识丰富，思想敏锐，且大都敢作敢为，并具有雄辩才能，他们主要采用兴办私学、游说列国的方式来扩大自己的影响力。总的说来，士的崛起给春秋战国时代增添了无限的生机，也使这一历史时期充满了创造和变革的力量。不仅如此，由于士人摆脱了过去巫史那般对王室贵族的完全依靠，在一定程度上取得了相对独立的人格，他们因此逐渐形成了中国传统知识分子所独有的可贵品格。这些品格主要有博大的胸怀和以天下为己任的开放心态、强烈的政治参与意识、为民请命的社会责任感和"吾日三省吾身"的道德自律意识。

二是百家争鸣。在中国历史上，春秋战国是以诸子百家为文化标志的硕果累累的历史时期，尤其是百家争鸣，更是以文化的空前活跃和思想的原创性而彪炳史册。所谓诸子百家，其实是对当时众多流派的一种概括性的称呼。西汉司马谈曾将诸子划分为阴阳、儒、墨、名、法和道六家，后来西汉刘歆据此进一步总结出十大流派：儒家、墨家、道家、名家、法家、阴阳家、农家、纵横家、杂家和小说家。诸子之中，儒墨两家是显学，其次是道家、法家和阴阳家。除了以上各家之外，春秋战国还涌现出许多杰出的历史人物，譬如史学家左丘明、军事家孙武、著名诗人屈原，还有杰出的政治家管仲、商鞅、晏婴，外交家苏秦、张仪，医学家扁鹊和水利学家李冰等。从思想的原创意义出发，这一时期还是中国传统文化中两个极其重要思想的诞生和发展时期，一个是中国传统文化最根本的特色和命题——天人合一，另一个就是具有重大实践意义的民本思想。可以说，中华文化的发展脉络和总体特征都与这两个文化主题密切相关。

总而言之，先秦时期是一个令中华民族世代骄傲和景仰的时期。

## 二、汉魏六朝——从文化一统走向文化多元

秦朝统一六国后所建立的中央集权制为文化一统奠定了基本的政治条件，同时，推行法家严刑峻法的思想和施政方略又进一步加强了全国大一统的局面。尤其是秦始皇在全国实施的书同文、车同轨、度同制等，为汉代董仲舒的独尊儒术准备了统一的文化环境。西汉初年，统治者崇尚黄老之学，实行"无为而治"的政治方针。经过几十年"与民休息"政策的推行，汉朝的国力得到迅速恢复，经济开始呈现繁荣的局面。

尽管秦始皇"焚书坑儒"的文化专制政策激起了后世儒生士大夫的反复抨击，然而，实行思想一统仍然是君主专制政治下无法回避的历史任务，因此，当西汉取得政治上的稳定和经济上的繁盛后，统一思想的课题便再次被提出，倡导者就是有"汉代孔子"之称的董仲舒。董仲舒从"大一统"的政治思想出发，结合其儒家思想体系，提出了影响千古的"罢黜百家，独尊儒术"思想（《汉书·董仲舒传》）。这一主张因得到汉武帝的支持而迅速在全国推行，影响

了此后两千多年的中国社会。

儒学取得独尊的文化地位后，汉武帝设五经博士。这样，除了已亡佚的《乐经》外，《诗》《书》《易》《礼》《春秋》成为"五经"。为广泛收集儒家著作，朝廷将当时流散民间、口头传授的儒学著作加以整理，用隶书写成书，叫"今文经"，如田何传的《易》、伏生传的《书》、申培传的《诗》、高堂生传的《礼》、公羊高和榖梁赤传的《春秋》等。鲁恭王刘余坏孔子宅从墙壁中新发现的儒家著作原本，因其是用古文写的，叫"古文经"，如《尚书》《礼》《孝经》《论语》《春秋左氏传》《周易》等。朝廷还组织了对今文经和古文经的研究，以至形成今文经学派和古文经学派，儒学实际上已经经学化。

从汉武帝时代直到西汉末年，今文经学居"官学"正统地位。在今文诸经中，《春秋公羊传》尤为重要，以治《春秋公羊传》起家的董仲舒，在其著名的今文经学著作《春秋繁露》中，淋漓尽致地阐述了"天人感应"、阴阳五行、"三统"（黑统、白统、赤统）循环等学说，从而建构起天人一统图式，对中国传统思想文化产生了至为重要的影响。

古文经学在王莽摄政时扶摇直上，东汉继续发展，大学者辈出，马融、许慎为其中的佼佼者。东汉末年，马融的学生郑玄遍注古、今文群经，不拘泥于师承门户和学派壁垒，成为汉代隆盛经学的总结性人物。

很有意思的是，秦汉大一统的文化格局到了魏晋时期，却演变成儒、道、佛、玄思想多元互动、并立丛生的局面。汉武帝以来，今文经学大讲阴阳五行学说，宣扬符瑞灵异等怪诞思想，一味迎合统治者的喜好，越来越使人感到其面目可憎；而古文经学又过于强调名物训诂，流于细碎烦琐，也一步步走向僵化。结果二者都没能进一步将儒学发扬光大，反而使儒学步入衰退时期。与儒学衰退相映成趣的是，中国本土的道教和外来的佛教却开始显现出繁荣的气象，这主要是魏晋时期政治黑暗、民生疾苦造成的。道教宣称人人可以通过修炼得道成仙，佛教主张只要今世苦修就能进入极乐世界，这些思想恰好符合了广大百姓渴望解脱现实痛苦的心理。秦汉的方生术士在民间相当活跃，他们为了满足秦始皇这样的统治者企图长生不老的愿望，到处杜撰所谓的仙丹仙药仙山，结果许多贵族包括汉武帝等都相信服食丹药可以长生，经由封禅可以升天，运用占卜能够预知吉凶，驱鬼求神能够祈福免灾，等等。东汉末年巨鹿人张角奉《太平经》为经典，建立太平道。东汉顺帝时，张陵在四川修道，以符水和中草药替人治病，凡是入道者须出五斗米，这就是著名的"五斗米道"。学术界多认为"道家之术，杂而多端"，因为它将道家学说、鬼神祭祀、神仙思想及占卜和符咒等巫术糅合到一起。与其他宗教把目光关注到"人死后如何"相比，道教将重点放到"人怎样才能不死"的现实问题上，由此也可以看出中国传统文化有强烈的现世观照特点。

在道教勃兴的同时，另一支宗教大军也浩浩荡荡地开进了魏晋南北朝文化系统，这就是佛教。由此，形成二学（儒学与玄学）、二教（道教与佛教）相互抗衡、相互融合的多元激荡的格局。

儒、玄二学在魏晋时期冲突十分剧烈。玄学推出之初，便大有"与尼父争涂"（《文心雕龙·论说》）的势头。玄学之士"以老、庄为宗而黜六经"（干宝《晋纪总论》）。儒学之士则谴责玄学家"好谈老庄，排弃世务，崇尚放达，轻蔑礼法"（《晋书·卞壸传》）。儒、玄二学虽然相互排斥，却也有相互吸收的一面，一些儒者注意到老庄之学具有救名教伪弊之功，玄学中也出现了推动玄学向儒学靠拢的修正派。"儒玄双修"之士的大量涌现，体现出那一时期儒玄合流的趋势。

道教从诞生之日起便与老庄之学结下了不解之缘，道家哲学是道教的重要思想渊源与宗教理论的主干。道教的创立者把老子奉为始祖，庄子也被列为道教尊神。《老子》《庄子》二书被奉为道教经典，称《道德真经》与《南华真经》。与此同时，道教积极调和儒学，将儒学中的伦理精义纳入教义、教规之中。范文澜曾描述儒、道二家关系，"儒家对道教不排斥也不调和；道教对儒家有调和无排斥"（范文澜《中国通史简编》），确是中肯之论。

佛教和玄、儒、道的关系颇为复杂。大体而言，玄、佛一拍即合，到了东晋，玄学几乎完全融入佛教之中。"儒家对佛教，排斥多于调和；佛教对儒家，调和多于排斥；佛教和道教互相排斥，不相调和（道教徒也有主张调和的）。"（金元浦《中国文化概论》）

魏晋南北朝时期，儒、玄、佛、道二学二教相互冲突、相互整合，形成意识结构激烈动荡的局面。这一时期因匈奴、鲜卑、羯、羌、氐等北方少数民族入主中原而引发的胡汉文化的大规模冲突，更使魏晋南北朝的文化呈现出多样性、丰富性。在文化的多重碰撞与融合中，中国文化得到多角度的发展与深化，强健而清新的文化精神大放异彩。

## 三、唐宋——中国传统文化的成熟与辉煌

唐宋时期是我国传统文化进入成熟和全面辉煌的鼎盛时期。从"贞观之治""开元盛世"大气磅礴的盛唐气象，直至儒学的最高形式——宋代理学的建构，这一时期有太多可圈可点的令中华民族世代为之骄傲的成就。

唐代经济文化的全面昌盛和繁荣，首先应该归功于它采取的海纳百川式的开放政策。这一时期的中华民族表现出前所未有的兼收并蓄的文化精神和一切皆可为我所用的胸襟与气度，热烈欢迎那些来自周边地区和远方国家的文化形式和文明成果，而且非常慷慨大度地将自己优秀的文化向外输出。鲁迅先生曾这样热情洋溢地称赞这种开放的精神："那时我们的祖先，对于自己的文化抱有

极坚强的把握，决不轻易动摇他们的自信力；同时对于别系的文化抱有恢廓的胸襟与极精严的抉择，决不轻易地崇拜或轻易地唾弃。"（鲁迅《鲁迅全集》）唐代，开放政策和精神主要体现在两大方面：一是大量汲取域外的文明成果；二是积极输出中华优秀文化。当时的都城长安是世界文化的集散地，也是名副其实的世界性大城市，中亚的音乐、舞蹈，西亚的宗教、建筑、医术，南亚的历法、音乐、佛学、美术和语言学等，都在这一时期涌入长安并很快被中国人吸收利用。另一方面，唐朝又凭借自身强大的经济优势和积极的文化影响力，不遗余力地把中华民族众多的优秀文化成果向外传输。当时受唐朝文化影响比较大的国家和地区主要是日本、朝鲜、西亚和南亚地区。英国学者威尔斯在《世界简史》中比较欧洲中世纪与中国盛唐的差异时说："当西方人的心灵为神学所缠迷而处于蒙昧黑暗之中，中国人的思想却是开放的，兼收并蓄而好探求的。"然而无论是汲取还是传播，唐朝都始终坚持以自己的本土文化为主体和阵地，进行有选择的文化交流活动，而不是盲目地接纳或机械地输出。

规模空前的统一和强盛、宽容和并包，造就了一个丰富多彩的文学艺术世界。作为唐代文化，也是中国传统文化优秀代表的唐诗，可谓气象万千，群星璀璨，其内容之广泛，艺术之精纯，数量之巨大，都不愧为我国诗歌史上的最高峰。清人所编《全唐诗》共收录有 2000 多位诗人的 48000 余首作品。

与唐诗相比，宋代文学最大的成就是词的产生与发展。因它更注重抒情，且倚声而作，适宜于歌楼酒肆演唱，因此在北宋很快成熟，出现了以柳永为代表的婉约派和以苏轼为代表的豪放派。柳词清新缠绵，苏词雄壮豪迈，都达到了很高的艺术水平。南宋以后，亡国之恨、故园之思，使词人们的作品更增一层深意。李清照的凄婉心境与辛弃疾的含蓄中富含豪情使宋词达到了它的顶峰。偏安杭州的局面稳定后，宋词走上了风雅的道路，形式美中蕴含着衰意。诗词之外，唐宋散文也达到了先秦之后的又一个高峰。唐代的古文运动扭转了六朝以来的形式主义文风，奠定了散文在古文中的主体地位。宋代散文沿唐的方向发展，大家迭出，取得了丰硕成果。

其他门类的艺术形式，一般说来书法成就宋不如唐，绘画成就唐宋各有千秋。唐代书法可以称为中国书法史上与魏晋并齐的又一高峰。唐初书风在继承"二王"基础上求发展，如欧阳询、褚遂良等，尚未能脱离传统的拘束，但草书却经"一颠一狂"的大胆开拓，走向了艺术的顶峰。怀素的狂草《自叙帖》如骤雨狂风，飞动圆转，似寒猿饮水，壮士拔山，不同凡响，仿佛"时有神助"；张旭的草书兔起鹘落，满纸云烟。至于楷书，颜真卿和柳公权一改魏晋辅锋而采用中锋行笔，讲究线条的质量和力度，讲究结构的雍容大方，可以说，到这时楷书才真正成熟。

唐人绘画成就亦被苏轼誉为"登峰造极"。阎立本的人物画《步辇图》着色稳重端凝（见图 2-3），卓然大雅。"画圣"吴道子将草书的笔法融入人物画的线条中，所画人物衣纹裙带飘飘若起，被誉为"吴带当风"。

宋人的书法除南宋末年的赵孟𫖮上溯"二王"外，基本上不出唐颜真卿的范围，但宋人雅趣横生，视书法为文人艺术，出现了苏轼、黄庭坚、米芾、蔡襄等诸多大家。尤其是宋人绘画，开创了诗、书、画一体的格式，这一格式被后代的中国文人画普遍采用。

**图 2-3　阎立本《步辇图》局部**

宋代文化最重要的标志乃是理学的建构。两宋理学，不仅将纲常伦理确立为万事万物之"天理"，而且高度强调人们对"天理"的自觉意识。为指明自觉认识天理的途径，朱熹精心注解《大学》，突出了"正心、诚意"的"修身"公式："古之欲明明德于天下者，先治其国；欲治其国者，先齐其家；欲齐其家者，先修其身；欲修其身者，先正其心；欲正其心者，先诚其意；欲诚其意者，先致其知，致知在格物。物格而后知至，知至而后意诚，意诚而后心正，心正而后身修，身修而后家齐，家齐而后国治，国治而后天下平。"从"格物"到"致知"，实质上将外在规范转化为内在的主动欲求，亦即伦理学上的"自律"，有了这一自律，方有诚意、正心、修身乃至齐家、治国、平天下的功业。

理学是中古时期最为精致、最为完备的理论体系，影响深远。由于理学家将"天理""人欲"对立起来，进而以天理遏制人欲，带有自我色彩、个人色彩的情感欲求受到强有力的约束。理学专求"外王内圣"的经世路线，以及"尚礼义不尚权谋"的致思趋向，将传统儒学的先义后利发展成为片面的重义轻利观念。但与此同时，理学强调通过道德自觉达到理想人格的建树，也强化了中华民族注重气节和德操、注重社会责任与历史使命的文化性格。张载庄严宣告："为天地立心，为生民立命，为往圣继绝学，为万世开太平。"顾炎武在明清朝代更迭之际发出"天下兴亡、匹夫有责"的慷慨呼号；文天祥等人在强权或腐朽政治势力面前，正气浩然，风骨铮铮，无不浸润了理学的精神价值与道德理想。

## 四、明清——中国传统文化的继往与开来

纵览整个中国传统文化发展史，我们可以把先秦时期看作中国传统文化茁壮成长的青春期，那是一个意气风发的轴心时代；唐宋时期显然是中国传统文化进入全面收获的成熟期，那是一个硕果累累的黄金时代；而到了明清时期，中国传统文化已开始呈现出老态龙钟的气象，这是一个中国传统文化需要认真反思和总结的时代。在这一时期，有两股相反相成的力量始终在碰撞中维系和拓展着中国传统文化的生命力：一股是以清代朴学和明清的古今图书编撰为代表的继往的力量；一股是以明末清初三大思想家的启蒙思潮为代表的开来的力量。

明太祖朱元璋废除相权，将丞相职权分给吏、户、礼、兵、刑、工六部，由六部长官直接对皇帝负责。除此之外，他还分割军权，大建特务机构。到了清代，这种文化专制手段更加肆无忌惮，仅"康雍乾"三朝有据可查的文字狱就有一百多起。中国专制统治者企图以强权和高压来扫除民间日益觉醒的主体意识和"异端"思想，阻止和压抑知识分子中开始显露的反思精神和启蒙思潮。

在全面高压政策的压制下，面对中国传统文化日渐式微的现状，一部分知识分子表现出强烈的继往情结。他们试图通过复古和继承，强调所谓"诗必盛唐，文必秦汉"，重新将中国传统文化的精华发扬光大。于是，明清之际一场轰轰烈烈的对传统文化进行总结的运动在民间和官方同时展开。一方面是考据学的兴起。知识分子对先秦以来的文献，尤其是儒家经典开始进行全面而系统地梳理。以惠栋为代表的吴学从古文字及音韵入手，重视音训，以求经义；以戴震为代表的皖学从小学、音韵入手，精断经义。特别是以戴震为代表的清代朴学所倡导的"训诂以明义理"学风，力避宋代理学的空疏之弊，字里行间充满了对理学的深入批判，在考据和复古的趋向中仍表现出这一时期的文化反思势头。另一方面是明清两代的朝廷调动巨大的人力物力编纂类书和辞书。明永乐年间，成祖朱棣命解缙等人征集天下书籍，按经、史、子、集、天文、医方、卜筮等门类编成《永乐大典》22 877 卷，这是大型类书编纂的开始。到了清代，康熙年间陈梦雷奉敕编修《古今图书集成》共10 000卷。乾隆年间，一部规模空前的巨制《四库全书》由永瑢、纪昀等人历经十余年而编成（见图2-4），收书3 503种，计79 337卷。《四库全书》的编纂是我国文化史上的盛事，也是对此前古籍的一个总结。除类书编纂外，字书和辞书的编纂也十分活跃，其中最为著名的两部是作为字书顶峰的《康熙字典》和以字韵为纲目的文学辞典《佩文韵府》。

**图 2-4　文渊阁《四库全书》书影**

　　明清两代的文化，一方面程朱理学占据统治地位；另一方面与社会形态的变化相适应，出现了具有市民反叛意识的早期启蒙思潮。如以"致良知"之说打破程朱理学一统天下的王阳明，虽然就其根本意旨而言是要修补理学僵化所造成的缺漏，但他感到社会氛围和心理状态的变迁，从人的主动性、能动性上顺次展开宇宙论、认识论、价值主体论，从而否认用外在规范人为地管辖"心"、禁锢欲的必要性，高扬了人的主体性，形成对正宗统治思想的一种反叛，成为晚明人文思潮的哲学基础。他的门生王艮，以及"泰州学派"的传人李贽则走得更远，已有较为鲜明的市民反对派气息。明清之际三大思想家——黄宗羲、顾炎武、王夫之，以及方以智、唐甄、颜元、戴震、焦循等人，更从不同侧面与专制皇权社会晚期的正宗文化——程朱理学展开论战，有的批判锋芒直指专制君主。

　　明代中后期市民文学的兴起（其理论代表是李贽的"童心说"和公安派"独抒性灵"口号的提出，其代表作品为长篇小说《金瓶梅》、短篇小说集"三言""二拍"等），也是城市经济发展和新的生产方式萌芽的社会现实的反映。生动活泼、富于民间生活情趣的市民文学，较之明代前期内容空虚、徒具华丽形式的"台阁体"文学，以及前七子、后七子"文必秦汉、诗必盛唐"的文学复古运动，都是一个巨大的进步。至于清代出现的《儒林外史》《红楼梦》等作品，则在更大的广度和更深的深度上揭露了专制制度的弊端，将古典现实主义文学推向高峰。

　　明清时代，伴随着商品经济的发展和市民阶层的崛起，小说创作空前繁荣。《三国演义》《水浒传》《西游记》《红楼梦》皆为世界公认的经典之作。除此之外，明末冯梦龙的"三言"（《喻世明言》《警世通言》《醒世恒言》）堪称中国封建社会百科全式的全景写实文学。清初小说家蒲松龄的《聊斋志异》达到了中国文言短篇小说的另一高峰。

明清时期，伴随着耶稣会士的传教，出现了中西文化碰撞与融合的重要文化现象——西学东渐。在明代耶稣会士来华之前的整个中国传统文化史中，中华农耕文明曾经有两次与外部文明发生交汇和碰撞：第一次是中原农耕文化与西亚、中亚的游牧文化的冲突和融合。以匈奴、蒙古、女真、突厥和契丹为代表的游牧文化在这场旷日持久的交锋中，最终被先进的农耕文化所同化。第二次较大的文化融合是东汉、魏晋和隋唐时期的中国儒道文化和南亚次大陆佛教文化的相遇和交融。不过这次文化碰撞的结果是二者彼此互动共存，相互影响。面对西学的传输，中国知识分子中的一部分人认为应该采取全面接受的态度，主张用西方文化来改造和完善中华文明；另一部分保守的知识分子却认为必须禁绝西学，他们以根深蒂固的中华文化优越感去抵制西学中的民主意识和科学精神。但是，也有一批头脑冷静的知识分子没有像前两者那样采取极端的方式和态度对待新鲜事物，一方面，他们敏锐地意识到西学中的科学方法和分析解剖的思维方式的确是中华文化所没有的，因此他们一开始就不遗余力地介绍西方的数学、物理、医学、化学、造船、仪表和火器等先进的科学理论和成果；另一方面，他们又认为传教士宣扬的神学与同时带来的科学精神是自相矛盾的，因此必须警惕基督神学对中国传统文化的侵蚀和改造。明代著名科学家徐光启、宋应星和方以智等人都受到了西方自然科学的影响，已经开始自觉地在科学研究和发明中运用一些实证的科学方法，取得了像《天工开物》和《农政全书》这样的科学成果。然而十分遗憾的是，明代刚刚萌芽的主体意识的觉醒、民主思想、科学精神，以及西学对中国传统文化的冲击和改造，很快就被清朝的闭关锁国政策给扼杀，直到鸦片战争西方的坚船利炮强行将国门打开，中国才不得不开始进行一场饱含剧痛的文化革新运动。

**思考题：**

1. 简述中国地理、经济及政治对中国传统文化的影响。

2. 了解中国传统文化的发展脉络，思考中国传统文化在各个历史时期的表现特点。

查看答案

**我的思维导图**

请选择本章中的某一内容为核心词，自行绘制一幅思维导图。要求：层次清晰、图文精练。

# 第三章 仓颉的光芒

## 汉字

"大风泱泱，大潮滂滂。洪水图腾蛟龙，烈火涅槃凤凰。文明圣火，千古未绝者，唯我无双；和天地并存，与日月同光"。(《中华世纪坛序》) 这段话把中华文明的精妙在短短的几行间表达得淋漓尽致。中华文明对于我们国家和民族有着深刻影响，而汉字作为中华文明最重要的载体，它几千年来一直永葆活力，生生不息。

## 第一节　汉字的产生

文化视点

传说古代黄帝军队与蚩尤军队交战，胜负未分。黄帝准备改变战术，叫仓颉把作战图拿来。仓颉一摸，身上带的作战地图早已丢失，黄帝又气又急，只好暂且收兵回营。黄帝对仓颉说："你是我身边最聪明的一位大臣，怎能在打仗的生死关头把作战地图丢失？"仓颉回答说："黄帝，如今人多事杂，又要经常打仗，用结绳记事、刻木为号的传令办法已难以应付。要是能够用一种图把你要说的话画出来，人们都会按照你的意思去做就好了。"黄帝便说："好，今后你就不必随军打仗了，专门留下来画图造字吧！"一天，仓颉正在苦思冥想，突然从树林里窜出来两只山鸡，在雪地上觅食。山鸡走过后，在雪地上留下了两行长长的爪印。接着，又有两只小鹿也窜出树林，发现人后撒腿跑掉了，雪地上又留下了小鹿的蹄印。他把山鸡的爪印和小鹿的蹄印一对比，发现形状不一样。于是他想，把鸡爪印画出来就叫鸡，把鹿蹄印画出来就叫鹿。世界上任何东西，只要把它的象形画出来不就成了字吗？想到这里，仓颉心花怒放，回去后就把他的这个想法向黄帝报告。黄帝听后笑说："我说过，你是个精明人，现在你就把天下的山川日月，飞禽走兽，都按照象形造出字来，我再颁布天下。"从这以后，仓颉每日仰观日月星辰，俯察鸟兽山川，创造了象形文字。

语言文字是文明最重要的载体。中华文化得以延续五千年而不辍，原因很多，但公认的一条，就是语言文字的传承始终没有断绝，汉字就是中华民族的不朽文脉。语言文字对于民族文化的重要性再怎么强调都不为过。而综观古今中外，要灭绝一个民族，最彻底的办法是将其语言废除了，如古巴比伦、古埃及等，莫不如此。

中国传统文化要长久地延续下去，首要任务就是学好汉字，保护好汉字，呵护中国文化的根。那么，汉字是怎么产生的呢？历史上对于汉字起源众说纷纭，流传比较广泛的有以下几种学说。

## 一、八卦说

许慎《说文解字·叙》："古者庖牺氏之王天下也，仰则观象于天，俯则观法于地，视鸟兽之文与地之宜，近取诸身，远取诸物，于是始作《易》八卦，以垂宪象。"（图3-1）

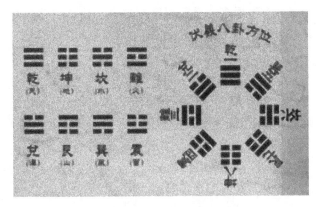

图3-1　伏羲八卦及八卦方位图

## 二、结绳记事说

《易传·系辞下》："上古结绳而治，后世圣人易之以书契，百官以治，万民以察。"许慎《说文解字·叙》："及神农氏，结绳为治，而统其事，庶业其繁，饰伪萌生。"新中国成立前，我国云南边陲还有结绳记事的情况存在。显然，结绳还不是文字，它并没有记录语言。

## 三、契刻说

汉朝刘熙在《释名·释书契》中说:"契,刻也,刻识其数也。"清楚地说明契就是刻,契刻的目的是帮助记忆数目。

## 四、仓颉造字说

许慎《说文解字·叙》:"黄帝之史仓颉,见鸟兽蹄迒之迹,知分理之可相别异也,初造书契。"

《吕氏春秋·君守》:"奚仲作车,仓颉作书,后稷作稼,皋陶作刑,昆吾作陶,夏鲧作城。"

《韩非子·五蠹》:"古者仓颉之作书也,自环者谓之厶,背私者谓之公,公厶之相背也,乃仓颉固以知之矣。"

《淮南子·本经训》:"昔者仓颉作书而天雨粟,鬼夜哭。"

《论衡·骨相》:"仓颉四目,为黄帝史。"

《荀子·解蔽》:"作书者众矣,而仓颉独传者,壹也。"

其实,作为记录语言符号的文字并不是一人所独创,是先民们在长期的生产劳动中不断创造、逐渐积累而形成的。各朝代都有新字产生,后一朝代的字数比前一朝代的字数有所增多,就足以证明这点。比如"氢、氧、氟、氮"等字,就是随着化学元素的发现到近代才产生的。

## 五、"河图洛书"说

"河图""洛书"是华夏文化的源头(图3-2)。《易·系辞》说:"河出图,洛出书,圣人则之。"这个圣人就是中国传说中的人类文化始祖伏羲。传说伏羲出生时,有龙马从黄河出现,背负"河图";有神龟从洛水出现,背负"洛书"。伏羲根据这种"图""书"画成八卦,后来周文王又依据伏羲八卦来研究成文王八卦和六十四卦,并分别写了卦辞。

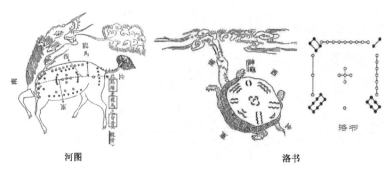

河图　　　　　　　　洛书

**图3-2　河图洛书**

河图与洛书是中国古代流传下来的两幅神秘图案，历来被认为是河洛文化的滥觞。

汉字的传说中也保留有神赐的影子，河出图，洛出书，可以反映出文字或先于文字的某种符号最先发生在河洛一带，但并不反映文字的真实起源。后世传说的文字神赐说，则是为了增加文字的神秘性。2014 年 11 月 11 日，河图洛书传说经国务院批准列入第四批国家级非物质文化遗产名录。

## 六、图画说

现代学者认为，汉字真正起源于原始图画。一些出土文物上刻画的图形，很可能与文字有渊源关系。西安半坡遗址出土的仰韶文化彩陶盆上的鱼形图案（图 3-3），形态逼真，栩栩如生，拿它们与古汉字中的一些"鱼"字比较（图 3-4），其相似程度，足以使人相信汉字是从原始图画演变而来的。

图 3-3 彩陶盆

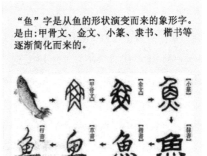

图 3-4 鱼字字形演进表

贾湖刻符（图 3-5）上的目（眼睛）的演变过程，也可说明文字起源于图画。

图 3-5 贾湖契刻

# 第二节　汉字的演变

　　2019 年 12 月 20 日，国家语言资源监测与研究中心、商务印书馆、人民网、腾讯公司联合主办的"汉语盘点 2019"揭晓仪式在北京举行。本次活动自开启后，2019 年度十大网络用语、十大流行语、十大新词语陆续发布。活动期间，共收到网友推荐字词数千条，总关注量超过 3.5 亿。最终，"稳""我和我的祖国""难""贸易摩擦"分别当选年度国内字、国内词、国际字、国际词。"汉语盘点"活动至今已举办 14 年，旨在"用一个字、一个词描述当年的中国与世界"，鼓励全民用语言记录生活，描述中国视野下的社会变迁和世界万象。接着在延续传统的基础上又做出新尝试，通过创意 H5、话题讨论、经典字体书写等形式，进一步吸引网友参与。此外，还深度挖掘大数据资源，相关机构提供 2019 年网友使用频率和关注度最高的 50 个字、100 个词，为网友的选择提供参考。活动的话题热度空前高涨，入选众多平台的话题推荐，登上热搜榜单。例如：

　　2019 年度国内字、词：稳、我和我的祖国；

　　2019 年度国际字、词：难、贸易摩擦；

　　2019 年度十大流行语：我和我的祖国、金色十年、学习强国、中美经贸磋商、最美奋斗者、硬核、垃圾分类、先行示范区、基层减负年、我太难了；

　　2019 年度十大新词语：夜经济、5G 元年、极限施压、止暴治乱、接诉即办、夸夸群、基层减负年、冰墩墩/雪容融、杀猪盘、乡字号/土字号；

　　2019 年度十大网络用语：不忘初心、道路千万条，安全第一条；柠檬精、好嗨哟、是个狼人、雨女无瓜、硬核、996、14 亿护旗手、断舍离。

　　语言文字是文化传承、发展、繁荣的重要载体，表达和传递着一个国家文化的魅力、一个民族的凝聚力。"汉语盘点"将继续稳步前行，跟随时代的脚步，在融合中发展，在创新中突破，彰显汉字的魅力与风采，坚定文化自信，推动文化繁荣，为民族的发展、国家的兴盛提供动力源泉，而汉字演变也是社会变迁的记录者。

# 一、文字的形成过程

汉字是语素—音节文字，总数非常庞大。汉字总共有多少字？恐怕没人能够说出非常精确的数字。但是我们可以根据古代的字书和辞书的记载，可以看出其发展情况。秦代的《仓颉》《博学》《爰历》三篇共有 3300 字。汉代扬雄作《训纂篇》有 5340 字。到许慎作《说文解字》就有 9353 字了。晋宋以后，文字又日渐增繁。据唐代封演《闻见记·文字篇》所记晋吕忱作《字林》，有 12824 字。后魏杨承庆作《字统》，有 13734 字。梁顾野王作《玉篇》有 16917 字。唐代孙强增字本《玉篇》有 22561 字。到宋代司马光修《类篇》多至 31319 字。到清代《康熙字典》，就有 47000 多字了。1915 年欧阳博存等的《中华大字典》，有 48000 多字。1959 年日本诸桥辙次的《大汉和辞典》，收字 49964 个。1971 年，张其昀主编的《中文大辞典》，有 49888 字。1990 年，徐仲舒主编的《汉语大字典》，收字数为 54678 个。1994 年，冷玉龙等主编的《中华字海》，收字数更是惊人，多达 85000 字。2018 年，蓝德康、松冈荣志编《汉字海》收集汉字 100000 个以上。

如果学习和使用汉字真的需要掌握七八万个汉字的音形义的话，那汉字将是世界上没人能够，也没人愿意学习和使用的文字了。幸好《中华字海》一类字书里收录的汉字绝大部分是“死字”，也就是历史上存在过而今天的书面语里已经废置不用的字。

有人统计过《十三经》（《易经》《尚书》《左传》《公羊传》《论语》《孟子》等 13 部典籍），全部字数为 589283 个字，其中不相同的单字数为 6544 个字。因此，实际上人们在日常使用的汉字不过 3000 个而已。

## （一）甲骨文

我国目前已发现的最早的文字，因刻在乌龟甲壳和牛的肩胛骨上，故称“甲骨文”。内容涉及政治、经济、军事、气候、习俗等许多方面，是研究当时历史的重要资料。甲骨文先后出土约 1400000 片，单字总数约 4500 个，可认者约 1700 字，甲骨文是汉字的“祖先”，距今约 3000 多年，我国有文字记载的历史即从那时开始。

自殷商时期甲骨文的出现，汉字才算得上一个文字系统，因此讨论汉字的演变和发展，一般都从甲骨文说起。汉字的演变过程，总体上来说，是先从象形的图画，到线条的符号，再到适应毛笔书写的笔画，最后到便于雕刻的印刷字体。而促使其不断演变的动力就是字形字体越来越便于书写和使用。

一般来说，汉字的发展可以划分为两大阶段。从甲骨文字到小篆是一个阶段，从秦汉时期的隶书以后是另一个阶段。前者属于古文字的范畴，后者属于近代文字的范畴。大体说来，从隶书到今天使用的现代汉字，形体上没有太大的变化。

甲骨文（图3-6）为商朝后期用写或刻的方式，在龟甲、兽骨上所留下的文字，其内容多为"卜辞"，少数为"记事辞"。甲骨文大部分符合象形、会意的造字原则，形声字只占20%。其文字有刀刻的，有的刀刻后填满朱砂，也有直接朱书或墨书的。甲骨文多为图画文字演变而成，象形程度高，且一字多体，笔画不定。这说明中国的文字在殷商时期尚未统一。

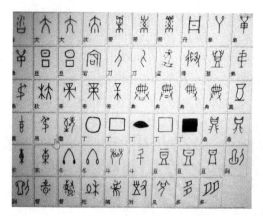

图3-6 甲骨文与现代汉字对照表

（二）金文

金文（图3-7、图3-8）又称钟鼎文或铭文，是铸刻在青铜器上的文字。它从商朝后期开始在青铜器上出现，至西周时发展起来。大体上商后期在青铜器上的铭文不超过50个字，西周末年的毛公鼎上铸的文字多达497个字。现在先后出土的商周青铜器有10000件以上。据古文字学家容庚所编《金文编》统计，金文单字共3000多个，其中2000个字如今已经识别出来。金文的形体和结构同甲骨文非常相近，基本上是同一种字形。甲骨文是商代文字的俗体，金文才是正体，显示了正体多繁、俗体趋简的印迹。

（三）大篆

篆的意思就是把笔画拉长，成为一种柔婉美化的长线条。在中国文字史上，夏、商、周三代，就其对文字学的贡献而言，以史籀为最。史籀是周宣王的史官，他别创新体，以趋简便。大篆（图3-9）因其为史籀所作，又有籀文、籀篆、籀书、史书之称。大篆散见于《说文解字》和后人所收集的各种钟鼎彝器中，其中周宣王时的石鼓文最为著名。

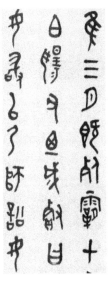

图 3-7　金文:《大盂鼎》铭文拓片局部　　图 3-8　金文书法

图 3-9　大篆:《石鼓文》铭文拓片局部

（四）小篆

　　小篆（图 3-10）又名秦篆，由秦朝丞相李斯对大篆加以去繁就简而成，又名玉箸篆。小篆的形体结构规正协调，笔势匀圆整齐，偏旁也做了改换归并，线条化和规范化达到了完善的程度，几乎完全脱离了图画文字，基本上成了方块字体，整齐和谐，十分美观。从大篆到小篆的文字变革，在中国文字史上具有极其重大的意义。

### (五) 隶书

小篆虽是文字上的一大进步，也有它自己的根本性缺点，那就是它的线条用笔书写起来很不方便，所以几乎在同时也产生了形体向两边撑开成为扁方形的隶书（图3-11）。从小篆向隶书演变的第一步，最显著的变化是从弯曲的线条变为平直的笔画，从无角变成有角。隶书主要有秦隶和汉隶，秦隶是隶书的早期形式，汉隶则为隶书的成熟字体。通常所说的隶书是指汉隶中的"八分"。隶书发展到"八分"，已经是成熟的隶书字体了。隶书因其字体方正、厚实，故带有刚正不阿的严肃感。隶书，是小篆的简便写法，最早流行于秦代下层人物中间，相传为程邈在监狱中将其整理成一种新字体。

隶书在汉代得到了很大发展，变无规则的线条为有规则的笔画，奠定了现代汉字字形结构的基础。

图3-10　小篆：李斯《峄山碑》拓片局部

图3-11　隶书：《乙瑛碑》拓片局部

### (六) 楷书

与草书同时兴起的还有楷书，它又名"正书"或"真书"，成熟于东汉时期，盛行于魏晋南北朝时期。楷书包含了古隶的方正、八分的遒美及章草的简洁等优点。这种字体一直沿用至今，被视为标准字体且为世人所喜爱。楷书给人一种因稳重而衍生出的宁静感。唐代颜真卿、欧阳询和柳公权将楷书发展到了登峰造极的地步。他们的代表作分别是《多宝塔碑》（图3-12）《九成宫醴泉铭》（图3-13）《玄秘塔碑》（图3-14）。

图 3-12　楷书：颜真卿《多宝塔》
　　　　碑帖局部

图 3-13　楷书：欧阳询《九成宫醴泉铭》
　　　　拓片局部

图 3-14　楷书：柳公权《玄秘塔碑》碑帖局部

楷书笔画平直，字形方正，书写简便，直至今天，楷书仍是汉字的标准字体。古代的中国人还创造出了两种可以快速书写的字体：行书和草书。

（七）行书

介于楷书与草书之间的是行书，据传是汉代刘德升所造。行书不同于隶、楷，其流动程度可以由书写者自由运用。行书表现出浪漫唯美的气息，传至今日，仍是我们日常书写所习惯使用的字体。

浙江绍兴的"兰亭碑亭"是个有名的地方，相传当年，王羲之在这里写下被誉为"天下第一行书"的《兰亭集序》（图3-15）。

（八）草书

隶书后来又演变成草书。这是一种隶书的快写体，它发展成为独立字体，大约始于东汉。草书本于章草（图3-16），而章草又带有比较浓厚的隶书味道，因其多用于奏章而得名。章草进一步发展而成为今草，即人们通常称呼的"一笔书"。今草大部分较章草及行书更趋于简洁。到了唐朝出现了抒发书者胸臆，寄情于笔端的狂草。草书给观者一种豪放不羁、流畅之感。

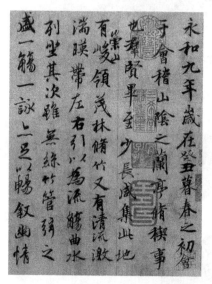

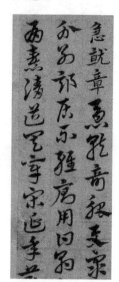

图3-15　行书：王羲之《兰亭集序》摹本局部　　　　图3-16　章草：宋克临写《急就章》局部

（九）印刷体

印刷术发明后，文字逐渐向适于印刷的方向发展，出现了横平竖直、方方正正的印刷字体——宋体。其发端于雕版印刷的黄金时代——宋朝，定型于明朝。宋体笔形横平竖直，雕刻起来的确容易，适于印刷刻版。宋体别创一格，清新悦目，又适合人们在阅读时的视觉要求，因此成为出版印刷使用的主要字体。

（十）电脑字体

随着科技和文化事业的发展，在西方文字字体的影响下，又出现了黑体、美术字体等多种新的字体，如海报体、综艺体、勘亭流、少女字体等，以及更多的宋体的变形，如仿宋、扁宋等。将各类字体的汉字收入电脑字库中，不同字体在文档中便可得到更方便的运用。

## 三、汉字与书法

各个历史时期所形成的各种字体，有着各自鲜明的艺术特征。如篆书古朴典雅，隶书静中有动、富有装饰性，草书风驰电掣、结构紧凑，楷书工整秀丽，行书易识好写，各种字体风格多样，个性各异。这种由方块字所独有的形体结构美而衍生出来的艺术创造，就是中华民族特有的造型艺术——书法。

中国书法起源甚早，但真正意义上的书法的形成，有记载可考的，当在汉末魏晋之间。中国文字的点画、结构和形体与外文不同。它变化微妙，形态不一，从而诞生出名为"书法"的艺术。通过点画线条的粗细、长短、浓淡、强弱等细微变化，再加上字形、字距和行间分布所构成的优美章法布局和白纸黑字的黑白映衬变化，就能表达出种种思想感情，彰显不同的神韵气质，从而给鉴赏者带来巨大的艺术享受。其中的佼佼者如王羲之的《兰亭序》，全帖28行、324字，每一字都被王羲之创造出一种生命形象，赋予它们各自的秉性、精神、风仪，或坐，或卧，或行，或走，或舞，或歌，虽尺幅之内，众相毕现，令人叹为观止。

这一时期把文字的书写性发展到了一种审美阶段，使文字的书写融入了创造者的观念、思维、精神，并能激发审美对象的审美情感。

魏晋南北朝时期，众多书法家创造出风格多样、繁花似锦的书法艺术。晋代书法流美妍媚、风流潇洒，反映了士大夫阶层的清闲雅逸，体现出一种娴静美，被称为"晋人尚韵"。唐代书法犹如唐代国势，法度严谨、气魄雄伟，体现出唐朝国力富强的气派和勇于开拓的精神，具有大唐盛世的气魄，具有力度美，被称为"唐人尚法"。宋代纵横跌宕、沉着痛快的书风，正是在"国家多难而文运不衰"的局面下，文人墨客不满现实的个性展示，以书达意，表达心境，因此称"宋人尚意"。而到了元明两代，由于政府对文化和思想的压制，反映在书法上则是崇尚摹古，因此被称作"元明尚态"。清代被称为"书道中兴"时期，可谓流派纷呈，各体具现，名家辈出。

总之，追寻两千年书法发展的足迹，我们可以清晰地看到它与中国社会的发展相映，强烈地反映出每个时代的精神风貌。

## 四、汉字的特点

不同的民族，在不同的社会历史时期都会创造出自己所独有的文化形式和文化特质，而这种文化形式和文化特质沉淀下来，就会形成所谓的民族文化。而中华文化，作为古文化中唯一延续发展下来的文化，其载体汉字也就具有了历史活化石的性质。

（一）再现性

汉字的再现性，就在于它能够再现一些东西的形象或特征，如日、月、山、川、水等。而这些字又通过指事、会意、形声等造字方法，造就出了占80%以上的绝大部分汉字。由于汉字的这种独特性，使得某个生僻汉字的意义有规律可循，即使我们不认识，也能猜到其大致意思。这样，上千年前的文献中的汉字，今天我们照样认识，这对于保证文化的传承起到了极其重要的作用。

（二）浓缩性

汉字的浓缩性，在于单个汉字符号所包含的社会信息量巨大。一系列复杂的社会信息，往往包含在一个汉字单元之中。这个特点，在古文中表现尤其明显，如孔子著《春秋》，以"春秋笔法"行褒贬，其中仅仅说人的死去，就有"崩""薨""卒""死"等数种说法，分别代表着"帝王之死""诸侯之死""大夫之死"和"平民之死"。仅仅一个"死"的不同表述方法，其中就蕴涵了如此丰富的社会意义，可见中国的古书是以最少的文字记载了最多的信息。同样的信息量，用汉字表达是最简洁的，如翻阅联合国的文件（联合国的文件往往要写成中文、英文、法文、俄文、阿拉伯文与西班牙文等6种文字）同一个文件，中文版总是最薄的。

（三）联想性

汉字表意能力特别强，它像一幅图画，看惯了这些字，目击的瞬间就能萌发联想，甚至产生情感，使人的认识迅速发生变化。如"家"字，上有"房"（宝盖头），下有"财"（"豕"代表财富），说明要组成一个家庭，就需要一定的物质基础。这种联想性能够赋予枯燥的文字以丰富的内涵和雅趣，使之鲜活生动、栩栩如生。它对于文字本身的魅力，尤其对于中华传统文化的魅力来说，是绝对不可缺少的重要组成部分。

（四）吸纳性

联想性和浓缩性组合起来，从而又衍生出汉字的另一特性，即神奇的组词能力，往往一个字能构建出许多个意义单位（词）。如一个"白"字就组成了"白天""白痴""白兰地"等100多个词条。这样，汉语常用的40000个词汇只需要3000个汉字构建即可，这些词汇进而又交织出绚丽多姿、气象万千的文章来。这种组词特性，在吸收外来词汇时表现得特别明显，我们根本不需要创造新字，只需要将几个汉字重新组合成词，就能够将外来词汇彻底吸收。相反，英语要不断制造新词来适应时代的变化。据一位英国语言学家的研究，在每份

《纽约时报》上都可以找到许多在现代英语词典中找不到的新单词。而任何一个新的科学技术的中文词汇（不论是电子、宇航，还是分子生物）所用的汉字，都罗列在古老的《康熙字典》中。因此，虽然中华文化经历过无数次文化危机，我们却总能轻而易举地将之化解吸收，有效地保证了中华文化的延续和发展。

（五）艺术性

汉字和汉语相应，一个字就代表一个音节、一个语素，因此也就产生了声韵、平仄、对仗……也就产生了对联、诗词、歌赋……可以说，这些辉煌灿烂、光照千秋的中国古典文学形式，几乎都是建立在汉字独特性的基础上的。而汉字所独有的形体结构美，更是造就了中华民族所特有的书法艺术。看书法大师们的墨宝，有的高远飘逸，有的庄严凝重，有的苍劲有力，有的娟秀美丽，表现出种种神韵气质，这是世界上任何其他文字都难以呈现的艺术美。

（六）统一性

中国疆域广阔，方言众多。如果汉字是一种拼音文字，根据拼音文字是由发音来拼写的特点，那么由于不同方言的不同发音，恐怕时至今日，汉字早已分化为数十种不同的文字了。这在世界历史上是有先例的，如西方罗马帝国时代的拉丁语，现在已经分化为法语、意大利语、西班牙语等十多种语言。而不同的语言又代表不同的文化和传承，从而也就造就了种族和疆域的分化。也就是说，如果汉字是拼音文字，很有可能中国现在已经分裂为很多不同的国家和种族了。幸好汉字是表意文字，虽然在发音上各地不尽相同，但在书写上却有着统一的形态。可以说，汉字之于中国疆域、民族、文化的统一与融合有着不可替代的作用。

汉字所独有的特点和功用，不受时间、地域的限制。不仅对本民族的成员产生积极的作用，还漂洋过海，对周边各民族产生了深远的影响。早在隋唐时期，中国的汉字就随着外交往来而传播到当时的朝鲜半岛和日本，从而对朝鲜半岛和日本的文化产生了积极而又深远的影响，形成了所谓的"汉字文化圈"，至今犹有余泽。

## 五、汉字的简化工作

中华人民共和国成立以后，汉字简化工作很快就提上了议事日程。1949 年10 月 10 日，中国文字改革协会正式成立，并选举吴玉章为主席。1952 年，中国文字改革研究委员会成立，主任委员是马叙伦，下设拼音方案组、汉字整理组、教学试验组、编辑出版组、秘书处。1954 年 10 月，这个委员会将多方研究讨论并经过四次大的修正的《常用汉字简化表草案》上报中央，得到中央的批准，下达地方进行进一步审阅，并开展初步使用。同年10月，中国文字改革委员会成立，隶属于国务院直属单位。1956年国务院通过《汉字简化方案》及《关于公布（汉字简化方案）的决议》，开始正式推行汉字简化方案。

（一）第一批汉字简化工作

1956年2月，推行第一批简化字260个，包括230个简化字和方案之外的30个偏旁类推字；1956年6月，推行第二批简化字95个；1958年，推行第三批简化字70个；1959年，推行第四批简化字92个，另外附录了54个简化偏旁。四批合计517个简化字，其中有30个是《汉字简化方案》之外的偏旁类推字，而《汉字简化方案》中还有28个没有推行。

1964年，文改委编印了《简化字总表》，此表分为3个表。第一个表收录了352个不作偏旁的简化字，第二个表收录了132个可作偏旁的简化字和14个简化偏旁，第三个表收录了1754个简化字，是应用第二表的简化字和简化偏旁，基本上以《新华字典》收录的8000个汉字进行类推简化。总表外还有两个重要的附录：一个是被看作简化字的异体字表，一个是国务院批准的生僻地名用字表。《简化字总表》的编印表明中国第一次简化字推行工作最终取得了成功。

第一次简化字推行工作的效果突出：（1）它把2235个汉字从平均16.03个笔画减省到10.3个笔画，学习起来和书写起来都方便了许多；（2）消除了一批异体字；（3）构造更为合理，比如"儅"易读成"shǎng"，变成简体字"偿"后就不会误读了；（4）在结构上更为美观，字形之间的差异也更为突出。

在扫盲试验中，简化字扫盲的效率比繁体字扫盲的效率高出20%左右。

第一次简化字推行工作也存在一些问题：一是有些字简化不合理。二是有些繁体字该简化的没有简化。这些问题，相对于其上述有益的效果而言，是次要的。

（二）第二批汉字简化工作

任何事情都有一定的惯性，简化字运动也不例外。第一次简体字成功之后，有些人又在思索着如何进一步简化汉字，于是开始了第二次简化字工作。其大致过程如下。

1966年到1971年，汉字简化工作处于停滞状态。1972年3月，中国科学院下设文字改革办公室，文字改革工作开始恢复。当年7月，文字改革办公室开始拟定《第二次汉字简化方案》），并广泛征集群众中流行的简化字。1973年国务院同意恢复"中国文字改革委员会"的名称，归国务院科教组管。1975年文改委拟定出《第二次汉字简化方案（草案）》，以下称《二简》。1977年文改委在广泛征集各方意见的基础上，拟定出二简的修订稿，收录了简化字853个。

但是《二简》中不合理的地方很多：（1）没有规律地简化了一些字；（2）不合理地兼并了一些汉字，如把"雕"和"刁"并为一个字。此外，汉字的整体局面被"一简"深刻地冲击后，刚刚恢复平静，又受到"二简"的冲击，弄得有些混乱。因此，从1978年开始人们反对《二简》的呼声越来越高。1978年8月，全国报刊都停止了试用《二简》中第一表中的简化字。

1986年6月24日，国务院批准了国家语言文字工作委员会关于废止《二简》和纠正社会用字混乱现象的请示，并在通知中明确指出："1977年12月20日发表的《第二次汉字简化方案（草案）》，自本通知下达之日起停止使用。"这个通知宣告了第二次简化字工作的失败。

第二次简化字工作虽然失败了，但是给我们留下了很多值得思索的问题和很多值得吸取的教训。其中关键的一点是"不熟不做"。因此，1992年11月6日，国务院发的《国务院批转国家语委关于当前语言文字工作请示的通知》中进一步明确指出，今后对汉字简化应持慎重态度，使汉字保持稳定，以利社会应用。

# 第三节 汉字"六书"

"六书"一词最早见于《周礼·地官》："保氏掌谏王恶，而养国子以道，乃教之六艺……五曰六书，六曰九数。"但是这里没有写出"六书"详细的名称，也没有对"六书"的解释。对六书最早的解释出现在西汉刘歆所著的《七略》中，《汉书·艺文志》转载如下："古者八岁入小学，故《周官》保氏掌养国子，教之六书，谓象形、象事、象意、象声、转注、假借，造字之本也。"我国古代的汉字学（即传统"小学"）包括了文字、音韵、训诂这三个方面的研究，以研究单个汉字的形音义及其相互关系为主要形式。虽然"六书"之名最早见于《周礼》，但第一次建构起了真正意义上的"六书"理论，当是东汉许慎的《说文解字·叙》，许慎也成为利用六书理论全面分析汉字形体结构、探索汉字本意的第一人。所谓"六书"，即象形、指事、会意、形声、转注、假借。清代学者戴震归纳为"四体二用"，前四种为造字法，后两种为用字法。

## 一、象形

"象形者，画成其物，随体诘诎，日、月是也。"象形就是对事物的外部特征进行描绘，比如日、月、牛、虎、兔等。甲骨文中象形字（图3-17）很多。

图3-17　象形字

## 二、指事

"指事者，视而可识，察而见意，上、下是也。"指事是用抽象符号或者在象形字的基础上加上抽象符号表示难以直接描绘的事物或位置。甲骨文中的指事字（图3-18）也不少。

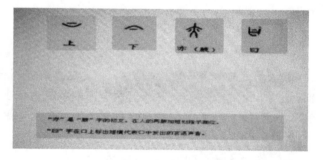

图3-18　指事字

## 三、会意

"会意者，比类合谊，以见指㧑，武、信是也。"会意（图3-19）是把两个或两个以上的字合在一起表示一个新的意思。

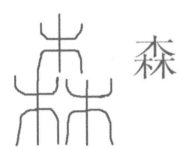

森，会意字。三木叠合为森，表示许多树木延连不断。树高林密必然光线昏暗，所以引申出阴森之义。再引申为森严。成语：戒备森严。也表示林木茂密。

**图3-19　会意字"森"字形及释义**

## 四、形声

"形声者，以事为名，取譬相成，江、河是也。"我们常用的汉字中，80%左右是形声字（图3-20）。形声是用表示意义类别的构件和表示声音的构件合起来表示一个词义。

奥，形声字。其篆文中的⌂是房屋，表意，𥝩省声，本义指室内的西南角。引申指含义深广，不易理解的事理，如奥妙、深奥。奥作偏旁的字：懊、澳、噢、揜、襖等。

**图3-20　形声字"奥"字形及释义**

## 五、转注

"转注者，建类一首，同意相受，考、老是也。"建类一首，即转注出来的字和本字属于同一个部首；同意相受，即转注字和本字意义相同，即指几个部首相同的同意字可以互相解释。从举例"考、老"可以推出，转注字和本字形似、义同、音近。归纳起来，转注字有三个条件：两字同一部首、声音相近、可以互相解释。

## 六、假借

"假借者，本无其字，依声托事，令、长是也。"生活中产生了新生事物，这就必然需要用新造汉字去记载。古人为了不随意增加新字，或许是为了减少人们识字困难，有时候在已有的汉字中，选取读音相同的字去记录，这就是"本无其字，依声托事"。

转注和假借属于用字法，转注类似于两个字相互作解，假借字实际是别字，是同音字。

# 第四节　汉字中国

> 2013 年，国家语委推出了大型原创文化类电视节目"中国汉字听写大会"，邀请了来自全国 31 个省市自治区，以及在内地受教育的港澳台学生 160 人，组成 32 支代表队，以独特竞赛形式构成多场紧张精彩的晋级框架，深得全国观众的喜爱。2014 年中央电视台又推出了"中国成语大会"。2016 年又推出了"中国诗词大会"等。

这些节目为什么会受到大家的喜爱呢？汉字与中国文化的关系是什么呢？从汉字的产生、演化来看，汉字是中国文化的一面镜子，从中可以看到中国文化的各个方面，它为我们了解中国文化打开了一扇十分重要的窗户。

## 一、汉字的文化定义

汉字是汉民族思维和交际最重要的书面符号，世界文字大致可以分为表音文字和表意文字。文字都可以忠实地记录语言，克服语言在时间与空间上的局限性，使语言在不同的时间和空间流传下来。以汉字为代表的表意文字，却以意象结构直接体现民族思维方式和文化精神，汉字文化对中国传统文化的发展与阐释起着非常重要的作用。

例如，汉字中二人为"从"，三人为"众"；双木为"林"，三木为"森"。汉字的构形富有艺术性。汉字的艺术性有以下几个方面：一是许多象形字就好像一幅画，如甲骨文中的"龙"字，长嘴大头，有角有冠；二是汉字本身的结构既有长度又有宽度，在历史发展过程中逐渐形成方块字，书写时横写竖写都十分美观；三是汉字造字时讲求理据，运用的时候字字独立，给我们以独特的艺术享受。

## 二、汉字与文化的关系

汉字是历史、文化的活化石，它把中国的历史、社会和各种文化活动都记录下来，并世代相传，使中国文化永存不朽，通过汉字可以追溯中国古代的历史文化踪迹。汉字产生于原始社会晚期，形成于奴隶社会前期，已经有三千年的历史了。社会文化、民族文化的发展是决定汉字发生和发展的因素。文字是社会文化的重要组成部分，是社会文明程度的标志。汉字从纵向来说是从甲骨文、金文、篆书、楷书演变来的，从横向来看是四种造字法象形、指事、会意、形声和两种用字法转注、假借演变而来的。它代表着民族的自尊、自强，从多个方面表现出中华民族的文化、信仰、风俗习惯等，使中华民族的古代文明世代相传，发扬光大。

## 三、汉字与各类文化

### （一）汉字与饮食

分析汉字的形体，并结合古代文献，可以很好地阐述中国古代饮食制作文化。"民以食为天"，悠悠万事，唯食为大。尽管古代的百姓生活困苦，难以维持生计，但饮食制作文化已经萌芽、形成，我们可以从一些汉字的形体及有关说解来了解这一点。

**釜、鼎**

釜：古代的一种类似今天饭锅的炊具。从金父声，"釜"在古代耕者和士兵都使用，是十分普通的炊具，它的形状较大，无足。三国曹植曾在《七步诗》中用到此字，"煮豆燃豆萁，豆在釜中泣"。

鼎：古代一种十分贵重的炊具，象形字。"鼎"的形制一般为三足两耳腹很大，主要用来煮肉食。因鼎有三足，后比喻三方并立，称为"鼎立""鼎足""鼎峙"。

相传夏禹即位时，把天下分成九州，收集天下铜器，铸成九个鼎，每鼎代表一州，故后来用鼎比喻君位、政权。

问鼎：表示有争夺国家政权之意。

问鼎之心：比喻有夺取政权的野心。

问鼎中原：比喻企图夺取天下。

有关词汇拓展：三足鼎立、鼎力相助、鼎盛时期、人声鼎沸、一言九鼎。

汉字中反映饮食制作文化的字还有很多，从中可以看出，中国古代饮食制作文化历史非常悠久，而且具有不断进步的特点。汉字是中华文化的载体，自然也是饮食制作文化的载体。

### （二）汉字与自然

"天人合一"指人与自然和谐一致，天道与人道的合一，是我国传统哲学的一个重要思想。下面一组会意字充分体现了这一点：

采，从木从爪，表示采摘树上的果子。

休，从人从木，表示人靠在树上休息。

以上几个字均反映了人与自然的关系。根据事物之间的联系，将人或人的身体部位和自然事物组合在一起，即可构成一个新字。这个字在表示一个新的意义的同时，也向我们传递了丰富的信息，人与自然处于紧密的联系之中。"采"反映了古人的生产劳动情况，"休"反映了古人的休养生息，汉字中类似的会意字很多，反映了人们的衣食住行、生老病死、生产、劳动等方面。

（三）汉字与伦理

有人说，一个汉字就是一个故事。千百年来的风俗礼仪、社会结构、伦理道德、哲学思想、生命意识、民族思想、生活智慧等都包含有汉字的文化元素。走进汉字的文化宝库，了解汉字的奇妙世界，汉字从形态到内涵，不仅是一种独特的文化符号，而且是一种形象生动、有社会文化背景的意识之镜。中华民族的文化基因，几乎都隐藏在一个个汉字当中，如汉字的"家与国""善与恶""贫与富""思无邪"等。

**1. 家与国**

家是宀+豕。"宀"，房屋的象形字；"豕"，猪的象形字。"家"字（图 3-21）的本义是：上层住着人、下层养着猪的房屋，这就是人生活的地方："家"。

**图 3-21　甲骨文"家"字**

古时中国是以男子耕田为主的农业社会，社会整个生产力低下，农业很重要，同时又必须有饲养业做补充，人们才能够生活得好一些。即使是比较富裕的人，养殖业对于他们来说，也是很重要的。家畜对于家庭的经济影响很大，是家里的重要财产之一。因此，家家户户都会饲养牲畜，特别是猪（豕）。那么怎样饲养呢？就是养在家里，一来猪等家畜不会被人偷走；二来可以防止猛兽吃掉家畜，猛兽若来，人们可以立即拿起武器驱逐猛兽，使家畜免遭损害；三来，房子下层饲养家畜，虽然味道臭点，但是对家庭卫生无根本性大碍。这种房屋上层住人、下层养猪的做法，即使在当代，在中国一些山村里依然或多或少能看见这一现象。

在古代，养猪成为家庭的一个基本标志，家以是否养猪，而不是以是否养羊来标识。这也表明古代中国中原地区已经摆脱了以往游牧的生产、生活方式，较早地进入了农耕社会。

国，甲骨文中的"國"（图3-22）（国）字由"戈＋口"组成，其含义是"军队、人口"。可以理解为：由人口组成军队，由军队来保卫人口，这就是国家。在金文、隶书、楷书中，"国"字多了一个四周的"囗"，表示国家有边境四周；隶书、楷书中的"國"字还多了"一"，表示"土地"。这就组成了一个完整的国家。

**图3-22　"国"字形演进表**

在古汉字中，"國"字的组成中有外面一个大口和里面一个小口，这两个口，意思是不一样的。外面的大"囗"，表示的是国家有四方疆域；里面的小"口"，表示的是人口；而"一"，则表示土地；此外，还要执有"戈"矛的军队来保卫国家的土地、人口和边疆。上述的大"囗"、小"口"、"一"还有"戈"等因素，构成国家的"國"字。这是任何一个国家都具有的共同特征。

可以说，古汉字在几千年前就已经深刻地解释了国家的几个基本特征，或者说构成国家的几个基本要素——边境、疆域、土地、人口、军队等。

古代有"修身、齐家、治国、平天下"的家国情怀，增强了国家的凝聚力，利国利民；今有改革开放的总设计师邓小平所说"我是中国人民的儿子，我深情地爱着我的祖国和人民"的赤子之心，无不体现着崇高的家国情怀。作为当代大学生，一定要树立远大理想，将自己的命运和国家的发展结合起来，认认真真做事，踏踏实实做人，做一个有家国情怀的人。

**2. 善与恶**

善（图3-23），不论在甲骨文中，还是在金文、隶书、楷书中，"善"字都与羊、与羊的嘴巴相关。在隶书、楷书中，善：羊＋口＋廿。"善"，羊头加上羊嘴。试想，羊的嘴巴只吃草，不会咬人，也不会咬其他动物。羊嘴，善之极矣。

**图3-23　"善"字形演进表**

"善"字揭示了多么深刻的人生哲理啊。羊对于人类有着众多方面的"美"

的本质：羊吃进去的是草，但挤出来的是奶，提供给人类的是浑身的宝，肉是鲜美的食物，羊毛可以纺成毛线做衣服，羊皮可以做成皮衣，连羊粪蛋也可以肥田。羊对人类是完全奉献，真是善莫大焉！羊对人最为温顺，因此，羊很早便被人类驯化，对人类的进步做出的贡献也很大。

牛、马、猪等大型牲畜，也有许多善，但是，牛会抵人，马会踢人，有时还会致人死命；而羊即使偶尔发点脾气，也很难置人于死地。因此，中国古代先民把善与羊联系在一起，是最准确、最科学的造字方法。

其实善是抽象的概念，上古时要用文字把它表现出来并不容易。在金文中，"善"字从羊，是一个会意字。"美、義、祥"等具有褒义色彩的字，均与羊有关，可知古人把羊看作一种美好、正义、吉祥的动物，因此"善"字也从羊。

喜欢听恭维赞美的话是人之常情，但是，这样的话未必是善意的。真正能够分辨出具体言行的善与恶并不容易。春秋时，楚文王是一个能够分辨善与恶的贤明君主。他说："苋嘻多次据义冒犯我，据礼拂逆我的心意，我跟他在一起就感觉不安。但是，时间久了，我从中有所收获。如果我不亲自授予他爵位，后代如有圣人，一定会因此而责难我。"于是，授予苋嘻很高的爵位。楚文王又说："申侯伯很善于揣摩并迎合我的心意，我想要什么，还没有说出来，他就为我准备好了，跟他在一起，让我感到很轻松。但是，时间久了，我从中有所损失。如果我不疏远他，后代如有圣人，也将会因此而责难我。"于是，就把申侯伯驱离楚国。后来，申侯伯到了郑国，曲意逢迎郑君的心意，事先准备好郑君想要的一切。这样三年之后，申侯伯就执掌了郑国的国政，但仅过了五个月，郑国的百姓就把申侯伯杀了。事实证明，楚文王对人的判断是正确的。可见，衡量什么是真正的嘉言懿行，不应当根据自己的感情好恶，而应当站在客观的角度上公正地评价。

恶（图3-24），亞（亚）＋心。"恶"字本义：鳄鱼在心中，或者是心如同鳄鱼般残忍。"恶"是一个贬义词，指很坏的事情或犯罪的事情。

图3-24　"恶"字形演进表

汉字中的"善与恶"：《周易》云"积善之家，必有余庆；积不善之家，必有余殃""善不可失，恶不可长"；列夫·托尔斯泰说"没有单纯、善良和真实，就没有伟大"；至今我们也常说"恶有恶报，善有善报"。

善恶之间，一念天堂，一念地狱。人生天地间，"勿以恶小而为之，勿以善小而不为"。当前正是社会的转型期，我国正经历或面临剧烈的变化，作为当代大学生，一定要对当前的社会现象、社会问题进行深刻的反思，在宣扬善的同时要研究恶的产生，这样可以抑制罪恶产生，最后通过自身的努力，做到惩恶扬善，真正践行社会主义核心价值观。

### 3．贫与富

贫，分+贝。一个"贝"（钱）几个人来分，自然贫了；贫是缺乏钱财，拥有很少量钱财的意思。"贫"字本义是：缺少钱财，家境贫寒。世界上几乎所有国家的文明考古中，贝壳都是最为原始的钱币。因此，古汉字中"贝"就代表金钱。古汉字中许许多多的与"贝"字相联系的字，也都与金钱有关。比如，账目，就是金钱来往的记录。寶，宀+玉+缶+贝，能够称为宝的东西里面，贝（钱）就是其中之一。實，宀+贯。"贯"指的是被串起来的铜钱等货币，所谓家财万贯，即实也，富也。

富（图3-25），宀+一+口+田。"富"字的甲骨文、金文与隶书、楷书是不同的。在甲骨文、金文中，有两样东西，房屋和房屋中的酒坛子，讲的是房屋和酒坛子这两样静态的、具体的财富。

**图3-25 "富"字形演进表**

而隶书和楷书的"富"字，既有静态的财富，如房屋和田地；同时，主要的是动态的财富，这主要是人口（"口"）和田地（"田"）结合后，就能够创造出新的、更多的财富来。"富"字与"穷"字相比较，富字的上边不是"穴"字头，而是"宀"头了。富了以后，就可以离开"穴居"生活，在平地上盖起房屋，这是一种上方有了房顶居住比较舒适的家。富字上面的"宀"加上"一"，表示不用"穴居"了，已经有大房子住了。

总之，"富"字的含义是三者合一：有供人居住的房屋，有不断繁衍的人口（劳动力），有可耕种的田地。

汉字中的"贫与富"，《礼记·儒行》云："儒有不陨获于贫贱，不充诎于富贵。"孟子对此也有很好的诠释："富贵不能淫，贫贱不能移，威武不能屈。"（《孟子·滕文公下》）在全面建成小康社会之际的精准扶贫，就是为了实现国家富强、人民富裕的伟大中国梦。

### 4．"思"无邪

思（图3-26），田+心。"思"字告诉人们，心中有田就是"思"。这种思很纯正，不是叫人痴心妄想的思，不是歪门邪道的思，而是干正经事情的思。

图 3-26　"思"字形演进表

在篆文中，"思"字，上有人头部的"脑门"，下有人的"心脏"。古代人把握住了人的头脑和心都有思想、思考的功能。诚然，现代医学只承认头脑才有思考的能力。篆书的"思"，解释的是人用何种器官思考；而在隶书、楷书中的"思"，则告诉人们什么叫作"思"，通过人们耕田的实践及其整个思索过程来揭示"思"为何物。

"思"的三层含义：（1）思想。"《诗》三百，一言以蔽之，思无邪。"（2）思考。"业精于勤，荒于嬉；行成于思，毁于随。""学而不思则罔。""我思故我在。"（3）思念。"举头望明月，低头思故乡。""十年生死两茫茫，不思量，自难忘。""休对故人思故国，且将新火试新茶，诗酒趁年华。""花自飘零水自流，一种相思，两处闲愁。"

（四）汉字与诗词

中国文化中，文字是根，成语是枝，诗词是树。无根固然不会有枝有花，但如果说诗词是枝繁叶茂的参天大树，那么字和词则是诗词的构件。汉字、成语都有其美，恰当的文字让诗词拥有绝美的表现力。古代诗人在写诗的过程中，总会对文字进行反复推敲，以此来表达准确而生动的诗句。让我们欣赏以下两组汉字妙用典故。

**1. 推、敲**

### 题李凝幽居

（唐）贾岛

闲居少邻并，草径入荒园。

鸟宿池边树，僧敲月下门。

过桥分野色，移石动云根。

暂去还来此，幽期不负言。

唐朝一个年轻的诗人贾岛去长安参加考试。他骑着毛驴，在大街上一边走一边想着他的诗句。突然，他想到了两句好诗："鸟宿池边树，僧推月下门。"又一想，觉得"推"字改为"敲"字更好一些，他想得正入神时，只听得对面喊了一声："干什么的？"还没弄清楚是怎么回事，便被拉下驴，带到韩愈面前。原来，他碰见了大文学家韩愈，等贾岛把事情说了一遍后，不但没有受罚，反倒引起了韩愈的兴趣，韩愈想了一会说，还是"敲"字好。静静的夜晚，在月光下，一个僧人敲门，极静有声，这个情景是很美的。于是"推"字就改为了"敲"字。后来，"推敲"便成为字斟句酌或反复考虑之意。

## 2. 横、拥

### 左迁至蓝关示侄孙湘

（唐）韩愈

一封朝奏九重天，夕贬潮阳路八千。

欲为圣朝除弊事，肯将衰朽惜残年。

云横秦岭家何在？雪拥蓝关马不前。

知汝远来应有意，好收吾骨瘴江边。

唐宪忠亲迎佛骨，这遭到了当朝儒家领袖韩愈的激烈反对，于是他给皇帝写了一封措辞严厉的奏章。上奏是一门学问，要是不说，就觉得没有尽到责任；要是说了，俗话说"祸从口出""言多必失"。其实，亲迎佛骨在当时并非韩愈一人反对，关键是他胆大，还说得特别难听，说自从佛教传入中原后，历朝凡信佛的皇帝，都没有一个长命的。结果皇帝一怒之下，把他贬到了潮州。"夕贬潮阳路八千"，走到秦岭，他遇见了侄孙韩湘。"云横秦岭家何在？雪拥蓝关马不前"，其中的"横""拥"二字，大有天下之大却无路可走的悲壮感。明明为了朝廷着想，却遭受贬谪，他心中的委屈，真的难以言表。唐宪宗虽然很愤怒，但他终归是一个明白人，最终并没有真杀韩愈，而是重新重用了他。

我国古代诗词中曾有许多乍看是文字游戏，细品又饶有风趣的短诗小词，在老百姓特别是在文化人中颇受欢迎。近似玩笑的文字却蕴涵了丰富的文化内涵。它们不仅能产生雅趣，陶冶情操，也颇有教益。这些诗词有的巧夺天工，叹为观止；有的诙谐幽默，趣味盎然，常令人拍案叫绝。

**思考题：**

1. 汉字的六书包括哪些（包括名称和概念）？请举例说明。

2. 谈谈汉字对中国文化的影响。

3. 同学们还能举出哪些诗词中精妙的用字？

查看答案

**我的思维导图**

请选择本章中的某个内容为核心词，自行绘制一幅思维导图。要求：层次清晰，图文精练。

# 第四章　宏阔的哲思

## 中国古代文化思想

　　中国哲学思想源远流长，博大精深，其中关于宇宙人生根本问题的最高智慧，隽永精深，韵味无穷。古代哲学萌芽于殷周之际。西周初年的《尚书·洪范》提出了五行学说，以水、火、木、金、土为构成世界最基本的事物。商周时期有了原始的阴阳观念。《周易》以乾（天）、坤（地）、震（雷）、艮（山）、离（火）、坎（水）、兑（泽）、巽（风）八卦说明自然现象和社会关系。《周易》本是占卜之书，是原始宗教、原始哲学与当时社会风俗结合的产物。春秋战国时期诸子蜂起，百家争鸣，哲学思想异常活跃，涌现出了许多重要的思想家，如老子、孔子、墨子等，形成道家、儒家、墨家、名家、法家、阴阳家、兵家、农家等学派。诸子百家各引一端，崇其所善，相反相成，相灭相生。在中国哲学发展史上，诸子百家蕴含了各种各样的思想资源和思想传统，成为民族精神文化的丰富基因，至今仍起着巨大的作用。其中影响最大的，就是儒家、道家和法家思想，它们都充满了人生智慧。中国哲学的智慧是从伟大精神人格中、从哲学家的实践行为中流露或显现出来的，透视现在，关注未来。

　　中国古代文化思想是中国文化的灵魂。中国传统文学、艺术、教育、科学、宗教、风俗等，都受到哲学思想的引导和影响。中国哲学凝聚了中华文化的基本精神，是中华民族几千年文明发展的结晶。在西方文化中，宗教处于核心的地位；而在中国文化中，宗教的功能基本上是由哲学承担的。自古以来，中国人对宇宙的看法，对人生的看法，对生活的意义及其价值信念和赖以安身立命的终极根据，都是透过中国哲学加以反映、凝结和提升的。要深入了解或把握中国文化的精髓，必须了解中国传统哲学。

# 第一节　仁者爱人：儒士的入世与担当

　　《论语·乡党》里记载了这样一件小事情："厩焚。子退朝，曰：'伤人乎？'不问马。"有一天孔子家的马厩失火了，他朝罢回家之后知道了此事，但孔子并没有询问马匹的情况，而只是问了家里有没有人员伤亡。事情虽小，引发的议论却不少。有人说孔子太奢侈，不爱惜财物，因为在古代，马匹是非常重要的家庭资产；有人说孔子不爱护动物，动物的命也是命啊。宋代大儒朱熹在《朱子集注》中说："非不爱马，然恐伤人之意多，故未暇问。盖贵人贱畜，理当如此。"孔子问人不问马，不是说不爱马，而是更加担心伤人的这个意思多一些，就没来得及问有没有伤到马。朱熹认为孔子对人更加重视，对畜生就稍微轻视一些，大概就是这个意思。其实，春秋时代对于大多数人尤其是贵族来说，财物的囤积显得比庶民的生命重要得多，这个小故事体现的正是孔子对人本身的高度肯定，是那个时代非常珍贵的朴素的人本主义思想。

　　儒家在西方文献中被称为"孔子学派"。但是"儒"字的字义是文士或学者，所以西方称之为"孔子学派"不大确切。

　　儒家学说经历代学者加工改造，最后凝聚为中华民族精神的主体内容，成为传统文化的主干之一，对中华民族的理想人格、思维方式、价值倾向及社会心理等产生了深远影响。

　　中国传统儒家文化属于以"求善"为目标的伦理型文化，其政治原则是从道德原则中推导出来的。伦理学说与政治学说融为一体，它又可归属于以"求治"为目标的政治型文化。换言之，中国文化属于"政治—伦理型"，具有以下特点：关心现实政治，重视人际关系；具有博大体系，流于经学态度；高扬主体意识，着眼伦理本位；偏重直觉方法，富于辩证思维。

　　将天人相应的世界观、君民相维的政治观、上下相依的伦理观融为一体，以伦理道德为核心、以儒家思想为中心，是整个中国文化系统的共同特征。中国文化具有早熟性、独立性和内向封闭性，强调群体观念、向心观念和中庸观念。其基本精神是以人伦关系为出发点，以入世进取心理为基础，以礼教名分道统为中心，以人文主义为内核。

# 一、孔子

## （一）孔子其人

孔子（见图4-1）名丘，公元前551年生于鲁国昌平乡陬邑，也就在今天的山东省曲阜市。他的祖先是宋国（今河南商丘一带）贵族，宋国是周朝给商王后裔的封地，周取代商，在孔子出生以前，孔氏由于政治纷争被迫迁到鲁国。

孔子一生事迹详见《史记·孔子世家》。从《孔子世家》可知，孔子年轻时很穷，50岁时进入鲁国政府，后来做了大司寇。一场政治阴谋逼他下台，他只好背井离乡。此后14年，他周游列国，希望找到机会实现他的政治、社会改革的理想，可事与愿违。最后他回到鲁国，著书立说，开办私学，卒于公元前479年。

图4-1　孔子像

## （二）孔子的主要观点

### 1. 正名

孔子认为，要有一个秩序良好的社会，最重要的事情是正名。就是说，"实"应当与"名"为它规定的含义相符合。学生子路问他，若要治理国家，先做什么呢？孔子说："必也正名乎！"（《论语·子路》）又有个国君问他治理国家的原则，孔子说："君君，臣臣，父父，子子。"（《论语·颜渊》）换句话说，每个名都有一定的含义，这种含义就是此名所指的一类事物的本质。因此，这些事物都应当与这种理想的本质相符。君的本质是理想的君必备的，即所谓"君道"。君，若按君道而行，他才能于实于名都是真正的君，这就是名实相符，不然的话，他就不符合"君"的要求。在社会关系中，每个名都含有一定的责任和义务。君、臣、父、子都是社会关系的名，负有这些名的人都必须相应地履行他们的责任和义务。这就是孔子正名学说的含义。

### 2. 仁、义

关于人的德性，孔子强调仁和义，特别是仁。义是事之"宜"，即"应该"。社会中的每个人都有一定的应该做的事，为必须做而做，因为做这些事在道德上是对的。如果做这些事只出于非道德的考虑，即使做了应该做的事，这种行为也不是义的行为，而是受儒家蔑视的"利"。在儒家思想中，义与利是直接对立的。孔子本人就说过："君子喻于义，小人喻于利。"（《论语·里仁》）

在这里已经有了后来儒家的人所说的"义利之辨"，义利之辨在其道德学说中是极其重要的。

义的观念是形式的观念，仁的观念就具体多了。人在社会中的义务，其形式的本质就是它们的"应该"，因为这些义务都是他应该做的事。但是这些义务的具体本质则是"爱人"，就是"仁"。父行父道爱其子，子行子道爱其父。有个学生问什么是仁，孔子说："爱人。"（《论语·颜渊》）真正爱人的人，是能够履行社会义务的人。所以在《论语》中可以看出，有时候孔子用"仁"字不光是指某一种特殊德性，而且是指一切德性的总和，所以"仁人"一词与"全德之人"同义。

### 3. 忠、恕

《论语》记载："仲弓问仁。子曰：'出门如见大宾，使民如承大祭，己所不欲，勿施于人。'"孔子又说："夫仁者，己欲立而立人，己欲达而达人。能近取譬，可谓仁之方也已。"（《论语·雍也》）由此看来，如何实行仁，在于推己及人。"己欲立而立人，己欲达而达人"，换句话说，己之所欲，亦施于人，这是推己及人的肯定方面，孔子称之为"忠"，即"尽己为人"。推己及人的否定方面，孔子称之为恕，即"己所不欲，勿施于人"。推己及人的这两个方面合在一起，就叫作忠恕之道，就是"仁之方"（实行仁的方法）。

《大学》云："所恶于上，毋以使下。所恶于下，毋以事上。所恶于前，毋以先后。所恶于后，毋以从前。所恶于右，毋以交于左。所恶于左，毋以交于右。此之谓絜矩之道。"《礼记》另有一篇《中庸》，相传是孔子之孙子思所作，其中说："忠恕违道不远。施诸己而不愿，亦勿施于人……所求乎子，以事父……所求乎臣，以事君……所求乎弟，以事兄……所求乎朋友，先施之。"《大学》所举的例证，强调忠恕之道的否定方面；《中庸》所举的例证，强调忠恕之道的肯定方面。不论在哪个方面，决定行为的"规矩"都在本人自身，而不在其他。

忠恕之道同时就是仁道，所以行忠恕就是行仁。行仁就必然履行在社会中的责任和义务，这就包括了义的性质。因而忠恕之道就是人的道德生活的开端和终结。《论语》云："子曰：'参乎！吾道一以贯之。'曾子曰：'唯。'子出，门人问曰：'何谓也？'曾子曰：'夫子之道，忠恕而已矣。'"（《论语·里仁》）每个人在自己心里都有行为的"规矩"，随时可以用它。实行仁的方法既然如此简单，所以孔子说："仁远乎哉？我欲仁，斯仁至矣。"（《论语·述而》）

### 4. 知命

孔子本人的一生，正是"知命"的注解。他生活在社会、政治大动乱的年代，竭尽全力想用自己的主张改变世界。他周游列国 14 年，虽然他的一切努力都是枉费，可是他从不气馁。他明知道不会成功，却仍然继续努力。孔子说："道之将行也与？命也。道之将废也与？命也。"（《论语·宪问》）他尽了一切努力，而又归之于命。命就是命运。孔子则是指天命，即天的命令或天意；换句话说，它被看作一种有目的的力量。人要取得成功，总是需要一些条件的配合。但是这种配合，整体看来，却在人能控制的范围之外。所以人能够做的，莫过于一心一意地尽力去做应该做的事，而不计成败。这样做，就是"知命"。要做儒家所说的君子，知命是一个重要的必要条件。所以孔子说："不知命，无以为君子也。"（《论语·尧曰》）

由此看来，知命也就是承认世界本来存在的必然性，这样，对于外在的成败也就无所挂心。如果做到这一点，在某种意义上，人也就永不失败。因为，如果尽了应尽的义务，那么，通过尽义务的这种行动，此项义务也就在道德上算是尽到了，这与行动的外在成败并不相干。这样做的结果，将永不患得患失，因而永远快乐。所以孔子说："知者不惑，仁者不忧，勇者不惧。"（《论语·子罕》）又说："君子坦荡荡，小人长戚戚。"（《论语·述而》）

# 二、孟子

## （一）孟子其人

《史记》记载，孟子（约公元前371年—约公元前289年）是邹（今山东济宁邹平）人。他师从孔子的孙子子思的门人学习儒家学说。当时的齐国是个大国，有几代齐王很爱好学术。他们在齐国首都（临淄）西门——稷门附近，建立了一个学术中心，名叫"稷下"。齐王将稷下学者"皆命曰列大夫，为开第康庄之衢，高门大屋，尊宠之。览天下诸侯宾客，言齐能致天下贤士也。"（《史记·孟子荀卿列传》）

孟子一度是稷下的著名学者之一。他也曾游说各国诸侯，但无人听信孟子的学说，孟子最后只好回来与弟子们作《孟子》7篇。这部书记载了孟子与诸侯和弟子的谈话。《孟子》后来被推崇为"四书"之一，成为几千年来儒家教育的经典。

## （二）孟子的主张

### 1. 人性善

孔子对于"仁"讲了很多，对"义""利"之辨也分得很清。人应当不考虑自己的利益，无条件地做他应该做的事，成为他应该成为的人，还应当"推己及人"，这实质上就是行"仁"。孔子虽然讲了这些道理，他却没有解释为什么人应该这样做。孟子就试图回答这个问题。在回答的过程中，孟子建立了人"性本善"的学说。性善的学说使孟子赢得了极高的声望。人性是善的还是恶的？确切地说，就是人性的本质是什么？这向来是中国哲学中争论最激烈的问题之一。

孟子提出大量论证来支持性善说："人皆有不忍人之心……今人乍见孺子将

人于井，皆有怵惕恻隐之心……由是观之，无恻隐之心，非人也；无羞恶之心，非人也；无辞让之心，非人也；无是非之心，非人也。恻隐之心，仁之端也；羞恶之心，义之端也；辞让之心，礼之端也；是非之心，智之端也。人之有是四端也，犹其有四体也……凡有四端于我者，知皆扩而充之矣。若火之始然，泉之始达。苟能充之，足以保四海；苟不充之，不足以事父母。"（《孟子·公孙丑上》）孟子认为，所有人的本性中都有此"四端"，若充分扩充，就变成四种"常德"，即儒家极其强调的仁、义、礼、智。这些"德"，若不受外部环境的阻碍，就会从内部自然发展，如同种子自己长成树，蓓蕾自己长成花。至于为什么人应当让他的"四端"而不是让他的低级本能自由发展，孟子的回答是，人之所以异于禽兽，就在于有此"四端"，所以应当发展"四端"，因为只有通过发展"四端"，人才真正成为人。孟子说："人之所以异于禽兽者几希，庶民去之，君子存之。"（《孟子·离娄下》）

### 2. 王道

孟子说："人之有道也，饱食暖衣，逸居而无教，则近于禽兽。圣人有忧之，使契为司徒，教以人伦：父子有亲，君臣有义，夫妇有别，长幼有序，朋友有信。"（《孟子·滕文公上》）人之所以异于禽兽，在于有人伦及建立在人伦之上的道德原则。国家和社会起源于人伦。人只有在人伦即人与人的关系中，才得到充分的实现和发展。孟子和亚里士多德一样，主张"人是政治的动物"，主张只有在国家和社会中才能够充分发展这些人伦。国家是一个道德的组织，国家的统治者必须是道德的领袖。因此儒家的政治哲学认为，只有圣人可以成为真正的王。孟子把这种理想描绘成理想化的情景，在古代已经存在。据他说，有个时期圣人尧为天子，尧年老时，选出舜，教他怎样为君，于是在尧死后舜为天子。同样地，舜年老时，选出禹做他的继承人。天子的宝座就这样由圣人传给圣人，照孟子说，这样做是因为应当这样做。

君若不照理想的君道应当做的做，他在道德上就不是君了，按孔子正名的学说，他只是"一夫"。孟子还说："民为贵，社稷次之，君为轻。"（《孟子·尽心下》）体现了孟子的民本思想。

如果圣人为王，他的治道就叫作王道。照孟子和后来的儒家学说，有两种治理之道，一种是"王道"，另一种是"霸道"。它们是完全不同的种类。圣王的治道是通过道德指示和教育，霸主的治道是通过暴力的强迫；王道的作用在于德，霸道的作用在于力。在这一点上，孟子说："以力假仁者霸……以德行仁者王……以力服人者，非心服也，力不赡也。以德服人者，心悦而诚服也，如七十子之服孔子也。"（《孟子·公孙丑上》）

后来的中国哲学家一贯坚持王霸的区别。行王道，并不是与人性相反的事情，而恰恰是圣王发展"恻隐之心"的直接结果。孟子说："人皆有不忍人之心。先王有不忍人之心，斯有不忍人之政矣。"（《孟子·公孙丑上》）在孟子思想中，"不忍人之心"与"恻隐之心"是一回事。我们已经知道，照儒家所说，仁只不过是恻隐之心的发展；恻隐之心又只有通过爱的实际行动来发展；而爱的实际行动又只不过是"善推其所为"，也就是行忠恕之道。王道不是别的，只是圣王实行爱人、实行忠恕的结果。照孟子所说，王道并无奥妙，也不难。《孟子·梁惠王上》中记载，有一次齐宣王看见一头牛被人牵去做祭品，他"不忍其觳觫，若无罪而就死地"，因而命令用羊替换它。于是孟子对宣王说，这就是他的"不忍人之心"的例子，只要齐王能够把它推广到人事上，就是行王道。宣王说他办不到，因为他有好货、好色的毛病。孟子认为，人们都好货、好色，王如果从知道自己的欲望而知道所有子民的欲望，并采取措施尽可能满足，就是王道之行。

# 三、荀子

## （一）荀子其人

荀子的生卒年不详，约在公元前298年至前238年之间。荀子名况，号荀卿，赵国（今河北省与山西省南部一带）人。《史记·孟子荀卿列传》说荀子50岁来到齐国，当时齐国稷下是很大的学术中心，他三任祭酒，可能是稷下最后一位大思想家。《荀子》一书有32篇，其中很多是内容详细而逻辑严密的论文，可能是荀子亲笔所写的。儒家之中，荀子思想是孟子思想的对立面。

## （二）荀子的主张

### 1. 性恶说

人性必须加以教养，荀子的论点是："人之性，恶；其善者，伪也。"（《荀子·性恶》）伪，就是人为。照他看来，"性者，本始材朴也；伪者，文理隆盛也。无性则伪之无所加；无伪则性不能自美"。（《荀子·礼论》）荀子的人性论虽然与孟子的刚好相反，可是他也同意人人能够成为圣人。孟子说："人皆可以为尧舜。"荀子也承认"涂之人可以为禹"（《荀子·性恶》）。这种一致，使得有些人认为这两位儒家并无不同。事实上不然，尽管这一点表面上相同，本质上却大不相同。

孟子认为，仁、义、礼、智的"四端"是天生的，只要充分发展这"四端"，人就能成为圣人。但是荀子认为，人不仅生来毫无善端，相反的倒是具有实际的恶端。在《性恶》篇中，荀子企图证明，人生来就有求利求乐的欲望。但是他也肯定，除了恶端，人同时还有智，可以使人向善。用他自己的话说："涂之人也，皆有可以知仁、义、法、正之质，皆有可以能仁、义、法、正之具，然则其可以为禹，明矣。"可见，孟子说"人皆可以为尧舜"，是因为人本来是善的；荀子论证"涂之人可以为禹"，是因为人本来是智的。

### 2. 道德的起源

人在道德方面如何能善？因为，每个人如果生来就是恶的，那么，道德又起源于什么呢？为了回答这个问题，荀子提出了两个方面的论证。

第一个方面，荀子指出，人都依赖某种社会组织而生活。这是因为，人要生活得好些，必须合作互助。荀子说："百技所成，所以养一人也。而能不能兼技，人不能兼官，离居不相待则穷。"（《荀子·富国》）还因为，人们需要联合起来，才能制服其他动物。人"力不若牛，走不若马，而牛马为用，何也？曰：人能群，彼不能群也……一则多力，多力则强，强则胜物。"（《荀子·王制》）由于这两种原因，人们一定要有社会组织。为了有社会组织，人们需要行为的规则，这就是"礼"。儒家都重视礼，荀子特别强调礼。讲到礼的起源，荀子说："礼起于何也？曰：人生而有欲，欲而不得，则不能无求，求而无度量分界，则不能不争。争则乱，乱则穷。先王恶其乱也，故制礼义以分之，以养人之欲，给人之求，使欲必不穷乎物，物必不屈于欲，两者相持而长，是礼之所起也。"（《荀子·礼论》）

人们必须一起生活，为了在一起生活而无争执，各人在满足自己的欲望方面必须接受一定的限制，礼的功能就是确定这种限制。有礼才有道德。遵礼而行就是道德，违礼而行就是不道德。

### 3. 礼、乐的学说

在儒家学说中，礼是一个内容丰富的综合概念。它指礼节、礼仪，又指社会行为准则。但是在上述论证中，它还有第三种意义。在这种意义上，礼的功能就是调节。人要满足欲望，有礼予以调节。但是在礼节、礼仪的意义上，礼有另一种功能，就是使人文雅。在这种意义上，礼使人的情感雅化、净化。对于后者的解释，荀子也做出了重大的贡献。儒家认为，丧礼和祭礼（特别是祭祖宗）在礼中最为重要。为了加以整理，儒家对它们做出新的解释，注入新的观念，这见于《荀子》和《礼记》之中。

《荀子·礼论》中还说："祭者，志意思慕之情也，忠信爱敬之至矣，礼节文貌之盛矣，苟非圣人，莫之能知也。圣人明知之，士君子安行之，官人以为守，百姓以成俗。其在君子，以为人道也；其在百姓，以为鬼事也……事死如事生，事亡如事存，状乎无形影，然而成文。"照这样解释，丧礼、祭礼的意义都完全是诗意的，而不是宗教的。除了祭祖先的祭礼，还有其他各种祭礼。

荀子还作了《乐论》，其中说："人不能不乐，乐则不能无形，形而不为道，则不能无乱。先王恶其乱也，故制《雅》《颂》之声以道之，使其声足以乐而不流，使其文足以辨而不谍，使其曲直、繁省、廉肉、节奏足以感动人之善心，使夫邪污之气无由得接焉，是先王立乐之方也。"所以在荀子看来，音乐是道德教育的工具，这一直是儒家奉行的音乐观。

## 四、董仲舒

### （一）董仲舒其人

董仲舒（公元前 179—公元前 104），广川（今河北枣强）人，曾任博士、江都相和胶西王相，是西汉时期的名儒，中国思想史上影响重大的经学大师。他刻苦好学，专治儒家经典《春秋公羊传》，曾"三年不窥园"，完成了《春秋繁露》，并应诏进献著名的《天人三策》。晚年，他以老病辞归，专门从事著述，著作有《举贤良对策》3 篇、《春秋决事比》10 卷。

### （二）董仲舒的主张

#### 1．天人感应

董仲舒在解答宇宙的起源、演变、结构时，将先秦的天命观与阴阳五行结合，创造出一个高于宇宙本原之上、具有意志和道德的人格神——天，称"天者，百神之君也，王者之所尊也"。天运动阴阳二气，产生各种自然现象。他认为宇宙由天、地、阴、阳、木、火、土、金、水、人等"十端"构成。十端通过五行"相生相胜"，演变出和谐完整的宇宙——人事有序同构。这种阐释更加明确了自孟子以来就存在的"天人合一"论。如果说，先秦孔孟儒学是以人情化的伦理亲情为主要特征，那么，董仲舒则是以神学化的天人观念为显著标志。他还依此推导出另一个著名命题——"天人感应"，认为大自然的灾异是天对人事的"警告"，如果社会太平则天降各种"符瑞"表示赞许。"天人感应"论直接成为两汉"谶纬"迷信的理论根据。

恢复宗教化的神灵之天是董仲舒"天人感应"思想的主旨。他在《春秋繁露》中对商周以来传统的天命论做了发挥："唯天子受命于天，天下受命于天子……受命之君，天命之所予也……道之大原出于天，天不变，道亦不变。"以此论证了皇权神授。在天人关系上，他以荀子提出的自然界的功能"不见其形而见其功""皆知其所以成，莫知其无形"作为出发点，企图解决如何"知天"的问题。但他未能正确地回答这一问题，而是恢复了宗教神学的"天人合一"思想，并利用某些自然科学成果，提出了更加系统的宗教神学世界观。

#### 2．三纲五常

阴阳五行伦理化是"天人感应"说的重要内容。五行之间的关系，被附会成为父子、君臣关系，养生送死的孝道和竭力事君的忠道。他通过神秘化的阴阳五行学说来说明三纲五常"出于天"，并断定阴阳之间的关系是"阳尊阴卑""阳贵阴贱"，由此进行推论："天为君而覆露之，地为臣而持载之；阳为夫而生之，阴为妇而助之；春为父而生之，夏为子而养之，秋为死而棺之，冬为痛而丧之。王道之三纲，可求于天。"（《春秋繁露·基义》）这里讲君臣是天地关系，夫妇是阴阳关系，父子是四季关系，而天地关系和四季关系也是阴阳关系，所以他又说："君臣、父子、夫妇之义，皆取诸阴阳之道。君为阳，臣为阴；父为阳，子为阴；夫为阳，妻为阴。"阴只能对阳起配合作用，不能与阳分享成功，阳居主导地位，阴居辅助地位，这是永恒不变的"天意"，因而君为臣纲、父为子纲、夫为妻纲也是永恒不变的"天意"，即"王道之三纲，可求于天"。

作为封建时代社会道德伦理的"三纲"，以父子夫妻的家庭关系为依据，以宗法制为基础，以君亲、忠孝为纽带，以移孝作忠为目的，实现家庭政治化和国家家族化，其中心要求是把孝和忠绝对化，其实质是强化家庭的宗法统治和封建君权。董仲舒以三纲五常等道德规范作为建立法度、化民成俗的根本，为封建专制统治提供了理论根据，为以儒为宗的文化模式提供了蓝本。

# 五、朱熹

## （一）朱熹其人

朱熹（1130—1200），字元晦，号晦庵，徽州婺源（今属江西上饶）人，后迁居建阳考亭（今属福建南平）。他19岁登进士第，曾"知南康军"（今江西庐山市）。在南康时，他规劝百姓修孝悌忠信之行，敦厚宗族，和睦乡邻。他重振济，减赋税，筑江堤，办学校，还在庐山建白鹿洞书院讲习经书，宣传理学思想。此后，朱熹历任提举两浙东路常平茶盐公事、江西提刑、漳州知府、潭州荆湖南路安抚使，并在长沙岳麓书院讲学授徒。庆元四年（1198），宁宗下诏命"伪学之徒改视回听"，订立《伪学逆党籍》，致使朱门无人往来，许多人甚至不敢以儒者自命。他处于空前孤立的境地，仍坚持讲学，死前还在修改《大学》的注疏。朱熹死后9年，宋廷解理学之禁，为朱熹恢复名誉，其学说也受到重视。宋理宗于宝庆三年（1227）下诏，要求儒士习读朱熹著作，将他所注《四书五经》作为科举教材，朱学遂成为之后的官学。

朱熹一生著作甚丰，并大多保存下来，主要有：《四书集注》《中庸或问》《论语精义》《孟子要略》《太极图说解》《伊洛渊源录》《周易本义》《孝经刊误》《仪礼经传通解》《楚辞辩证》等，合为《朱子大全》。他的语录则被编为《朱子语类》，共140卷。

## （二）朱熹的主要观点

### 1. 理

朱熹认为，"理"不仅是宇宙的本原、万物的主宰，也是社会道德规范的源泉。一切道德的原则、规定及仪节，都是"理"在人间社会的展现。"夫天下之事莫不有理，为君臣者有君臣之理，为父子者有父子之理，为夫妇、为兄弟、为朋友，以至于出入起居，应事接物之际，亦莫不各有理焉。"(《朱子大全》)不仅人类社会有道德原则，动物之间也受这些原则的制约。他把理作为存在于自然和社会之先的精神本体，万事万物由此派生；同样，作为道德规范与原则的理也先于各种社会道德关系而存在，"未有君臣，已先有君臣之理，未有父子，已先有父子之理"(《朱子大全》)。

**2. 气**

朱熹认为："天地之间，有理有气。理也者，形而上之道也，生物之本也。气也者，形而下之器也，生物之具也。""气"属于形而下之物，但又不是具体的万物，是从"理"到万物的中间状态。在朱熹看来，"理"不是"气"的属性，而是"气"的本原。理，对于一切人都是一样的；气，使人各不相同。朱熹说："有是理而后有是气，有是气则必有是理。但禀气之清者，为圣为贤，如宝珠在清冷水中。禀气之浊者，为愚为不肖，如珠在浊水中。"(《朱子语类》卷四)所以任何个人，除了他禀受于理者，还有禀受于气者，这就是朱熹所说的"气禀"。

**3. 心、性**

在朱熹的理论中，性与心不同。朱子有段语录说："问：灵处是心抑是性？曰：灵处只是心，不是性。性只是理。"(《朱子语类》卷五)又说："问'知觉是心之灵固如此，抑气之为耶？'曰：'不专是气，是先有知觉之理。理未知觉，气聚成形，理与气合，便成知觉。譬如这烛火，是因得这脂膏，便有许多光焰。'"所以心和其他个体事物一样，都是理与气合的体现。心与性的区别在于：心是具体的，性是抽象的。心能有活动，如思想和感觉，性则不能。但是只要人心中发生这样的活动，就可以推知在性中有相应的理。朱熹说："论性，要须先识得性是个什么样物事。譬如论药性，性寒、性热之类，药上亦无讨这形状处，只是服了后，却做得冷、做得热的，便是性。"(《朱子语类》卷四)

**4. 用敬**

朱熹在《答陈同甫书》中说："古之圣贤，从根本上便有惟精惟一功夫。"但是做这种功夫的方法是什么？朱熹早已告诉我们，人人都有一个完整的太极。太极就是万物之理的全体，所以这些理也就在人的内部，只是由于气禀所累，这些理不能明白地显示出来。太极在人本身，就像珍珠在浊水之中。人必须做的事，就是使珍珠重现光彩。朱熹认为："盖人心之灵，莫不有知；而天下之物，莫不有理。唯于理有未穷，故其知有不尽也。是以大学始教，必使学者即凡天下之物，莫不因其已知之理而益穷之，以求至乎其极。至于用力之久，而一旦豁然贯通焉，则众物之表里精粗无不到，而吾心之全体大用无不明矣。"

（《大学章句·补格物传》）格物穷理时，若不用敬，则格物就很可能不过是一种智能练习，而不能达到预期的顿悟目的。在格物的时候，人必须心中想着，自己正在做的是为了见性，是为了擦净珍珠，重放光彩。只有经常想着要悟，才能一朝大悟，这就是用敬的功用。

## 五、王守仁

### （一）王守仁其人

王守仁（1472—1528），浙江余姚人，因筑室绍兴阳明洞，世称"阳明先生"。他受过严格系统的教育，27岁中进士，先后任吉安府庐陵县知县、刑部主事、鸿胪寺卿、都御史、兵部尚书等职，曾参加镇压农民起义，平定宗室贵族宁王的叛乱。后来他讲学于绍兴稽山学院和龙泉寺中天阁等处，并从事著述，其言论、文章辑为《王文成公全集》，共38卷。

### （二）王守仁的主要观点

一种学说的产生，除了社会原因之外，还必须有前人所提供的思想资料，王守仁的心学也是如此。明代中期以前的学术思想，由于统治者提倡，朱学占统治地位。代表朱学的《四书大全》《五经大全》《性理大全》三部大书，共260卷，由明成祖作序颁行于天下。王守仁在这样的思想学术环境中成长，早年主要学习朱学。他读得多了，便开始怀疑。因朱学不论在理与气、理与心，还是在知与行方面，都存在逻辑上的矛盾或缺漏。由此引起王守仁学术思想的转变，使之提出了"致良知""知行合一"等概念。

#### 1. 致良知

一切人，无论善恶，在根本上都有良知，此心相同，私欲并不能完全蒙蔽此心，在我们对事物做出直接的本能的反应时，此心就显示出来。孟子说"见孺子之入井，而必有怵惕恻隐之心焉"，就是说明这一点的例子。对事物的最初反应，使人自发地知道是为是，非为非。这种知，是人的本性的表现，王守仁称之为"良知"。人们需要做的一切，不过是遵从这种知的指示，毫不犹豫地前进。因为如果要找借口，不去立即遵行这些指示，那就是对于良知有所折损，因而也就丧失至善了。有一个故事说，有个王守仁的门人，夜间在房内捉得一贼。他对贼讲了一番良知的道理。贼大笑，问他："请告诉我，我的良知在哪里？"当时是热天，王守仁叫贼脱光了上身的衣服，又说："还太热了，为什么不把裤子也脱掉？"贼犹豫了，说："这好像不大好吧。"他便向贼大喝："这就是你的良知！"故事说明人人都有良知，良知是人本心的表现，通过良知，人直接知道是为是、非为非，就本性而言，人人都是圣人，"满街都是圣人"，就是这个缘故。王守仁的"致良知"显示了两个特点：第一，作为"天理"的"良知"就在人的心中，不需要向外探求；第二，"良知"人人皆有，圣愚皆同，如他所说："良知之在人心，不但圣贤，虽常人亦无不如此。"

**2. 知行合一**

王守仁强调人的活动是有目的有意识的活动。针对这种活动如何将人的主体与被认识的客体联系起来的问题，朱熹提出了"格物致知"说。王守仁不同意此说，认为不能"外心以求理"，必须"求理于心"，甚至认为"心外无物""心外无事""心外无理""心外无学"，并把这种统一叫作"知行合一"。既然知与行是合一的，作为认识主体的人和被认识的客体自然也是合一的了。王守仁"知行合一"的命题，仍是从"心"与"理"的关系出发的。

## 六、儒家的理想人格

儒家的理想人格是圣贤，能圣必然贤，贤则可通圣。对统治者而言，以圣王为追求目标和行为典范，其榜样是尧、舜、禹、汤、文、武、周公；对士大夫和庶民而言，则以贤君子为追求目标和行为典范，其榜样是孔孟。"内圣外王"出自《庄子·天下》篇，"内圣"指内在修养，对善的领悟，对道德的把握；"外王"指修养所得推广于社会，使天下道一风同。儒家提倡"温、良、恭、俭、让"与"和为贵"，修养途径是"穷则独善其身，达则兼济天下""正己正人"，既要积极进取，又要洁身自好。它要求人们做到以下几点：

一是遵循伦理本位。在封建社会，父慈、子孝、妇从的家庭伦理观念，是君仁、臣忠、民顺的社会伦理观念的缩影。君为臣纲、父为子纲、夫为妻纲，以及在个人修身层面的仁、义、礼、智、信，这种由国到家再到身的训导，其层次由高到低，由宏观到微观，强调治国必先修身，着眼点在于教化百姓，从整体效应看待个体修养。而修身、齐家、治国、平天下，这种由身到家再到国的训导，其层次由低到高、由微观到宏观，强调修身才能治国，着眼点在于加强个人修养，从个体修养求得整体改善。

二是怀抱经世之志。以重政务为特征的经世思想，经过历史积淀，转化为一种普遍的社会心理。知识分子怀抱经世之志，以天下、国家为己任，有深沉的爱国之情和浓厚的社会忧患意识。他们"先天下之忧而忧，后天下之乐而乐"，注重立德、立功和立言，客观上促进了历史的发展。

三是注重道德修养。无论是儒家的诚意正心、格物致知、明德亲民、止于至善，还是道家的少私寡欲、修道进德，佛家的超尘绝俗、去恶从善，无不以道德实践为第一要义。至于宋明理学讲的"存天理，去人欲"，更以修身养性为实现道德的理想途径。就是古代文论、画论中的主张，也无不寓物论道。这种道德人本主义，把道德实践提到至高地位，极大地促进了人们重情操，讲修养的自觉性。

# 第二节　道法自然：道家的自然与心灵

庄周和惠施在濠水岸边散步。庄周随口说道："河里那些鱼儿游得从容自在，它们真是快乐啊！"旁边的惠施问道："你不是鱼，怎么会知道鱼的快乐呢？"庄周回答说："你不是我，怎么知道我不了解鱼的快乐？"惠施接着问道："我不是你，自然不了解你；但你也不是鱼，一定也是不能了解鱼的快乐的！"庄周安闲地回答道："我请求回到谈话的开头，刚才你问我说：'你是怎么知道鱼是快乐的？'既然你问我鱼为什么是快乐的，这就说明你事先已经承认我是知道鱼是快乐的，而现在你问我怎么知道鱼是快乐的。那么我来告诉你，我是在濠水的岸边知道鱼是快乐的。"这是一场光耀古今的中国式哲学辩论"濠梁之辩"，两位智者，一个沿着逻辑推导的思路力图证明而不得，一个顺乎审

**图 4-2　濠梁之辩**

美感受而通感自然万物赢得世人击节称叹。道家思想更关注自然与人生，在穷尽宇宙本源的同时，也让人的心灵摆脱束缚，与天地精神相往来。

## 一、杨朱

杨朱的生卒年代不详，应该生活在墨子（约公元前479年—约公元前381年）与孟子（约公元前371年—约公元前289年）之间。因为墨子从未提到他，而在孟子的时代他已经具有与墨家同等的影响。孟子本人说过："杨朱、墨翟之言盈天下。"（《孟子·滕文公下》）《列子》是道家著作，其中有一篇题为"杨朱"，照传统的说法，它代表杨朱的哲学，但是现代的学者已经深深怀疑《列子》这部书是伪托的，而且《列子·杨朱》中的思想大都与其他先秦的可信资料所记载的不合。《列子·杨朱》的主旨是极端的纵欲主义，而在其他的先秦著作中从来没有指责杨朱是纵欲主义的。杨朱的思想真相如何，可惜已经没有完整的记载了，只是散见于他人著作的零星材料中。

《孟子》说："杨子取为我，拔一毛而利天下，不为也。"（《尽心上》）《吕

氏春秋》说："阳生贵己。"（《审分览·不二》）《韩非子》说："今有人于此，义不入危城，不处军旅，不以天下大利易其胫一毛……轻物重生之士也。"《淮南子》说："全性保真，不以物累形，杨子之所立也。"（《淮南子·汜论训》）在以上引文中，《吕氏春秋》说的阳生，近来有学者已经证明就是杨朱。《韩非子》说的"不以天下大利易其胫一毛"的人，也一定是杨朱或其门徒，因为在那个时代再没有别人有此主张。把这些资料合在一起，就可以得出杨朱的两个基本观念："为我""轻物重生"。这些观念显然是反对墨子的，墨子是主张兼爱的。《韩非子》说的杨朱"不以天下大利易其胫一毛"，与《孟子》说的杨朱"拔一毛而利天下，不为也"，有些不同。后者与"为我"一致，前者与"轻物重生"一致。两者可以说是一个学说的两个方面。上述杨朱思想的两个方面，都可以在道家文献中找到例证。《庄子·逍遥游》有个故事说："尧让天下于许由……许由曰：'子治天下，天下既已治也，而我犹代子，吾将为名乎？名者，实之宾也。吾将为宾乎？鹪鹩巢于深林，不过一枝；偃鼠饮河，不过满腹。归休乎君！予无所用天下为。'"许由这个隐者，把天下给他，即使白白奉送，他也不要，因此他就是"不以天下大利易其胫一毛"的典型。

# 二、老子

## （一）老子其人

据《史记·老子韩非列传》所说，老子，姓李名耳，一说是楚国苦县厉乡曲仁里人（见图4-3）。周灵王二十一年（即鲁襄公二十二年、公元前551年），老子到周王室任守藏室史。在被推荐到周室效力之前，老子跟随商容学习知识。周景王十年（鲁昭公七年、公元前535年），老子因受权贵排挤，被甘简公免去守藏室史之职，出游鲁国。在鲁国巷党主持友人葬礼，孔子助葬。时孔丘17岁，问礼于老子。后西去往秦国不知所终，确切年代不详。

**图4-3 老子像**

（二）老子的主要观点

### 1．道，无名

"形象之内"的一切事物，都有名；或者至少是有可能有名。它们都是"有名"。无名者都一定超乎形象。道家的"道"就是这种"无名"的概念。

《老子》第一章说："道可道，非常道；名可名，非常名。无名天地之始，有名万物之母。"第三十二章说："道常无名，朴……始制有名。"第四十一章说："道隐无名。"在道家体系里，有"有"与"无"、"有名"与"无名"的区别。这两个区别实际上只是一个，因为"有""无"就是"有名""无名"的省略。天地、万物都是有名。因为天有天之名，地有地之名，每一类事物有此类之名。有了天、地和万物，接着就有天、地和万物之名。这就是老子说的"始制有名"。但是道是无名，同时一切有名都是由无名而来。

因为道无名，所以不可言说。但是人们还是希望对道有所言说，只好勉强给它某种名称，所以称它为道，其实"道"根本不是名。用中国哲学常用的话说，道是无名之名。《老子》第二十一章说："自古及今，其名不去，以阅众甫。"每个事物都是由道而生。永远有万物，所以道永远不去，道的名也永远不去。它是万始之始，所以它见过万物之始，永远不去的名是常名，这样的名其实根本不是名。所以说："名可名，非常名。""无名天地之始。"道家的人这样想：既然有万物，必有万物之所从生者。这个"者"，他们起个代号叫作"道"，"道"其实不是名。"道"的概念，也是一个形式的概念，不是一个积极的概念。就是说，这个概念，对于万物之所从生者是什么，什么也没有说。能够说的只有一点，就是，既然"道"是万物之所从生者，它必然不是万物中之一物。因为它若是万物中之一物，它就不能同时是万物之所从生者。每类物都有一名，但是"道"本身不是一物，所以它是"无名"。

### 2．物极必反

万物变化所遵循的规律中最根本的是"物极必反"。《老子》一书中"反者道之动"和"逝曰远，远曰反"的意思是说，任何事物的某些性质如果向极端发展，这些性质一定转变成它们的反面，这构成一条自然规律。所以"祸兮福之所倚，福兮祸之所伏""少则得，多则惑""飘风不终朝，骤雨不终日""天下之至柔，驰骋天下之至坚"。所有这些矛盾的说法，只要理解了自然的基本规律，就再也不是矛盾的了。但是在那些不懂这些规律的一般人看来，它们确实是矛盾的，非常可笑的，所以老子说："下士闻道，大笑之，不笑不足以为道。"

### 3．知常

老子警告人们："不知常，妄作，凶。"人应该知道自然规律，根据它们来指导个人行动。老子把这叫作"袭明"。人"袭明"的通则是，想要得某样东西，就要从其反面开始；想要保持什么东西就要在其中容纳一些与它相反的东西。谁若想变强，就必须从感到他弱开始；所以老子告诉世人："圣人后其身而身先，外其身而身存。非以其无私邪？故能成其私。"还说："不自见，故明。不自是，故彰。不自伐，故有功。不自矜，故长。夫唯不争，故天下莫能与之争。"用这样的方法，一个谨慎的人就能够在世上安居，并能够达到他的目的。道家的中心问题本来是全生避害，躲开人世的危险。老子对于这个问题的回答和解决，就是如此。谨慎地活着的人，必须柔弱、谦虚、知足。柔弱是保存力量而终成刚强的方法。

**4. 无为**

"无为"的意义，实际上并不是完全无所作为，而是不要违反自然地任意地为。一个人若是为得太多，就变得有害无益。况且为的目的，是把某件事情做好。如果为得过多，那就做得过火了，其结果比完全没有做可能还要坏。"画蛇添足"这个故事说明，做过了头反而适得其反。《老子》里说："取天下常以无事；及其有事，不足以取天下。"这里的"无事"，就是"无为"，它的意思实际上是不要为得过度。人为、任意，都与自然、自发相反，都不可取。

# 三、庄子

## （一）庄子其人

庄子（约公元前369—约前286），姓庄，名周（见图4-4）。他的生平，人们知之甚少。只知道他可能是蒙国（今河南商丘市东北）人，在那里过着隐士生活，可是他的思想和著作当时就很出名。《史记》说："楚威王闻庄周贤，使使厚币迎之，许以为相。庄周笑谓楚使者曰：'千金，重利；卿相，尊位也。子独不见郊祭之牺牛乎？养食之数岁，衣以文绣，以入大庙。当是之时，虽欲为孤豚，岂可得乎？子亟去，无污我。我宁游戏污渎之中自快，无为有国者所羁，终身不仕，以快吾志焉。'"

**图4-4　庄子像**

（二）庄子的观点

**1. 顺应本性**

《庄子》第一篇为《逍遥游》，文中故事所含的思想是，获得幸福有不同等级。自由发展自然本性，可以使人们得到一种相对的幸福；自由发展自然本性，自由发挥人们自然的能力，这种能力就是"德"，"德"是直接从"道"来的。"德"，即自然能力充分而自由地发挥，也就是自然本性充分而自由地发展，这个时候就是幸福的。联系这种自由发展的观念，庄子做出了何为天、何为人的对比。他说："天在内，人在外……牛马四足，是谓天；络马首，穿牛鼻，是谓人。"（《庄子·秋水》）他认为，顺乎天是一切幸福和善的根源，顺乎人是一切痛苦和恶的根源。万物的自然本性不同，其自然能力也各不相同。可是有一点是共同的，就是在它们充分而自由地发挥其自然能力的时候，它们都是同等的幸福。

《庄子·骈拇》说："凫胫虽短，续之则忧。鹤胫虽长，断之则悲。故性长非所断，性短非所续，无所去忧也。"可是，像这样断长、续短的事，恰恰是"人"尽力而为的事。

《庄子·至乐》有个故事说："昔者，海鸟止于鲁郊，鲁侯御而觞之于庙，奏九韶以为乐，具太牢以为膳。鸟乃眩视忧悲，不敢食一脔，不敢饮一杯，三日而死。此以己养养鸟也，非以鸟养养鸟也……鱼处水而生，人处水而死。彼必相与异，其好恶故异也。故先圣不一其能，不同其事。"鲁侯以他认为是最尊荣的方式款待海鸟，的确是好心好意，可是结果与他所期望的恰恰相反。

庄子主张不治之治是最好的治。他说："闻在宥天下，不闻治天下也。在之也者，恐天下之淫其性也。宥之也者，恐天下之迁其德也。天下不淫其性，不迁其德，有治天下者哉?"（《庄子·在宥》）"在宥"，就是听其自然，不加干涉。如果不是"在宥"天下，而是以法律、制度"治天下"，那就像是络马首、穿牛鼻，也像是把凫腿增长，把鹤腿截短，把自然自发的东西变成人为的东西，庄子称之为"以人灭天"（《庄子·秋水》），它的结果只能是痛苦和不幸。

庄子和老子都主张不治之治，但是所持的理由不同。老子强调他的总原理"反者道之动"，他的论证是，越是统治，越是得不到想得到的结果。庄子强调天与人的区别，他的论证是，越是以人灭天，越是痛苦和不幸，得到相对幸福只需要顺乎人自身内在的自然本性，这是每个人能够做到的。庄子的政治、社会哲学目的，正在于为每个人求得这样的相对幸福。

**2. 齐物**

道家思想强调万物自然本性的相对性，以及人与宇宙的同一。要达到这种"同一"，人需要更高层次的知识和理解。由这种"同一"所得到的幸福才是真正的绝对幸福。《庄子·逍遥游》中说："若夫乘天地之正而御六气之辩，以游无穷者，彼且恶乎待哉？故曰：至人无己，神人无功，圣人无名。"庄子在这里描写的就是已经得到绝对幸福的人，他是至人、神人、圣人，他绝对幸福，因为他超越了事物的普通区别，他也超越了自己与世界的区别，"我"与"非我"的区别。

《齐物论》把这叫作"照之于天"。"照之于天"就是从超越有限的观点看事物，用"道"的观点看事物。从道的观点看事物的人，好像是站在圆心上。他理解在圆周上运动着的一切，但是他自己则不参加这些运动。这不是由于他无所作为，听天由命，而是因为他已经超越有限，从一个更高的观点看事物。《齐物论》接着说："其分也，成也。其成也，毁也。凡物无成无毁，复通为一。"例如，用木料做桌子，从这张桌子的观点看，这是成；从所用的木料的观点看，这是毁。可是，这样的成毁，仅只是从有限的观点看出来的。从道的观点看，就无成无毁。这些区别都是相对的。

《齐物论》里还说："是不是，然不然。是若果是也，则是之异乎不是也亦无辩。然若果然也，则然之异乎不然也亦无辩……忘年忘义，振于无竟，故寓诸无竟。""无竟"是得道的人所住之境。他已经忘了事物的一切区别，甚至忘了他自己生活中的一切区别。他的经验中只有混沌的"一"，他就生活在其中。以诗的语言描写，这样的人就是"乘天地之正而御六气之辩，以游无穷者"，他真正是独立的人，所以他的幸福是绝对的。在这里我们看出，庄子怎样最终地解决了先秦道家固有的问题。这个问题即如何全生避害，但是，在真正的圣人那里，这已经不成其为问题。如《庄子·田子方》中说："夫天下也者，万物之所一也。得其所一而同焉，则四支百体，将为尘垢，而死生终始，将为昼夜，而莫之能滑，而况得丧祸福之所介乎？"就这样，庄子只是用取消问题的办法，来解决先秦道家固有的问题。这真正是用哲学的方法解决问题。哲学不报告任何事实，所以不能用具体的、物理的方法解决任何问题。例如，它既不能使人长生不死，也不能使人致富不穷，可是它能够给人一种观点，从这种观点可以看出生死相同、得失相等，所谓问题也就迎刃而解了。

## 三、向秀和郭象

### （一）向秀和郭象

向秀和郭象是 3~4 世纪较为重要的道家思想的代表人物。二人的籍贯都在现在的河南省，都是玄学和清谈的大师。两人都写了《庄子注》，思想大致相同，后来这两部"注"可能合成了一部书。现在的《庄子注》，虽然只署郭象的名，却像是《庄子》的"向郭义"，可能是他二人的著作。所以《晋书·向秀传》较为正确，书里记载向秀作《庄子注》，后来郭象又"述而广之"。

（二）向秀和郭象的观点

**1．制度和道德**

向秀、郭象（后称"向郭"）认为宇宙处于不断的变化之中："夫无力之力，莫大于变化者也。故乃揭天地以趋新，负山岳以舍故。故不暂停，忽已涉新，则天地万物无时而不移也……今交一臂而失之，皆在冥中去矣。故向者之我，非复今我也。我与今俱往，岂常守故哉！"（《庄子·大宗师》注）

社会处于不断的变化之中，人类的需要也是经常变化的。在某一时代好的制度和道德，在另一时代可能不好。向郭注说："夫先王典礼，所以适时用也。时过而不弃，即为民妖，所以兴矫效之端也。"（《庄子·天运》注）形势变了，制度和道德应当随之而变，如果不变，"即为民妖"，成为人为的框架而束缚人。新的制度和新的道德应当是自生的，这才自然。新与旧彼此不同是由于它们的时代不同，它们各自适合各自时代的需要，所以彼此并无优劣可言。向郭不像老庄那样，反对制度和道德本身，他们只反对过时的制度和道德，因为它们对于现实社会已经不适合，也就不自然了。

**2．"有为"和"无为"**

向郭对于先秦道家天、人的观念，有为、无为的观念，都做了新的解释。社会形势变化了，新的制度和道德就自生了。任它们自己发展，就是顺着天和自然，就是无为；反对它们，固执过时的旧制度和旧道德，就是人和人为，就是有为。向郭注说："夫高下相受，不可逆之流也；小大相群，不得已之势也；旷然无情，群知之府也。承百流之会，居师人之极者，奚为哉？任时世之知，委必然之事，付之天下而已。"（《庄子·大宗师》注）

让人的自然才能充分而自由地发挥，就是无为，反之是有为。向郭注说："夫善御者，将以尽其能也。尽能在于自任……若乃任驽骥之力，适迟疾之分，虽则足迹接乎八荒之表，而众马之性全矣。而惑者闻任马之性，乃谓放而不乘；闻无为之风，遂云行不如卧；何其往而不返哉！斯失乎庄生之旨远矣。"（《庄子·马蹄》注）

**3．知识和模仿**

老庄都反对社会上公认的那种圣人。在先秦道家文献中，"圣人"一词有两个意义，一个意义是完全的人，一个意义是有一切种类知识的人。老庄攻击知识，因之也攻击这后一种圣人，但是向郭没有反对圣人，他们所反对的是那些企图模仿圣人的人。柏拉图生来就是柏拉图，庄子生来就是庄子，他们的天资就像龙章凤姿一样的自然，他们就像任何自然物一样的纯素。他们写《理想国》《逍遥游》，若无事然，因为他们写这些东西，不过是顺乎自己的自然。这个观点在向郭注中是这样阐明的："故知之为名，生于失当而灭于冥极。冥极者，任其至分而无毫铢之加。是故虽负万钧，苟当其所能，则忽然不知重之在身。"（《庄子·养生主》注）如果按这个意义来理解知识，那么，不论是柏拉图还是庄子，都不能认为是有知识的，只有那些模仿的人才有知识。

向郭似乎以为，模仿是错误的，他们有三个理由。第一，模仿是无用的。向郭注写道："当古之事，已灭于古矣，虽或传之，岂能使古在今哉！古不在今，今事已变，故绝学任性，与时变化而后至焉。"（《庄子·天道》注）"学"就是模仿，每件事物都在变，每天都有新问题、新需要，碰到新情况，应当有新方法来对付新情况、新问题、新需要。即使是在已知的一瞬间，不同的人，其情况、问题、需要也各不相同，方法也一定不相同。既然如此，模仿有什么用呢？

第二，模仿是没有结果的。向郭注："有情于为离、旷而弗能也，然离、旷以无情而聪明矣；有情于为贤圣而弗能也，然贤圣以无情而贤圣矣。岂直贤圣绝远而离、旷难慕哉？虽下愚聋瞽及鸡鸣狗吠，岂有情于为之，亦终不能也。"（《庄子·德充符》注）某物是什么，它就是什么，不可能变成另一物。

第三，模仿是有害的。向郭注又说，有些人"不能止乎本性，而求外无已。夫外不可求而求之，譬犹以圆学方，以鱼慕鸟耳……此愈近，彼愈远，实学弥得，而性弥失"。（《庄子·齐物论》注）模仿别人，不仅不能成功，反而由于模仿别人，极有可能丧失自己的自然本性。所以模仿是无用的，没有结果的，有害的。唯一合理的生活方式是"任我"，即实践"无为"。

# 第三节　拈花微笑：佛家的智慧与解脱

　　佛教开始于一个人，在释迦牟尼的晚年，印度人热衷于他的教义，人们来到他的跟前，问他。
　　"你是神吗？"他们问。
　　"不。"
　　"天使吗？"
　　"不。"
　　"圣人？"
　　"不。"
　　"那到底是什么？"
　　佛祖答曰："我醒悟了。"

## 一、佛教的传入

佛教传入中国，是中国历史上的重大事件之一。自此，佛教成为中国文化的重要因素，在宗教、哲学、文学、艺术方面都有特殊影响。佛教传入的确切年代是一个有争论的话题，大概是发生在公元一世纪上半叶——传统的说法是在东汉明帝（公元58年至75年）在位时，但是现在有证据显示，明帝以前在中国已经存在佛教了。尔后，佛教的传播是一个漫长而逐步的过程。从中国的文献资料看，约在公元一世纪，佛教被人认为是有神秘法术的宗教，与阴阳家和后来道教的神秘法术没有多大不同。

这里必须指出，"中国的佛学"与"在中国的佛学"，二者所指不同。因为佛教中有些宗派，规定自己只遵守印度的宗教和哲学传统，而与中国的不发生接触。法相宗，又称唯识宗，就是一个例子。法相宗是著名的玄奘法师（596—664）到印度取经引进中国的。法相宗这样的佛教宗派，都只能叫作"在中国的佛学"。

"中国佛学"则不然，它已经与中国的本土思想结合，是联系中国的哲学传统发展起来的。佛教中某些宗派的主派与道家哲学有某些相似之处，如佛教与道家哲学相互作用，产生了禅宗。禅宗虽属佛教，却是中国的，它对于中国哲学、文学、艺术的影响是非常深远的。

## 二、佛教的基本观念

### （一）业、因果、轮回、涅槃

虽说佛教有许多宗派，每个宗派都有自己的特色，可是所有的宗派一致同意"业"的学说。业，通常解释为行为、动作。但是"业"的实际含义更广，照佛学的说法，宇宙的一切现象，或者更确切地说，一个有情物的宇宙的一切现象，都是有情物的心的表现。不论何时，有情物动，有情物说，以至于有情物想，这都是有情物的心做了点什么，一定产生相应的结果，无论在多么遥远的将来。这个结果就是"业"的报应。业是因，报是果。一个人的存在，就是一连串的因果造成的。一个有情物的今生，仅只是这个全过程的一个方面，死不是它的存在的终结，而只是这个过程的另一个开始。今生是什么，来自前生的业；今生的业，决定来生是什么。如此，今生的业，报在来生；来生的业，报在来生的来生，以至无穷。这一连串的因果报应，就是"生死轮回"，它是一切有情物的痛苦的主要来源。照佛学的说法，这一切痛苦，都起于个人对事物本性的根本无知。宇宙的一切事物都是心的表现，所以是虚幻的、暂时的，可是无知的个人还是渴求它们，迷恋它们，这种根本无知，就是"无明"。无明生贪嗔痴恋；由于对于生的贪恋，个人就陷入永恒的生死轮回，万劫不复。

要逃脱生死轮回，唯一的希望在于将"无明"修成"觉悟"，觉悟就是梵语的"菩提"。佛教中一切不同的宗派的教义和修行，都是试图对菩提有所贡献，凭此，个人可以在多次再生的过程中，了过去的业，不产生新的恶业。其结果就是从生死轮回中解脱出来，这叫作"涅槃"。

涅槃状态的确切意义是个人与宇宙的心的同一，或者说与所谓的佛性的同一；或者说，它就是了解了或自觉到个人与宇宙的心的固有的同一。

（二）四圣谛、八正道

佛学中"谛"就是如实不颠倒，即真理。"圣谛"是圣人所知之绝对正确的真理。"四圣谛"说包含四种真理：一是苦圣谛；二是集圣谛；三是灭圣谛；四是道圣谛。

苦谛：说明世间是苦果。我们要知道苦犹如病，这是世间的苦果，也是生死的流转。

集谛：业与烦恼是苦的根源。我们要知道病苦的原因，将之断除。这是世间的因果，也是生死流转的原因。

灭谛：说明解脱与证果。众生无时无刻不在病苦中，只有达到解脱、清净的境界，才能体会没有痛苦的快乐，那就是涅槃。

道谛：说明离苦的道路。修道的方法有如良药，应该修学。

"八正道"，亦称八支正道、八支圣道或八圣道，意谓达到佛教最高理想境地（涅槃）的八种途径：

正见。正确体见诸法之理性而不谬误，亦即坚持佛教四圣谛的真理。

正思维。又称正志，思四谛理，离诸杂念。

正语。远离一切虚妄不实之语。

正业。正确的行为。

正命。谓出家人当离五种邪命（一诈现异相，二自说功能，三占相吉凶，四高声显威，五说所得利以动人心）利养，常以乞食自活其命，是为正命。

正精进。正确的努力，亦即努力修善断恶。

正念。觉知，学会觉知自己。

正定。禅定，是有觉性的心在觉知自己，是觉知、觉醒、喜悦的，没有迷失且毫无刻意的打压。

## 三、禅宗：静默的哲学

"禅"或"禅那"是梵文 Dhyana 的音译，原意是沉思、静虑。佛教禅宗的起源，按传统说法，谓佛法有"教外别传"，除佛教经典的教义外，还有"以心传心，不立文字"的教义，从释迦牟尼佛直接传下来，传到菩提达摩，据说已经是第二十八代。达摩于梁武帝时（502—549 年在位）到中国，为中国禅宗的始祖。

（一）禅宗传承的历史

达摩将心传传给慧可（487—593），二人为中国禅宗二祖。如此传到五祖弘忍（602—675），他有两个大弟子，分裂为南北二宗。神秀（606—706）创北宗，慧能（638—713）创南宗。南宗不久超过了北宗，慧能被奉为六祖。后来，一切有影响的派别都说他们是慧能的弟子们传下来的。北宗与南宗的创始人的不同，代表性宗与空宗的不同，这可以从慧能《六祖坛经》自序里看出来。从这篇自序看出慧能是岭南新州（今广东新兴）人，在弘忍门下为僧。自序中说，弘忍临终时，把弟子们召集在一起，要指定一个继承人，其条件是写出一首最好的"偈"，把禅宗的教义概括起来。

当下神秀作偈云：

> 身如菩提树，心如明镜台。
>
> 时时勤拂拭，勿使惹尘埃。

针对此偈，慧能作偈云：

> 菩提本无树，明镜亦非台。
>
> 本来无一物，何处染尘埃。

弘忍赞赏慧能的偈，指定他为继承人，即为六祖（见《六祖坛经》卷一）。神秀的偈强调宇宙的心，慧能的偈强调无。禅宗有两句常说的话，"即心即佛"与"非心非佛"，神秀的偈表现了前一句，慧能的偈表现了后一句，后人皆以慧能为上。

（二）禅宗的主要理念

### 1. 不可说

禅宗的主流，是沿着慧能的路线发展的，在其中，空宗与道家相结合，达到了高峰。空宗所谓的第三层真谛，禅宗谓之为"第一义"，第一义，按它的本性，就是不可说的。文益禅师《语录》云："问：如何是第一义？师云：我向尔道，是第二义。"禅师教弟子的原则，只是通过个人接触。有些人没有个人接触的机会，为他们着想，就把禅师的话记录下来，叫作"语录"。这个做法，后来新儒家也采用了。在这些语录里可以看到，弟子问到佛法的根本道理时，往往遭到禅师一顿打，或者得到的回答完全是些不相干的话，例如，他也许回答说，白菜值三文钱。不了解禅宗目的的人，觉得这些回答都是顺口胡说。这个目的也很简单，就是让他的弟子知道，他所问的问题是不可回答的。他一旦明白了这一点，他也就明白了许多东西。第一义不可说，因为对于"无"什么也不能说。如果把它叫作"心"或别的什么名字，那就是立即给它一个定义，因而给它一种限制，像禅宗和道家说的，这就落入了"言筌"。马祖是慧能的再传弟子，僧问马祖："和尚为什么说即心即佛？"曰："为止小儿啼。"曰："啼止时将如何？"曰："非心非佛。"（《古尊宿语录》卷一）庞居士问马祖："不与万法为侣者是什么人？"马祖云："待汝一口吸尽西江水，即向汝道。"一口吸尽西江水，这显然是不可能的，马祖以此暗示，所问的问题是不可回答的。事实上，他的问题也真是不可回答的。因为不与万物为侣者，即超越万物者。如果真的超越万物，又怎么能问他"是什么人"呢？

**2. 不修之修**

修行的方法是不修之修。据说马祖在成为怀让（677—744）弟子之前，住在衡山上。"独处一庵，唯习坐禅，凡有来访者都不顾。"怀让"一日将砖于庵前磨，马祖亦不顾。时既久，乃问曰：'作什么？'师云：'磨作镜。'马祖云：'磨砖岂能成镜？'师云：'磨砖既不成镜，坐禅岂能成佛？'"（《古尊宿语录》卷一）马祖闻言大悟，于是拜怀让为师。因此照禅宗所说，为了成佛，最好的修行方法是不做任何修行，就是不修之修。有修之修，是有心的作为，就是有为，有为当然也能产生某种良好效果，但是不能长久。最好的修行方法就是以无心做事。以无心做事，就是自然地做事，自然地生活。

这里有一个问题：果真如以上所说，那么，用此法修行的人，与不做任何修行的人，还有什么不同呢？如果后者所做的，也完全是前者所做的，他就也应该达到涅槃，这样，就总会有一个时候，完全没有生死轮回了。对这个问题可以这样思考：虽然穿衣吃饭本身是日用平常事，却不见得做起来的都是完全无心，因而没有任何滞着。例如，有人爱漂亮的衣服，不爱难看的衣服，别人夸奖他的衣服他就感到高兴，这些都是由穿衣而生的滞着。禅师们所强调的，是修行不需要专门的行为，诸如宗教制度中的礼拜、祈祷，只应当于日常生活中无心而为，毫无滞着；也只有在日用寻常行事中才能有修行的结果。在开始的时候，需要努力，其目的是无须努力；需要有心，其目的是无心。但时机一到，就必须抛弃努力，达到无须努力；抛弃有心，达到无心；所以不修之修本身就是一种修，正如不知之知本身也是一种知。这样的知，不同于原来的无明；不修之修，也不同于原来的自然。因为原来的无明和自然，都是自然的产物；而不知之知，不修之修，都是精神的创造。穿衣美丑皆可，别人赞或不赞都不会搅动心神。这就是不修之修之后的境界了。

**3. 顿悟**

修行，不论多么长久，本身只是一种准备工作。为了成佛，这种修行必须达到高峰，就是顿悟。它好比飞跃，只有发生飞跃之后才能成佛。这样的飞跃，禅师们常常叫作"见道"。南泉禅师普愿告诉他的弟子说："道不属知不知,知是妄觉,不知是无记。若真达不疑之道,犹如太虚,廓然荡豁,岂可强是非也。"(《古尊宿语录》卷十三)达道就是与道同一,它如太虚廓然,也不是真空;它只是消除了一切差别的状态。这种状态,禅师们描写为"智与理冥,境与神会,如人饮水,冷暖自知"。(《古尊宿语录》卷三十二)后两句最初见于《六祖坛经》,后来被禅师们广泛引用,意思是,只有经验到经验者与被经验者冥合不分的人,才真正知道它是什么。

在这种状态,经验者已经抛弃了普通意义上的知识,因为这种知识假定有知者与被知者的区别。可是他又不是"无知",因为他的状态不同于南泉所说的"无记",这就是所谓的"不知之知"。

一个修行的人若到了顿悟的边缘,这就是禅师最能帮助他的时刻,这时候,无论多么小的帮助,也是重大的帮助。这时候,禅师们惯于施展他们所谓"棒喝"的方法,助力发生顿悟的"一跃"。禅宗文献记载了许多这样的事情:某位禅师要他的弟子考虑某个问题,然后突然用棒子敲他几下,或向他大喝一声。如果棒喝的时机恰好,结果就是弟子顿悟。同样,一个人顿悟了,就会发现以前所有的各种问题刹那间解决,其解决并不是具体地解决,而是在悟中了解到原先的问题都不是问题。

### 4. 无得之得

禅宗常说:"山是山,水是水。"在迷时,山是山,水是水;在悟时,山还是山,水还是水。据说有个禅僧走进佛寺,向佛像吐痰,他受到批评,便说:指给我无佛的地方吧!所以在禅宗看来,圣人的生活,无异于平常人的生活;圣人做的事,也就是平常人做的事。他自迷而悟,从凡入圣;入圣之后又必须从圣再入凡,这叫作"百尺竿头,更进一步"。百尺竿头,象征着悟的顶点,更进一步,意谓既悟之后,圣人还有别的事要做,可是他所要做的,仍然不过是平常的事。他所做的事虽然也是常人所做的事,但是他对任何事皆无滞着。所谓"终日吃饭,未曾咬着一粒米;终日着衣,未曾挂着一缕丝",就是此意。

**思考题:**

1. 结合当前社会现象,以小组为单位展开讨论,分析儒家思想对当代中国人道德修养的意义和作用。

2. 你如何理解道家思想中的"无为"?

查看答案

**我的思维导图**

请选择本章中的某一内容为核心词，自行绘制一幅思维导图。要求：层次清晰、图文精练。

# 第五章　飞扬的文采

## 中国古代文学

　　中国文学是世界上历史最悠久的文学之一，历经数千年的大浪淘沙，有着辉煌灿烂的成就。中国古代文学从原始歌谣开始，历经世代演变，每个时代的文学体裁、文学内容、文学主旨、文学流派、文学艺术特征等都各具千秋。每个历史时期都有各自的文学典范，先秦散文、汉赋、唐诗、宋词、元曲、明清小说，历经千年淘炼，熠熠生辉。但同时每个时期的文学形式又是丰富多彩、百花齐放的。例如先秦，不仅其散文影响深远，还有《诗经》和《楚辞》，它们是中国诗歌的滥觞。汉代文学除了成就极高的赋以外，乐府诗也具有很高的诗歌美学价值。唐宋元时期与诗词曲相媲美的，还有散文和话本。明清小说把中国古代文学推向了一个高峰，但这一时期的散文流派众多，诗歌含义深厚，还有各种戏曲活跃于大江南北。因此，中国古代文学无论形式还是内容，抑或艺术特征等方面，都以独特的魅力影响着历史，在中国传统文化中占据着重要的地位，丰富而生动地体现着中国文化的基本精神。

## 第一节　诗庄词媚：意象、意境、意蕴

　　　　　　　　　**诗韵雅兮萦史册，凤求凰兮唱千古**

　　　　　　有美一人兮，见之不忘。

　　　　　　一日不见兮，思之如狂。

　　　　　　凤飞翔翔兮，四海求凰。

　　　　　　无奈佳人兮，不在东墙。

　　　公元前146年的一个初秋的夜晚，皓月当空，蜀地临邛卓府灯火通明，座无虚席，一位才华横溢的当朝大辞赋家，一把传世名琴绿绮，一首

传世名诗《凤求凰》，一段情真意切的悠扬乐曲，打动了深居闺阁的美丽女子卓文君。两人私订终身，夜奔成都，后又当街沽酒（见图5-1），过着夫妻恩爱苦也甜的生活。汉武帝登基，欣赏司马相如的才华，封其为郎，让其伴随左右。相如以一篇《上林赋》名震天下，财富等身，就有了纳妾的念头。文君闻后，即书《白头吟》：

> 皑如山上雪，皎若云间月。
> 闻君有两意，故来相决绝。
> 今日斗酒会，明旦沟水头。
> 躞蹀御沟上，沟水东西流。
> 凄凄复凄凄，嫁娶不须啼。
> 愿得一心人，白首不相离。

图5-1 卓文君、司马相如

司马相如阅罢羞愧难当，急忙将卓文君从千里之外接到身边。从此，夫妻俩恩爱如初，琴瑟和鸣。这段美丽的爱情故事不仅在民间广泛流传，还成了文人们津津乐道的佳话，真可谓"诗韵雅兮萦史册，凤求凰兮唱千古"。

《凤求凰》和《白头吟》两首情真意切的诗歌，诠释着美丽的爱情和多彩的人生，凸显了诗歌无穷的魅力。中国是诗歌的国度，源远流长的古诗词向来以浓墨重彩的装扮活跃在中国的文化舞台上。《毛诗》序云："诗者，志之所之也，在心为志，发言为诗。情动于中而形于言，言之不足故嗟叹之，嗟叹之不足故歌咏之，歌咏之不足，不知手之舞之，足之蹈之。"先秦时代，诗歌、音乐、舞蹈三位一体，最为辉煌的就是《诗经》和《楚辞》，成为后世诗歌发展的两大源头。两汉乐府诗立意匠心独运、叙事高超熟练，呈现出旺盛的生命力。历经"诗的自觉"时代魏晋时期，诗歌迎来了波澜壮阔、气象万千、幽深曲折、韵致无穷的唐诗宋词元曲的黄金时代。以"意象、意境、意蕴"为核心的古代诗词，如浩浩汤汤的母亲河，滋养着世世代代的中华儿女。

## 一、《诗经》《楚辞》与乐府诗

### （一）《诗经》

孔子云："小子何莫学夫《诗》?《诗》可以兴,可以观,可以群,可以怨。迩之事父,远之事君,多识于鸟兽草木之名。"这里的《诗》即为《诗经》(见图5-2),是中国最早的一部诗歌总集,现实主义文学的源头。全书收集了周初至春秋中叶五百多年间的作品,共305篇,所以又称"诗三百"。"诗六义"(风、雅、颂、赋、比、兴)是《诗经》艺术特征的重要标志,对后世诗歌创作影响极其深远。

《诗经》内容丰富,其中有先祖创业的颂歌、祭祀神鬼的乐章;也有贵族之间的宴饮交往、劳逸不均的怨愤;更有反映劳动、打猎,以及大量恋爱、婚姻、社会习俗方面的动人篇章,体现了"饥者歌其食,劳者歌其事"的写实特征。根据不同的内容,《诗经》可分为以下六类:一是祭祖颂歌,歌颂周室祖先的功德,同时记载了周族历史,如"大雅"中的《生民》《公刘》等诗。二是农事诗,描写古代狩猎、畜牧和农业生产的

**图5-2　《诗经》**

情景。其中《豳风·七月》是《诗经》中最长的一篇,犹如一幅农村风俗画。三是燕飨诗,以描写君臣、亲朋欢聚宴享为主要内容,更多地反映了上层社会的欢乐、和谐,如《小雅·鹿鸣》中的"呦呦鹿鸣,食野之苹。我有嘉宾,鼓瑟吹笙"就是脍炙人口的佳句。四是怨刺诗,控诉统治阶级对劳动人民的剥削,如国风中的《魏风·伐檀》《魏风·硕鼠》等,对不劳而获的贵族进行辛辣的嘲讽。五是战争徭役诗,如《小雅·采薇》《秦风·无衣》等,大多表现为对战争、徭役的厌倦,含有较为浓郁的感伤情怀。六是婚恋诗,描写爱情和婚姻,其中写得最多的是情歌,如《周南·关雎》《周南·桃夭》《邶风·静女》都是大家熟知的。在婚恋诗中,也有反映社会问题的"弃妇诗",如《邶风·谷风》《卫风·氓》等,表现了当时妇女的悲苦生活。

### （二）《楚辞》

内容与形式俱佳的《诗经》是中国现实主义文学的源头,与之比肩的《楚辞》是我国浪漫主义文学的源头。《楚辞》是指以具有楚国地方特色的乐调、语言、名物而创作的诗赋。宋代黄伯思《翼骚》序云:"屈宋诸骚,皆书楚语,作楚声,纪楚地,名楚物,故可谓之楚辞。"《楚辞》的代表作家为诗人屈原,

他"博闻强志，明于治乱，娴于辞令。入则与王图议国事，以出号令；出则接遇宾客，应对诸侯"，当楚国被秦国所灭时，他毅然投身汨罗江，以身殉国（见图5-3）。楚地灵山秀水、神奇迷离的美学气质，以及屈原卓越的文采和崇高的爱国品质，造就了光辉灿烂的楚辞文学。其中屈原的《离骚》《九歌》《天问》《招魂》《九章》和宋玉的《九辩》《风赋》等是《楚辞》的代表作。特别是屈原的《离骚》，是一首自传性的长篇抒情诗，全诗以回环复沓的形式揭露了楚国黑暗腐朽的政治，表达了遭遇不公平待遇的悲痛心情，抒发了对祖国强烈的热爱。《离骚》中的"美政"理想，以及香草、美人两大意象，塑造了中国古代不同流合污、顶天立地、坚持真理、反抗黑暗的正直文人形象。其中" 路曼曼其修远

图 5-3　屈原

兮，吾将上下而求索"的不懈追求精神，激励着一代又一代中华儿女。

（三）汉乐府

"北方有佳人，绝世而独立。一顾倾人城，再顾倾人国。宁不知倾城与倾国，佳人难再得。"这首传唱了两千多年的诗就是汉乐府诗歌。乐府，最早是西汉中央设置的音乐机构，专门收集诗歌、民谣等，进行谱曲演唱，慢慢地，乐府就演化成乐府诗，继《诗经》《楚辞》之后，成为中国古代诗歌史上又一道壮丽的景观，呈现出旺盛的生命力。据《汉书·艺文志》记载："自孝武立乐府而采歌谣，于是有代赵之讴，秦楚之风，皆感于哀乐，缘事而发，亦可以观风俗，知薄厚云。"宋代郭茂倩所编的《乐府诗集》收集了汉至唐的十二类乐府诗。汉乐府反映了汉代人民生活的方方面面，道出了人生的苦与乐、爱与恨、生与死的时代之音。既有白发征夫"十五从军征，八十始得归"的慨叹（《十五从军征》），又有"战城南，死郭北，野死不葬乌可食"的惨烈战后场面的描写（《战城南》）；既有"上邪！我欲与君相知，长命无绝衰。山无陵，江水为竭，冬雷震震，夏雨雪，天地合，乃敢与君绝"的忠贞誓言（《上邪》），又有对负心人"从今以往，勿复相思，相思与君绝"的愤怒决绝之词（《有所思》）；既有"少壮不努力，老大徒伤悲"的积极奋发（《长歌行》），又有"昼短苦夜长，何不秉烛游？为乐当及时，何能待来兹？"的消极行乐（《人生不满百》）。其中，长篇叙事诗《孔雀东南飞》与北朝民歌《木兰诗》因完善的叙事、真挚的情感、高超的文学价值，被后世誉为"乐府双璧"。

两汉乐府的文学艺术特征表现在以下三个方面：第一，诗歌内容展示了丰富多彩的社会画面。两汉乐府诗的作者来自不同阶层，诗人的笔触深入社会生

活的各个层面，因此，汉乐府诗中所展示的就是当时社会生活的人间万象。对"盘中无斗米储，还视架上无悬衣"（《东门行》）的百姓疾苦寄予深切的同情，以恻隐之心申诉下层贫民的不幸遭遇，对"黄金为君门，璧玉为轩堂"（《鸡鸣》）的穷奢极侈给予强烈的谴责，对"山无陵，江水为竭，冬雷震震，夏雨雪，天地合，乃敢与君绝"（《上邪》）的坚贞爱情的歌颂等，展示了一幅幅社会风俗画。

第二，诗歌叙事展示了娴熟巧妙的技巧。作者把生活点滴用完整的故事情节讲述出来。《十五从军征》叙述了 80 岁高龄的退役老兵返回荒芜老家的情景，其中有与乡人对话、持羹做饭、饭熟难以下咽三个清晰的场面。长篇叙事诗《孔雀东南飞》的故事情节波澜起伏、扣人心弦，诗中采用双线索来凸显男女主人公悲惨的命运。乐府诗叙事详略得当，繁简有法，技巧娴熟，标志着中国古代叙事诗的成熟。

第三，诗歌体例展示了由四言向五言和杂言诗的革新。两汉时期，楚声、北狄、西域的五言歌谣乐曲普遍流行，促进了汉乐府由四言向五言和杂言的嬗变。例如戚夫人悲声而唱的《春歌》："子为王，母为虏。终日舂薄暮，常与死为伍。相离三千里，当谁使告女。"就是三言与五言并行的杂言。诗歌体例的变革，对后世文人创作五言诗起到了积极的推动作用。

汉乐府诗歌不仅是一幅幅丰富的生活画卷，同时也是优美的艺术珍品。正如前人所评述的："其造语之精，用意之奇，有出于《三百》、楚骚之外者。奇则异想天开，巧则神工鬼斧。"

## 二、魏晋南北朝时期的诗歌

在中国文学史上，魏晋南北朝文学是从东汉末到隋文帝统一全国，共经历了 400 多年。综观这段文学，是以五言、七言近体诗的兴盛为标志的。其间，涌现出"建安风骨""正始之音""太康诗风""游仙诗""咏史诗""玄言诗""田园诗""山水诗""永明体诗风""宫体诗""南北朝乐府民歌"等丰富的诗歌种类，标志着文学进入了自觉时代。

建安文学以"三曹"（曹操、曹丕、曹植）及"建安七子"（孔融、陈琳、王粲、徐幹、阮瑀、应场、刘桢）等文学家为中心，诗作中反映出高昂的政治理想、通脱的人生态度、鲜明的个性特征、浓郁的悲剧色彩，这些特点打造了"建安风骨"这一诗歌的美学典范。曹操是东汉末年杰出的政治家、军事家、文学家，他的诗作反映了东汉末年的战乱和"白骨露于野，千里无鸡鸣"的百姓苦难。曹丕，曹操次子，主要诗作有宴游诗、抒情言志诗、征人思妇诗，其间不乏"秋风萧瑟天气凉，草木摇落露为霜""乐极哀情来，寥亮摧肝心"等名句，清人沈德潜评价其曰："子桓诗有文士气，一变乃父悲壮之习矣。要其便娟婉约，能移人情。"（《古诗源》卷五）曹植，曹丕弟。曹植的创作以建安二十五年（220年）为界，分为前后两期。前期以《白马篇》为代表，主要是歌唱理想和抱负，洋溢着乐观、浪漫的情调；后期以《野田黄雀行》《杂诗》为代表，主要表达理想与现实殊异所激起的深沉悲愤。曹植诗多名篇名句，如"仰首接飞猱，俯身散马蹄""远游临四海，俯仰观洪波"等，表现了风骨与文采的完美结合，正如钟嵘在《诗品》中所言："骨气奇高，辞采华茂，情兼雅怨，体被文质。""建安七子"中，王粲、刘桢的成就最高。建安诗人的诗作，以王粲的《七哀诗》、刘桢的《赠从弟》、陈琳的《饮马长城窟行》、阮瑀的《驾出北郭门行》等诗为代表。建安诗人处于乱世，敢于正视苦难的社会与人生，追求政治理想，慨叹人生苦短，形成了悲凉慷慨、刚健有力的"建安风骨"。

　　曹魏后期，政局混乱，士人频遭杀戮。嵇康、阮籍、山涛、向秀、刘伶、王戎及阮咸七人常在当时的山阳县（今河南修武县一带）竹林之下喝酒纵歌，肆意酣畅，世谓"竹林七贤"。阮籍的代表作《咏怀诗》82首，充满了苦闷、孤独的情绪。嵇康的《幽愤诗》作于蒙冤下狱之时，表达了极度的愤慨之情。正始时期的诗人普遍出现了危机感和幻灭感，以及深刻的理性思考和尖锐的人生悲哀，诗作揭露了礼教的虚伪，表现了政治重压下的苦闷与抗议，词旨渊永、寄托遥深，这种艺术风貌被称为"正始之音"。西晋武帝太康时期，文坛呈现繁荣的局面，钟嵘《诗品》序说："晋太康中，三张、二陆、两潘、一左，勃尔复兴，踵武前王，风流未沫，亦文章之中兴也。"三张指张协、张载、张亢，二陆指陆机、陆云，两潘指潘岳、潘尼，一左指左思。所谓"太康诗风"，就是以陆机、潘岳为代表的西晋诗风，以繁缛为特点，辞藻华丽，描写繁复，句式骈偶。左思的《咏史》诗表达了寒士之不平，以及对士族的蔑视与抗争，形成了一种以史事抒怀的独创性的表达方式，其借古讽今、抨击现实的做法为后世树立了典型，引起历代诗人的共鸣。此外，他的诗歌笔力雄健苍劲，情调高亢慷慨，与建安风骨一脉相承，故有"左思风力"之称。

　　西晋末年，在士族清谈玄理的风气下，产生了玄言诗，东晋玄佛合流，玄言诗更加盛行，以孙绰、许询为代表。在晋宋易代之际，出现了一位伟大的诗人陶渊明，他在日常生活中发掘出诗意，并开创了田园诗这个新的诗歌类别。他将汉魏古朴的诗风带入更纯熟的境界，并将"自然"提升为美的至境。他是整个魏晋南北朝时期文学成就最高的，对后来的文学发展产生了巨大影响。

　　陶渊明，名潜，字元亮，号五柳先生。少年时在农村度过，29岁入仕，三仕三隐，405年，不愿为五斗米折腰，辞去彭泽县令，从此归隐田园，创作了大量的田园诗文，钟嵘《诗品》称其为"古今隐逸诗人之宗"。其诗歌主要分为五类：田园诗、咏怀诗、咏史诗、行役诗、赠答诗。对后世影响最大的是田园诗，以自己的田园生活为题材，真切地写出了躬耕之甘苦。其中，《归园田居》《饮酒》的"羁鸟恋旧林，池鱼思故渊""种豆南山下，草盛豆苗稀""采菊东篱下，悠然见南山"等名句，尽人皆知。陶诗的艺术特色主要表现在情、景、事、理的浑融，平淡中见警策，朴素中见绮丽。

晋宋之际文学发生了重要的转折，由玄言诗转向山水诗，谢灵运是第一个大力写作山水诗的人。山水诗的出现扩大了诗歌题材，丰富了诗的表现技巧，是中国诗史上的一大进步。鲍照在七言乐府上的突破和南北朝民歌共同给诗坛带来的清新气息，也都具有重要意义。齐梁两代文学诗体发生了重大变革，沈约、谢朓、王融共同创立了"永明体"，提出了"四声八病"之说，尝试建立比较严格的声调和谐的诗歌格律，并且在辞藻、用事、对偶等方面做了许多新的探索，"永明体"从而成为从古体诗向近体诗过渡的一种重要形式。梁陈两代，浮靡轻艳的宫体诗成为诗歌创作的主流，它主要是以艳丽的词句表现宫廷生活。

南北朝时期，庾信是由南入北时最著名的诗人，他饱尝时代分裂之苦，却结出了"穷南北之胜"的文学硕果。另外，南北对峙，政治、文化、民俗、地域等的差异，使南北朝民歌呈现出不同的情调与风格，南朝民歌清丽缠绵，北朝民歌粗犷豪放。南朝民歌中的抒情长诗《西洲曲》和北朝民歌中的叙事长诗《木兰诗》，分别代表着南北朝民歌的最高成就。

## 三、唐诗宋词

古代诗歌从《诗经》《楚辞》开始生根发芽，经过乐府诗、民歌的不断成长，再历经魏晋南北朝文学的自觉时代，隋、唐、宋、元时期，诗歌开始茁壮成长，并开出了唐诗、宋词、元曲这些绚丽多彩的花朵来。

### （一）气象盛大的唐诗

唐代文学的最高成就是诗歌，其间诗人众多，诗作浩瀚。《全唐诗》收录48900余首，诗体完备、艺术精湛、流派纷呈、风格多样、题材广泛。根据历史时期，可将唐诗发展分为初唐、盛唐、中唐、晚唐四个时期。

初唐时期，主要诗人有"初唐四杰"、陈子昂、张若虚、贺知章等。"初唐四杰"是指王勃、杨炯、卢照邻、骆宾王，他们对诗歌题材的开拓、诗歌体式的发展、诗歌风格的形成等都做了巨大努力，促使昂扬之气与壮大之美的"唐音"初立。杜甫在《戏为六绝句》中赞扬他们说："王杨卢骆当时体，轻薄为文哂未休。尔曹身与名俱灭，不废江河万古流。"陈子昂是一位对唐诗发展有重大影响的诗人，提倡"风雅""兴寄"和"汉魏风骨"，反对齐梁诗风，他创作的38首《感遇》诗，以及千古绝唱《登幽州台歌》，都蕴含着巨大的孤独感。另外，唐初诗人中颇具影响力的还有"吴中四士"——张若虚、贺知章、张旭和包融。"四士"性格狂放，诗多具有浪漫主义色彩，往往透露出一些新的气息、新的情趣，体现了唐诗从初唐到盛唐过渡的特色。特别是张若虚的《春江花月夜》："春江潮水连海平，海上明月共潮生。滟滟随波千万里，何处春江无月明。"以富有生活气息的清丽之笔，创造性地再现了江南春夜的景色，如同月光照耀下的万里长江画卷，同时寄寓着游子思归的离别相思之苦，诗篇意境空明，缠绵悱恻，词清语丽，韵调优美，脍炙人口，洗净了六朝宫体诗的浓脂腻粉，素有"孤篇压全唐"之誉。

唐开元、天宝年间，经济繁荣，国力强盛，涌现出一大批天赋极高的诗人，他们"既闲新声，复晓古体；文质半取，风骚两挟"，达到了声律、风骨兼备的完美境界，成为盛唐诗风形成的标志。这个时期，出现了山水田园诗人王维、孟浩然，把山水田园静谧明秀之美表现得淋漓尽致。王维精通音律，擅长绘画，在描写自然山水的诗里创造出了"诗中有画，画中有诗"的诗画圆融的意境。如"明月松间照，清泉石上流""白云回望合，青霭入看无"，以画家的眼睛和诗人的情思写出物态天趣、宁静优美而神韵缥缈。孟浩然是盛唐诗人中终身不仕的一位诗人，他隐居山水田园间，创作了大量贴近日常生活、不假雕饰的诗作，如《过故人庄》《春晓》《宿建德江》《耶溪泛舟》等，描绘了一幅幅平淡自然、纯净闲远的山水田园画卷。"边塞诗派"的代表诗人是高适、岑参，还有王昌龄、李颀、崔颢、王之涣等一大批名家，他们把边塞生活写得雄奇壮伟、豪情慷慨。高适的边塞诗多写于蓟北之行和入河西幕府间，是根据诗人亲临边塞的实际生活体验写成的。其代表作《燕歌行》："汉家烟尘在东北，汉将辞家破残贼……君不见沙场征战苦，至今犹忆李将军"，写得纵横跌宕，慷慨悲壮。与高适齐名的边塞诗人岑参，两次出塞深入西北边陲，用慷慨豪迈的语调和奇特的艺术手法，描绘荒漠的奇异风光与风物人情，其中"轮台九月风夜吼，一川碎石大如斗，随风满地石乱走""忽如一夜春风来，千树万树梨花开"等拓宽了边塞诗的题材和内容，意调高远，慷慨豪迈。

图 5-4 李白

李白，字太白，号青莲居士（见图 5-4）。五岁诵诗，十岁观书，十五岁好剑，尔后游历四方，二十五岁长安求仕不成，愤愤不平。四十供奉翰林，天宝三载以"赐金放还"，后十多年，一直漫游江湖，762 年病逝。李白是盛唐文化孕育出来的天才诗人，以其绝世的才华，豪放飘逸的气质，把诗写得如行云流水而又变幻莫测，情则滚滚滔滔，美如清水芙蓉。盛唐诗歌的气采、情采、神采，在李白的乐府歌行和绝句中，发挥得淋漓尽致。如《蜀道难》中的"蜀道之难，难于上青天"、《将进酒》中的"君不见黄河之水天上来，奔流到海不复回"、《行路难》中的"长风破浪会有时，直挂云帆济沧海"、《宣州谢朓楼饯别校书叔云》中的"俱怀逸兴壮思飞，欲上青天揽明月"等，完全打破诗歌创作的固有格式，空无依傍，笔法多变，达到了任随性情之所至而变幻莫测、摇曳多姿的神奇境界。李白的绝句，以明白晓畅的语言，表现出无尽的情思韵味，如"众鸟高飞尽，孤云独去闲""淡扫明湖开玉镜，丹青画出是君山""孤帆远影碧空尽，唯见长江天际流"等，都是些神来之笔。明代胡应麟评价说："太白五七言绝，字字神境，篇篇神物。"李白是时代的骄子，诗歌中所表现出的人格力量和个性魅力，豪放飘逸的风格、变幻莫测的想象、清水芙蓉的静美，对后世影响极大。李白的歌咏，就是盛唐之音。

**图 5-5　杜甫像**

正当唐诗发展到高峰时期，唐代社会却从它繁荣的顶峰走向动乱，诗歌中开元、天宝盛世繁荣期那种兴象玲珑、骨气端翔的境界韵味已逐渐淡化，理想色彩、浪漫情调也逐渐消退。代表这一时期的最伟大的诗人，就是诗圣杜甫（见图 5-5）。他直面历经 8 年的"安史之乱"，以动地的歌吟，表现战火中的人间灾难、生民血泪，把强烈深沉的抒情融入叙事中，以叙事手法写时事，全面反映这场战乱中的社会生活，后人称其诗为"诗史"，代表作是"三吏三别"，将客观真实的叙述与主观强烈的抒情融为一体。安史乱起，杜甫落入叛军之手，在陷落的长安，写下了《春望》《哀江头》等千古名作。后又漂泊西南，客居成都，创作了《绝句》《春夜喜雨》《江畔独步寻花》等描绘蜀地春色的佳作，特别是《茅屋为秋风所破歌》中的"安得广厦千万间，大庇天下寒士俱欢颜"，体现了诗人忧国忧民的崇高思想境界。杜甫善古体，工律诗，如《秋兴八首》，以律诗写组诗，扩大了律诗的表现力。"杜集七言律第一"的《登高》，更是达到了炉火纯青的境界。杜诗中充满着忧国忧民的忧患意识和热爱天地万物的仁爱精神，是儒家思想核心精神的艺术表现，他那深沉的爱国主义精神，影响着一代又一代中国人。

**登高**

（唐）杜甫

风急天高猿啸哀，渚清沙白鸟飞回。

无边落木萧萧下，不尽长江滚滚来。

万里悲秋常作客，百年多病独登台。

艰难苦恨繁霜鬓，潦倒新停浊酒杯。

中唐时期，盛唐气象散去，社会相对安稳，但百姓日子依然艰苦。以白居易、元稹、张籍、王建、李绅等为代表的诗人正视现实、抨击黑暗，他们的诗作具有讽谏美刺功能；以韩愈、孟郊、贾岛、李贺等为代表的诗人，在艺术上刻意求新、勇于创造，开拓了雄奇险怪、幽艳怪诞的艺术境界。白居易是中唐时期的代表诗人，他的诗歌主张"文章合为时而著，歌诗合为事而作"，对后世产生了深远的影响。白居易讽喻诗的代表作品是《秦中吟》和《新乐府》50首，内容广泛，涉及治乱、礼乐、任贤、宫女等多方面，反映了民生疾苦和政治黑暗。白居易感伤类的代表作是《长恨歌》和《琵琶行》，其中《长恨歌》以"安史之乱"为背景，以唐玄宗、杨贵妃的爱情悲剧为题材，回环往复、层层渲染、一唱三叹、缠绵悱恻，结尾处的"天长地久有时尽，此恨绵绵无绝期"，是对美好毁灭的沉重感伤，让普天下的痴男怨女从中看到了自己的悲苦命运，对后世产生了深远的影响。白居易闲适诗的代表作是《题浔阳楼》《大林寺桃花》等，观照自然、抒写情愫、超然物外、逸韵奇趣、淡泊悠闲，深得后世文人推崇。

晚唐，唐帝国出现了明显的衰败倾覆之势，国事无望，社会动荡。晚唐文人大多情感压抑、空落孤寂，诗风也随之而抑郁悲凉，代表诗人是"小李杜"，即李商隐和杜牧。李商隐从小家道中落，长大后沉沦于下僚，时世、家世、身世、才情，成就了他的感伤和朦胧诗风。其代表作有《贾生》《嫦娥》《乐游原》等，对后世影响深远的是他的爱情诗与朦胧诗，如《无题》《锦瑟》等，情调优美，意境朦胧，凄艳浑融，把诗歌的艺术表现力提高到了一个新的境界。杜牧才华横溢，抱负高远，其诗风情致高远，苍凉劲拔。他的怀古咏史诗，多数是书写对于历史上繁荣昌盛局面消逝的伤悼情绪，其五言、七言古今体都有佳作，尤其是七绝，看似信手拈来，实则精巧妙绝，代表作《赤壁》《山行》《泊秦淮》《过华清宫》等，读来意蕴悠长。

（二）典雅精致的宋词

唐诗是一座光华璀璨的艺术宝库，当人们在为唐诗的辉煌赞叹之时，一种新的文学样式却在诗歌中悄悄孕育了。这种特殊的文学样式便是词，词产生于初、盛唐时期，李白、白居易皆有词作留世。到晚唐五代时已有相当高的成就，出现了温庭筠、韦庄、李煜、冯延巳等著名词人。到了宋代，词便以风流倜傥、温婉多情之貌，登上文学的大雅之堂，成为一代文学之圣，并与唐诗交相辉映，共同闪耀在文学的星空。

宋词名家辈出，主要有婉约与豪放两大流派。婉约词派的代表人物是北宋的柳永和南宋的李清照，豪放词派的代表人物是北宋的苏轼和南宋的辛弃疾。

在两宋词坛上，柳永是第一位大力创作慢词的人，也是创作词调最多的人，词至柳永，才显示出了独特的面目。柳永对词的贡献不仅在词的声腔体式上，而且从创作方向上改变了词的审美内涵和审美趣味，即变"雅"为"俗"，用通俗化的语言表现世俗化的市民生活情调尤为市井百姓所喜爱，"凡有井水处，即能歌柳词"。其词作有表现世俗女性大胆追求爱情的，有写被遗弃的平民女子的悲苦的，有表现下层妓女的不幸的，还有展现都市繁华和丰富多彩的市井风情的，代表作品有《鹊踏枝·槛菊愁烟兰泣露》《定风波·自春来》《望海潮·东南形胜》《鹤冲天·黄金榜上》等，影响最广泛的当数他的《雨霖铃·寒蝉凄切》。柳永在词调的创用、章法的铺叙、意象的组合等多方面，都为宋词的鼎盛做出了不可磨灭的贡献。

**图 5-6 李清照**

南北宋之交的女词人李清照（见图 5-6），早年生活优裕，敢于将自然之美、闺怨之思跃然于纸上，生动地展现了她的生命历程和情感历程，词境明亮轻快，如《醉花阴·薄雾浓云愁永昼》《一剪梅·红藕香残玉簟秋》《如梦令·昨夜雨疏风骤》等。中年历经靖康之难，饱尝国破家亡之苦的李清照，深切地感受到人间的孤独和生活的悲苦，词境也变得灰冷凝重。晚期代表作有《添字丑奴儿·窗前谁种芭蕉树》《武陵春·风住尘香花已尽》《声声慢·寻寻觅觅》等。李清照是中国古代文学史上创造力最强、艺术成就最高的女性作家，是当之无愧的千古第一才女。

### 声声慢

寻寻觅觅，冷冷清清，凄凄惨惨戚戚。乍暖还寒时候，最难将息。三杯两盏淡酒，怎敌他、晚来风急！雁过也，正伤心，却是旧时相识。　　满地黄花堆积，憔悴损，如今有谁堪摘？守着窗儿，独自怎生得黑！梧桐更兼细雨，到黄昏、点点滴滴。这次第，怎一个愁字了得！

相对而言，豪放词的兴起要晚一些。到北宋中叶，苏轼首先革新词风打破了词为艳科的题材领域，写作了大量的抒情述志、咏史怀古题材的词，他还在柔声曼调的传统词乐中增添了高昂雄壮的因素，使词的语言风格出现了豪放、高妙、飘逸的新境界。因此，苏轼是豪放词派的第一人（见图 5-7），他扩大了词的表现功能，开拓了词境，使词像诗一样可以充分表现作者的性情怀抱和人格个性。例如他在 1074 年创作的《沁园春·密州早行马上寄子由》中的"有笔头千字，胸中万卷，致君尧舜，此事何难"，表现了他的人生理想和少年时代意气风发、豪迈自信的精神风貌。稍后在密州创作的《江城子·密州出猎》，则表现了希望驰骋疆场、以身许国的豪情壮志，词中"会挽雕弓如满月，西北望，射天狼"的壮士形象，激情满怀、斗志昂扬地走入了词的世界。苏轼豪放词的代表作最有名的是他的《念奴娇·赤壁怀古》，把对自然山水的观照与对历史、人生的反思结合起来，在雄奇壮阔的自然美中融入深沉的历史感慨和人生感怀。

### 念奴娇·赤壁怀古

大江东去，浪淘尽，千古风流人物。故垒西边，人道是，三国周郎赤壁。乱石穿空，惊涛拍岸，卷起千堆雪。江山如画，一时多少豪杰。　遥想公瑾当年，小乔初嫁了，雄姿英发。羽扇纶巾，谈笑间，樯橹灰飞烟灭。故国神游，多情应笑我，早生华发。人生如梦，一尊还酹江月。

苏轼不仅仅有豪放词作，他创作更多的是对人生思考、对自然感悟的清婉词作，如《定风波·莫听穿林打叶声》《江城子·十年生死两茫茫》《水调歌头·明月几时有》和《浣溪沙》组词等，深切地感受到人生如梦的虚幻，但又体现了乐观豁达、超然自适的人生态度。

豪放词派的另一代表人物是辛弃疾，

图 5-7　苏轼

他的词内容博大精深、风格雄深雅健，将词的功能由叙事、抒情扩大到了议论说理的境界。辛弃疾自幼生长于金人占领区，从小立志收复失地，光复中原，他既有词人的气质，又有军人的豪情，他所创作的词作，展示了他自己一生的形象。少年时的辛弃疾，"八百里分麾下炙，五十弦翻塞外声，沙场秋点兵"（《破阵子·为陈同甫赋壮词以寄之》），意气风发，气势豪迈。中年时的辛弃疾宦海沉浮、经历人事磨难，只能在落日楼头摩挲刀剑，"试弹幽愤泪空垂"。老年时的辛弃疾被迫退隐，仍执着于功名事业，但已失去往日的狂傲与豪气，常常陷入失望之中，"功名妙手，壮也不如人，今老矣，尚何堪"（《蓦山溪·饭蔬饮水》）。在两宋词史上，辛弃疾的作品数量最多，成就、地位也很高，就内容境界、表现方法，以及语言的丰富性、深刻性、创造性和开拓性而言，辛词都可以说是空前绝后的。清人周济在《宋四家词选·目录序论》中对其称赞道："稼轩则沉着痛快，有辙可循。南宋诸公，无不传其衣钵。"因此辛弃疾与苏轼一样，词作豪放与婉约并立，他的代表作品有《破阵子·为陈同甫赋壮词以寄之》《水龙吟·登建康赏心亭》《青玉案·元夕》《永遇乐·京口北固亭怀古》《摸鱼儿·更能消几番风雨》等。

总体而言，宋词的题材内容和艺术风格都出现了异彩纷呈的景象，婉约词的传统是源远流长的，在全部宋词中，婉约词在数量上占绝对优势。苏、辛虽是豪放词人，但他们也都善于写婉约词，有些代表作完全可与秦观、周邦彦相媲美。所以宋词在题材上注重个人的生活而不是社会现实，表现功能上长于抒情而短于叙事，风格倾向上偏于阴柔和婉而不是阳刚雄豪。宋词委婉含蓄的美学特征是中华民族传统审美思想的典型体现，是一代词人心曲深处的沉吟。

# 第二节　散文与赋：立功、立德、立言

> 　　毛泽东一生戎马倥偬，却喜好读书。在他博览的群书中，有两部伟大的历史著作成了他的枕边书，稍有空闲便取书而读，在阅读的过程中还不断地圈点批画，留下了大量批阅的痕迹，这两部书就是中国文学史上大名鼎鼎的"史学双璧"——《史记》和《资治通鉴》。毛泽东从这两部著作中去考究历史，去获取智慧，去领会治国之道。特别是《资治通鉴》这部300多万字的巨著，毛泽东曾读过17遍。正如清人王鸣盛所言："此天地间必不可无之书，亦学者必不可不读之书也。"1912年，19岁的毛泽东第一次接触到《资治通鉴》，由此开启了对中国历史的研究。书中的哲理论断，如"礼义廉耻，国之四维；四维不张，国乃灭亡""兼听则明，偏信则暗""任贤必治，任不肖必乱"等，给了他很大的启示。毛泽东从书中读懂了政治、军事和民族关系，以及经济、文化和历史，还读懂了国家盛衰、民族兴亡的统治策略。可以说，两部辉煌的史学著作，奠定了毛泽东的历史观。

## 一、先秦散文

　　从殷商到战国时期，散文由萌芽而至成熟。散文的最早源头，可追溯到甲骨卜辞。中国古代很早就设有史官，史官的记录成为史书，也是成就斐然的散文。先秦史书内容丰富，形式多样，主要有《尚书》、编年体的《春秋》《左传》、国别体的《国语》《战国策》、专记个人言行的《晏子春秋》等。《左传》是"春秋三传"中文学价值最高的一部，相传为鲁国左丘明传孔子《春秋》而作。《左传》基本上以《春秋》所载大事为纲，记载了春秋时代250多年间各国的政治、外交和军事活动，叙写了广阔的社会生活画面，深刻地反映了当时诸侯角逐、社会急剧变革的历史进程。《左传》善于条理井然地叙述头绪纷繁、错综复杂的战争，其中晋楚城濮之战、秦晋殽之战等写得尤其出色。《左传》也善于刻画人物，尤其是在具体事件的叙述中展开人物形象与性格，书中如重耳、郑伯、楚灵王、蹇叔、子产等人物都写得栩栩如生，以其生动的形象列入了传记文学中的人物画廊。

《战国策》上接春秋，下迄秦并六国，主要记载谋臣策士游说诸侯或进行谋议论辩时的政治主张和斗争策略，突出表现了纵横家的思想，反映了战国时代"士"阶层的崛起。整部作品塑造了各阶层形形色色的鲜活人物，情节波澜起伏，语言铺陈夸饰，气势纵横，是先秦叙事散文的高峰之作。

春秋末年，社会动荡急剧，一个新型阶层"士"兴起、壮大，成为最活跃的社会力量。他们针对当时的社会现实，提出了各种不同的政治主张，展开论辩，形成了思想史上百家争鸣的局面，于是产生了以论说为主的诸子散文。诸子百家主要有儒家、道家、法家、墨家、兵家、阴阳家、纵横家、名家、农家、小说家、杂家等，其中对整个中华民族影响最大的是儒家和道家。

儒家散文主要代表作是《论语》和《孟子》。《论语》是语录体散文，主要记录了孔子及其弟子的言行，语言简练明白，说理深入浅出，有些篇章描写人物对话举止，相当生动，体现出了人物个性。《论语》记录的孔子言行，只是一些片段，但在这些生活习惯、言谈举止的记载中，塑造了一个亲切感人、学识渊博、哲理深邃的文化巨人形象，一些言简意赅的语句，却包含了深刻的道理。如"岁寒，然后知松柏之后凋也""君子坦荡荡，小人长戚戚""逝者如斯夫，不舍昼夜""知之者不如好之者，好之者不如乐之者""三人行，必有我师焉。择其善者而从之，其不善者而改之"等名言警句，千百年来一直影响、教育着后世子孙。

儒家学派的另一部代表作品《孟子》，是孟子及其弟子所作，中心内容是宣扬儒家的"仁政"、抨击暴政，主张"民贵君轻"，其散文以雄辩著称。由于孟子以捍卫儒家学说、排斥其他学派为己任，所以他的文章感情激越，气势磅礴，笔带锋芒，富于鼓动性。他善于运用先纵后擒、引人入彀等论辩技巧来折服论敌，也善于用巧妙确切的比喻、寓言来说理，所以既理直气壮又循循善诱，具有很强的逻辑说服力和艺术感染力。《孟子》一书充满了浩然之气，这种风格源于孟子的人格修养，他藐视权贵、仁爱百姓、刚正不阿，久而久之便升华出一种至大至刚、充塞于天地之间的"浩然正气"。

道家思想的代表散文是《老子》与《庄子》。《老子》以韵文为主，采用韵散结合的方式，集中反映了老子的哲学思想——"道"，追寻万物本源时，并未忘怀现实人生，表现出了强烈的主体意识和超然物外的情感。例如"天下皆知美之为美，斯恶已。皆知善之为善，斯不善已""弱之胜强，柔之胜刚，天下莫不知，莫能行""夫唯不争，故天下莫能与之争""知者不言，言者不知"等，用具有诗意的语言、变化多端的句式和排比、比喻等多种修辞手法，揭示人世间、自然界蕴含的深刻哲理。

《庄子》是道家又一经典，是庄子及其门人所作。庄子追求逍遥自在的精神世界。《庄子》哲学在老子的思想上继续发展"道","道"既是关于世界起源的本质，又是至上的认识境界。《庄子》的主要内容是主张顺应自然，去伪存真。其散文具有变幻诡奇、汪洋恣肆的风格特征，在论说时大量运用"谬悠之说，荒唐之言，无端崖之词"，即寓言和幻想，如"庖丁解牛""望洋兴叹""知鱼之乐""无用之用，方是大用"等，具有浓郁的诗意和抒情色彩，表现出超常的想象力，构成了奇特的形象世界。《庄子》想象奇特，笔力酣畅，描写生动传神，语言恢宏瑰奇，具有很高的文学价值，其体味"道"的人生，就是追求艺术精神的人生。

## 二、两汉散文与赋

汉代文学的代表，首推汉赋。赋是文人们博采《诗经》之赋颂、《楚辞》之浪漫、先秦散文之纵横而形成的一种新文体，讲究文采、韵律，兼具诗歌和散文的性质，其特点是"铺采摛文，体物写志"。汉赋有骚体赋、汉大赋和抒情小赋。骚体赋的代表人物是贾谊，代表作品有《吊屈原赋》和《鵩鸟赋》，前者兴叹历史与政治，后者体悟人生与命运，沿用楚骚体例，通篇用韵，句式整齐，具有浓厚的抒情色彩。汉大赋的代表人物是枚乘、司马相如、扬雄。枚乘的《七发》，说七事以启发太子，鸿篇巨制，韵散结合，笔墨铺饰，辞藻华丽，标志着汉大赋体制的形成。

汉武帝即位后，通过一系列的政治、军事、文化方面的积累，汉王朝步入了繁盛时期，文学也应运而盛，蔚为壮观，诞生了司马相如和扬雄这两位赋坛巨匠。

司马相如，字长卿，蜀郡成都人，西汉辞赋家。代表作品为《子虚赋》和《上林赋》，两篇创作前后相去十年，但内容相连，一贯而下，结体严谨，可谓姊妹篇。作品虚构了子虚、乌有先生和亡是公三人，设为问答，结撰成篇。声势宏大，浓墨重彩，极尽铺张扬厉。例如《上林赋》中关于描写赏乐观舞的场面：

> 于是乎游戏懈怠，置酒乎颢天之台，张乐乎镠辂之宇。撞千石之钟，立万石之虡，建翠华之旗，树灵鼍之鼓，奏陶唐氏之舞，听葛天氏之歌，千人唱，万人和，山陵为之震动，川谷为之荡波。巴渝宋蔡，淮南干遮，文成颠歌，族居递奏，金鼓迭起，铿铛闛鞈，洞心骇耳。荆吴郑卫之声，韶濩武象之乐，阴淫案衍之音，鄢郢缤纷，激楚结风。俳优侏儒，狄鞮之倡，所以娱耳目乐心意者，丽靡烂漫于前，靡曼美色于后……

司马相如的大赋塑造了一个幅员极为辽阔，物质极大丰富，国势极其强大，国泰民安、崇德尚义、天下大治的盛世帝国形象，从而体现了生机蓬勃、昂扬奋进、激励张扬、气势充溢、热情似火的时代精神风貌。其艺术上的主要成就有如下三点：其一，按时空顺序和以类相缀兼用的铺陈方式，既有时空的推移，又有门类的罗列。其二，主客问答的结构形式与夸张笔法的融通，如子虚、乌有和亡是公的对话就像是以辩难的方式进行的一场夸张的艺术表演和比赛。其三，句法灵活多变，句式长短不一，韵散结合，节奏明快，音韵和谐。

扬雄，字子云，蜀郡成都人，西汉时期辞赋家、思想家。其代表作有《甘泉赋》《河东赋》《羽猎赋》《长杨赋》，史称"四大赋"。这四篇赋文从形式到内容，都有借鉴司马相如赋的痕迹，但风格更显冷静与沉着，其间所体现出的民本思想，尤为可贵。"四大赋"中，《甘泉赋》的艺术成就最高，采用主体向客体逐渐趋近、多维空间等方式进行铺陈描写，对写景的方式有了新的开拓。

抒情小赋的代表人物是东汉时期的班固、张衡、赵壹，代表作有班固的《两都赋》、张衡的《二京赋》和《归田赋》、赵壹的《刺世疾邪赋》。其中张衡的《归田赋》以迷人的艺术魅力，宣告了抒情小赋的诞生："于是仲春令月，时和气清，原隰郁茂，百草滋荣。王雎鼓翼，鸧鹒哀鸣，交颈颃颉，关关嘤嘤。于焉逍遥，聊以娱情。"赋中描绘了一幅明丽祥和、充满生机、情趣盎然的田园风光，营造了一个让人心驰神往、意醉神迷的境界。

除汉赋之外，两汉是中国古代散文诸体渐趋完备的时期。汉兴之后，陆贾、贾谊、刘安、董仲舒、司马迁等一帮文人雅士，用铺张扬厉、宏博深奥的文风使西汉文风为之一新。东汉散文在西汉的基础上有所继承和发展，史传散文、政论散文、游记、碑文等，都有很高的文学价值。

洛阳才子贾谊共创作 58 篇散文，有专题政论文和就事论事的疏牍文，还有杂论，用渲染和夸张的笔锋、磅礴的气势，论述大起大落的历史情势，造成巨大的感情落差。其代表作《过秦论》，总结秦王朝灭亡的历史教训，以古鉴今，密切联系现实政治，表现出强烈的忧患意识和对现实的积极参与精神，在观察兴衰之理的过程中流露出深沉而悠长的历史沧桑感，把汉代政论散文推向了一个新高度。继贾谊之后，晁错的《论贵粟疏》从历史事实、当前情况、各种利弊得失等方面深入论证，大有战国遗风。淮南王刘安编著了一部理论著作《淮南子》，用历史、神话、传说来明事说理，博奥深宏，无所不包，有一整套完整的思想体系，还有浓烈的文学色彩，东汉高诱称赞此书"其旨近老子，淡泊无为，蹈虚守静，出入经道"。董仲舒"为群儒首"，其代表作《春秋繁露》逻辑严密、雍容儒雅，对西汉后期说理散文影响较大。

西汉在政论散文取得长足发展的同时，历史散文也出现了里程碑式的杰作，这就是司马迁的《史记》，它代表了古代历史散文的最高成就，被鲁迅称赞为"史家之绝唱，无韵之离骚"。司马迁生于夏阳龙门（今陕西韩城），少时牧耕，饱览历史名胜。受父亲司马谈影响，司马迁博览群书，后任职太史令，更是广泛涉猎各种文献。20 岁便遍访名山，游历胜迹。受父亲临终之托，决意著书立史。但公元前 98 年，李陵战败投降匈奴，司马迁因替其辩护而下大狱，并被处以宫刑，而他依然忍辱含垢，继续写作《史记》，前后历时 14 年，终成千古绝唱（见图 5-8）。

司马迁修史的宗旨是"究天人之际，通古今之变，成一家之言"，创立纪传体通史体例，《史记》全书由十二本纪、十表、八书、三十世家、七十列传组成，五种体例相互补充，沟连天人，贯通古今，展示了波澜壮阔的社会生活画卷。《史记》最有文学价值的是人物传记，各层次以时间为序，以类相从，有分传、合传，追根溯源，探究因果，使得人物传记血脉贯通，通过展示人物的活动再现多彩的历史画面。因此，《史记》中的人物形象各具姿态，个性鲜明，如《万石张叔列传》中谨小慎微的石奋，《李将军列传》中骁勇善战的李广，《廉颇蔺相如列传》中深明大义的蔺相如、负荆请罪的廉颇，《项羽本纪》中刚愎自用的项羽等。司马迁准确把握人物特征，采用多维透视的方法，把笔下人物置于广阔的社会背景下加以表现，充分展示了人性的丰富性、复杂性。

《史记》是纪传体史学的奠基之作，气势磅礴、感情激切、深广宏富、醇厚典雅，其内容既有前期历史反思的余绪，又有后期沟通天地人的尝试。司马迁是汉代成就最高的散文家，他那渊博的学识、深邃的思想、不朽的人格，以及挥洒自如的神来之笔，令后世文人仰慕不已，千载之后依然可以想见其雄风。

**图 5-8　司马迁和他的《史记》**

东汉散文继承了西汉散文神韵，又有了新的发展。史传散文有班固的《汉书》、赵晔的《吴越春秋》，政论散文有王充的《论衡》、王符的《潜夫论》，还有游记、碑文等散文，追求通俗易懂、浅显明快的散文风格，矫正了前期的浮华文风。班固的《汉书》是我国第一部纪传体断代史，在叙事写人方面有很大成就，是继《史记》之后又一部史传文学典范。《汉书》对西汉盛世各类人物展开生动描绘，特别是记叙了许多世袭官僚家族的历史，如《张汤传》《杜周传》《韦贤传》等，通过描述这些家族的兴衰史，对西汉社会的变迁做了多方面的展示，使这些人物形象更生活化。《汉书》重视规矩绳墨，行文谨严有法，在叙事中寓含褒贬、探究事情始末，采用追叙、补叙等手法，情节波澜起伏，令人称叹。

## 三、唐宋散文

两汉之后，散文走向骈化，骈文成为官方文章正体，骈文发展到后期则片面追求形式，文风轻浮奢华，显出种种弊端，故文人掀起了反骈复古的革新运动，中唐韩愈、柳宗元领导的，以及北宋欧阳修主盟的古文运动对后世影响深远，史称"唐宋散文八大家"。

韩柳古文运动上承先秦两汉质朴优美的散文，高举复古旗帜，向六朝骈体文发起猛烈攻击，使得散体文的创作别开生面，气象为之一变，故苏轼赞誉韩愈"文起八代之衰"。韩愈的论说文一是重视宣扬道统和儒家思想，二是直视现实，揭露矛盾。代表作《师说》，强调能者为师，既赋予"师"以"传道、授业、解惑"的具体职责，又打破了传统师法森严的壁垒，提出"道之所存，师之所存"的崭新的师道思想。还有《送孟东野序》《答李翊书》《进学解》《讳辩》《伯夷颂》《杂说四》等，都是韩愈有为而发、不平则鸣的作品，嘲讽现实，构思精巧，寄慨遥深。其《杂说四》中的"世有伯乐，然后有千里马。千里马常有，而伯乐不常有"，一直为后人津津乐道。

当韩愈活动于政治文化中心奋笔疾书之时，置身偏远贬所的柳宗元与他遥相呼应，站在朝堂之外关注社会，写出了一大批像《贞符》《封建论》《捕蛇者说》《段太尉逸事状》《三戒》《天说》等闪耀着思想火花而又意味隽永的短篇杂文。柳宗元的杂文有三个显著特征：一是正话反说，抒发自己被贬谪的幽愤；二是巧借形思之物，抨击政敌和现实；三是在寓言中蕴含哲理。其代表作《捕蛇者说》提出了"孰知赋敛之毒有甚是蛇者乎"的主题，全文"含无限悲伤凄婉之态"。山水游记是柳宗元散文中的精品，是他悲剧人生和审美情趣的结晶。《囚山赋》《永州龙兴寺东丘记》，还有著名的"永州八记"等，都选取深幽冷寂的景物，精雕细刻，还原自然又高于自然，由意在宣泄悲情到艺术地表现自然，将悲愤沉淀于山水之间，形成了柳氏山水游记"凄神寒骨"之美。

韩愈和柳宗元领导的革新古文运动，以杰出的文学理论和丰硕的创作实绩，建立了新的散文美学规范，掀起了蔚为大观的古文大潮。

北宋前期，文坛盟主欧阳修继承了中唐古文运动的复古革新精神，以更为成熟、更具前瞻性的散文革新理论，以及令人瞩目的散文创作成就，掀起了北宋的"古文运动"。加上王安石、曾巩和"三苏"（苏洵、苏轼、苏辙）的积极应和，"古文"创作达到了更高的水平，古文运动取得了全面胜利并泽及后代。因而，欧阳修、王安石、曾巩、"三苏"及其先驱韩愈、柳宗元，被后世尊称为"唐宋八大家"。

欧阳修博学多才，诗文创作和学术著作成就丰厚。他在批判骈文时，并不一概否定，对"雄文博学，笔力有余"也颇为赞赏。他推崇韩柳之文，但不盲从。他说："孟、韩文虽高，不必似之也，取其自然耳。"故而他的散文内容充实，形式多样。无论是议论还是叙事，都是有为而作，有感而发。代表作有《五代史·伶官传序》《醉翁亭记》《秋声赋》《五代史记》《朋党论》等，或是慷慨陈词、感情激越，或是低回往复、感慨淋漓，或是哀乐由衷、情文并至，时人称赞他："文备众体，变化开合，因物命意，各极其工。"

王安石的古文多是直接为政治服务的，论点鲜明，逻辑严密，说服力极强。代表作有《答司马谏议书》《读孟尝君传》《游褒禅山记》等。曾巩的散文结构严谨，文字简练，代表作是《墨池记》。苏洵的《六国论》、苏轼的《赤壁赋》《石钟山记》、苏辙的《墨竹赋》《三国论》等都是北宋古文运动中的传世佳作。

北宋文坛上，还有一部史学巨著，就是由司马光历时 15 年主持编写的《资治通鉴》，为中国最大的一部编年体史书。全书共 294 卷，通贯古今，上起战国初期韩、赵、魏三家分晋，下迄五代末年赵匡胤（宋太祖）灭后周以前，共 1362 年。按照时代先后顺序，以年月为经，以史实为纬，顺序记写，对于重大的历史事件的前因后果与各方面的关联都交代得清清楚楚。《资治通鉴》的内容以政治、军事和民族关系为主，兼及经济、文化和历史人物评价，目的是通过对事关国家盛衰、民族兴亡的统治阶级政策的描述警示后人，故宋神宗认为该书"鉴于往事，有资于治道"，而钦赐此名。清代史学家王鸣盛说："此天地间必不可无之书，亦学者不可不读之书。"该书与《史记》一起被称为"史学双璧"。

# 第三节　小说戏剧：人物、情节、环境

　　《红楼梦》中"西厢记妙词通戏语 牡丹亭艳曲警芳心"描绘了一幅宝黛共读西厢，情窦初开的美丽画卷。宝玉一日闲散，便携《西厢记》坐在沁芳闸桥边阅读，"葬花"归来的黛玉途经此处，便与宝玉共读西厢。机敏的宝玉趁机倾吐爱慕之情，"我就是个'多愁多病身'，你就是那'倾城倾国貌'"，黛玉假意怒嗔，急得宝玉窘态百出，黛玉便借红娘之口来嘲笑宝玉是"苗而不秀的银样蜡枪头"……至此，宝黛共读西厢，激发了两人内心深处对纯真爱情的勇敢追求。

　　《红楼梦》中宝黛被《西厢记》滋养，近世才女张爱玲却痴情于《红楼梦》。她曾经说过，人生有三大恨事：一恨鲥鱼多刺，二恨海棠无香，三恨《红楼梦》未完。张爱玲8岁开始读红楼，此后便是"每隔几年又从头看一遍"，去揣摩形象生动的人物语言、深入细致的心理刻画，以及标新立异的叙事结构。或许是受红楼梦的影响，张爱玲的作品几乎都是悲剧，她冷眼看世间，用非常客观的视角描绘着几近苍凉的故事。但她的爱情观却深受宝黛影响，即使在战火纷飞的年代，依然相信爱情。张爱玲的人生是孤独的，但她的灵魂却热烈而丰富，真是"戏中宝黛读西厢，世上爱玲痴红楼"！

　　文学按体裁可分为诗歌、散文、小说和戏曲。诗歌和散文这两种文学样式从先秦，历经两汉、魏晋南北朝时期的不断成长，到唐宋便日臻完善，达到了最高峰。小说和戏曲则不然，从上古神话传说以来，长期处于混沌状态，到魏晋南北朝时期才有了志人、志怪小说的出现，但在整个文坛几无影响。到了唐代，唐传奇异峰突起，标志着文言小说发展到了成熟的阶段。宋、金、元时期，随着市井生活的娱乐化，话本小说和说唱文学应运而生，推动了叙事文学的快速发展，特别是元代杂剧的兴盛，将戏剧文学推向了一个艺术高峰。在明代，章回小说的发展与定型促进了俗文学的繁荣，明清时期出现的四大名著——吴承恩的《西游记》、罗贯中的《三国演义》、施耐庵的《水浒传》、曹雪芹的《红楼梦》，将古典小说推向了顶峰。

# 一、上古神话和魏晋南北朝的志人、志怪小说

　　神话是原始先民在社会实践中创造出来的，表达了先民对自身及所处环境的理解，以故事或形象的方式来展现，内容涉及自然环境、人生遭遇和社会生活的各个方面，主人公包括神、始祖、文化英雄、神圣动物等，通过各种神奇的想象，展示"自然与人类命运的富有教育意义的意象"。

　　中国上古时代神话相当发达，已经产生众多的神灵和相应的故事，多集中于《山海经》《淮南子》两部著作，其余则散见于经、史、子、集等各类书中。《山海经》是我国古代保存神话资料最多的著作，最具有神话学价值。神话的内容丰富而复杂，按照主题的不同可以分为六大类别。

　　一是创世神话。创世神话中，盘古是第一大主人公，以盘古开天辟地、盘古垂死化身等故事较为著名，盘古不仅分开了天地，还生成了万物，"首生盘古，垂死化身。气成风云，声为雷霆，左眼为日，右眼为月，四肢五体为四极五岳，血液为江河，筋脉为地里，肌肉为田土，发髭为星辰。皮肤为草木，齿骨为金石，精髓为珠玉，汗流为雨泽，身之诸虫，因风所感，化为黎甿"（《五运历年纪》），由此显示了先民对宇宙万物的积极探索精神。

　　二是始祖神话。远古民众不仅关心宇宙的起源，而且特别关注人类自身的起源，而有关人类起源的神话，则首推女娲补天、女娲造人的故事（见图5-9），显示出女娲作为宇宙大神的重要地位。

**图 5-9　女娲造人**

宇宙洪荒之时，女娲经过辛勤地劳动和奋力的拼搏，重整宇宙，为人类的生存创造了必要的自然条件，她不仅有开辟之功，还创造了人类。

"俗说天地开辟，未有人民，女娲抟黄土为人，剧务，力不暇供，乃引绳于缇泥中，举以为人。故富贵者，黄土人也；贫贱凡庸者，缇人也。"（《风俗通义》）

这一则神话意蕴丰富，它不但虚构了人类的产生，同时也试图阐释人类为什么会有社会地位的差别。有关女娲的神话，应是产生于母系氏族社会，女娲补天和女娲造人的不朽功绩，既反映了人们对女性延续种族作用的肯定，同时也是对女性社会地位的认可。以上神话为人们塑造了一个有着奇异神通而又辛勤劳作的女神形象，她所做的一切，充满了对人类的慈爱之情。

三是洪水神话。远古时期，洪水泛滥，先民们在英雄的带领下，积极与洪水抗争，争取更好的生存环境，在这些洪水神话中最杰出的英雄当数鲧、禹二人。

鲧为了止住人间水灾，不惜盗窃天帝的息壤，引起了天帝的震怒而被杀。鲧的悲惨遭遇赢得了后人深切的同情和尊敬。鲧由于志向未竟，死不瞑目，终于破腹以生禹，新一代的治水英雄由此诞生。

禹继承了鲧的遗志，改用疏导的方法来治水。为疏通水路，禹不辞辛劳到处探察河道、地形，"禹八年于外，三过其门而不入""股无胈，胫无毛，手足胼胝，面目黧黑，遂以死于外"，可谓历尽千辛万苦，在众神灵的帮助之下，终于战胜了水患，一个不辞辛劳、为民奔走而又充满智慧的大禹屹立在神话英雄的行列。

四是战争神话。黄帝和炎帝是活跃在中原的两大部族首领，分别兴起于相距不远的姬水和姜水，二帝在向东发展的过程之中发生了严重的冲突，于是在阪泉之野发生了残酷战争，黄帝驱使熊、罴等猛兽参加战斗而取得了胜利。炎、黄两大部族的融合，标志着华夏民族的形成。黄帝后来又打败了铜头铁额的蚩尤，从此确立了黄帝作为中华人文始祖的形象。出于对他的爱戴，后世又把许多文化史上的发明创造，如车、陶器、井、鼎、音乐、铜镜、鼓等，归功于黄帝或黄帝的臣子。于是，黄帝在神话中又成了一个善于发明创造的文化英雄。

五是发明创造神话。神话进入一个英雄时代后，人们把自身发展过程中所积累的各类重大发明，以及对各种自然、社会障碍的克服，都加在一个个神话英雄身上，并把他们看作本部族的理想象征。这些神话英雄都是人的形象，但他们都有着神异的本领，有创造和征服的能力。如燧人氏钻木取火，有巢氏造房、袭叶为衣、食果为粮，神农氏尝百草，仓颉造字，后稷教民稼穑、树艺五谷，后羿发明弓箭并射日等，这些英雄神人，将人类文化推向了文明的境界。

六是斗争神话。这些神话显示了人类英雄突出的个性和勇气，显示了人类对自身不可动摇的信念，如夸父追日那强烈的自信心、奋力拼搏的勇气，以及他那溶入太阳光芒之中的英勇形象，构成了一幅气势磅礴的画面，反映了古代先民壮丽的理想。还有与自然抗争的悲剧神话，发生在纤弱的女子身上，即精卫填海。相传天帝幼女女娃被东海淹死，化而为鸟名叫"精卫"，精卫坚持以弱小的生命、以一己之力，向浩瀚的大海复仇，这是何等的悲壮，正是这种明知徒劳仍要抗争的精神，支持初民走过那险恶而艰难的年代。夸父与女娃的神话，讴歌了人类顽强的生命力。生存环境的艰苦，激发了先民不屈的奋斗精神，这种奋斗精神本身就意味着对于命运的抗争，这种顽强的抗争精神是何等的壮烈，成了中华民族生生不息的精神长河中的巨浪。

上古神话是小说的雏形，初具规模的形态则是魏晋南北朝时期的志人志怪小说。其时，佛教盛行，受佛经故事的影响，再加上巫师和方士推波助澜，志怪小说发达起来，代表作是干宝的《搜神记》。干宝本是史官，好阴阳术数，搜集古今神祇灵异人物变化之事，编成《搜神记》30卷，也有一些没有故事性的琐碎记载。《搜神记》的主要目的是宣扬鬼神观念，但也记有一些不怕鬼、捉鬼、杀鬼的故事，反映了人们与坏人坏事进行斗争的正义精神和智慧勇敢的性格。《搜神记》中最宝贵的是那些曲折反映社会现实、表达人民的爱与恨，以及对美好生活向往的作品，如《三王墓》叙述楚国巧匠干将莫邪为楚王铸剑，反被杀害，其子长大后替父报仇的故事。又如《董永》，写董永的孝心感动天帝，天帝派织女下凡与之结婚，并织布偿还债务，后来这个故事演变为古代的四大传说之一。《搜神记》结构比较完整，描写较为生动，已初具短篇小说的规模，语言朴素而又雅致清俊。

志人小说的兴盛是受士大夫阶层讲究名士风度、崇尚谈玄理而不谈政事、清议品评人物的影响。而且文人学士以熟悉故事为学问，显示其知识渊博，编撰小说便蔚然成风。志人小说的代表作是刘义庆的《世说新语》，通过此书可以了解魏晋南北朝志人小说的大致面貌。《世说新语》主要记述汉末至东晋的士族阶层的奇闻轶事，特别详于士族人物的玄虚清谈，所述都是零星琐碎的人物言行，而所涉范围却很广，从中可以了解魏晋士大夫的思想、生活和当时的社会现实。从编者的思想情趣来看，该书已经摆脱了汉代经学观点的束缚，表现出多元化的特征，语言精练，简约含蓄，隽永传神，既有典雅的词句，又有生动的口语，语言写得逼似人物身份，而又富于哲理性，常常用一言一行即表现人物的肖像和精神面貌。《世说新语》是记叙轶文隽语的笔记小说和小品文的先驱。

## 二、唐代传奇

历经上古神话的萌芽，又经魏晋南北朝志人志怪小说的发展，再到唐代传奇产生，小说渐渐登上了文学的大舞台。唐代传奇的出现，标志着中国古代短篇小说趋于成熟。宋代洪迈《客斋随笔》说："唐人小说，不可不熟。小小情事，凄惋欲绝，洵有神遇而不自知者，与诗律可称一代之奇。"唐代传奇的繁荣，是因为在盛唐气象的渲染下，为了适应广大市民和统治阶层文娱生活的需要，民间的"说话"（讲故事）艺术应运而生，这种题材以叙事为主，文体近于野史，中间常穿插诗歌韵语，结尾缀以小段议论，即所谓"文备众体"，虚构曲折情节，语言华美，富于文采与臆想，取得了突出的文学成就。

魏晋南北朝时期人们把小说作为记录异闻奇事的野史看待，略叙梗概，不讲究语言的藻饰，而传奇情况则大不相同。鲁迅说唐人"始有意为小说"，认为"传奇者流，源盖出于志怪，然施之藻绘，扩其波澜，故所成就乃特异。其间虽亦或托讽喻以纾牢愁，谈祸福以寓惩劝，而大归则究在文采与意想，与昔之传鬼神明因果而外无他意者，甚异其趣矣"。这就指出了唐传奇作者是有意识地进行文学创作。唐传奇的代表作品有元稹的《莺莺传》、白行简的《李娃传》、蒋防的《霍小玉传》、陈鸿的《长恨歌传》等。

《莺莺传》由元稹编撰，原题《传奇》，主要讲述的是贫寒书生张生对没落贵族女子崔莺莺始乱终弃的悲剧故事，于叙事中刻画人物性格和心理，较好地塑造了崔莺莺的形象。《李娃传》虚构了一个娼妓李娃与所爱士人荥阳公子历经磨难，终于圆满结合，并获得很高荣耀的喜剧性结局，表现了作者对倡优女子的同情和对其品格的赞美，有浓厚的理想主义色彩。鲁迅在《中国小说史略》中称赞道："（白）行简本善文笔，李娃事又近情而耸听，故缠绵可观。"《霍小玉传》是唐传奇发展的一座高峰，小说叙述的是陇西书生李益和长安名妓霍小玉凄楚动人的爱情悲剧。作品妙于叙述和描写，善于选择能反映人物性格和心态的典型场景，用饱含感情色彩的语言精细地描写和刻画，增强了作品的艺术感染力。诚如明人胡应麟所说："唐人小说纪闺阁事，绰有情致，此篇尤为唐人最精彩之传奇，故传诵弗衰。"《长恨歌传》是以历史故事为题材的传奇作品，在借鉴白居易《长恨歌》的基础上，明显增设了小说三要素，即人物、故事情节和典型环境，并且全篇讽刺意味更浓。

总之，唐代传奇的内容丰富多彩，反映的社会生活面较广，有的表现了男女恋人的悲欢离合及社会原因，有的通过幻想形式反映了人们对幸福生活的美好理想，有的暴露了上层社会的种种丑恶现象，有的歌颂了见义勇为、反抗强暴的豪侠行为，大都具有积极意义。

## 三、元杂剧与明清小说

元朝是中国历史上第一个由少数民族建立的统一政权，政治压迫、民族杂居、文化大融合等，成了孕育文学新样态的沃土。这一时期，叙事性文学第一次居于文坛的主导地位，特别是戏剧艺术走向了成熟，包括杂剧和南戏，其剧本创作的成就代表了当时文学的最高水平。元杂剧是融合了歌唱、舞蹈、说白、杂技等多种形式的综合艺术，在元代极为隆盛，涌现了被后人称为"元曲四大家"的关汉卿、马致远、白朴、郑光祖和以《西厢记》"天下夺魁"的王实甫等著名剧作家。

元杂剧反映了广阔的社会生活，内容极其丰富，包括爱情、婚姻、历史、公案、豪侠、神仙佛道等许多方面，主要题材有以下五类：一是爱情剧，主要描写青年男女对爱情与婚姻自主的追求，鲜明地体现了反对封建制度及封建道德规范的倾向，代表作有王实甫的《西厢记》、白朴的《墙头马上》等。二是公案剧，通过刑事案件的审判，揭露贪官污吏贪赃枉法、草菅人命的罪恶，歌颂人民群众的不屈斗争，同时也表彰廉洁公正的清官，代表作有关汉卿的《窦娥冤》及无名氏的《陈州粜米》等。三是水浒剧，主要描写梁山英雄疾恶如仇、除暴安良的侠义豪情，其中尤以歌颂梁山好汉李逵的戏为多，代表作有康进之的《李逵负荆》等。四是世情剧，主要揭露社会上形形色色的丑恶现象，批判矛头直指统治阶级对妇女始乱终弃的卑劣行径，以及守财奴、败家子、伪君子之类的人物，代表作有关汉卿的《救风尘》、郑廷玉的《看钱奴》等。五是历史剧，主要表现历史上重大的政治斗争和民族斗争，歌颂忠臣义士，谴责奸臣逆子，表彰国家英雄，批判侵略者和卖国贼，代表作有纪君祥的《赵氏孤儿》、关汉卿的《单刀会》、马致远的《汉宫秋》等。这些剧本塑造了形象鲜明、面目各异的舞台形象，揭露了现实生活中专制制度的弊陋丑恶，歌颂了被迫害者的反抗精神。

元杂剧反抗主题鲜明，剧中褒贬分明，剧中人物的忠奸美恶判若泾渭，并且常用浪漫主义手法来演绎残酷的现实，体现了正义战胜邪恶、幸福普降人间的美好愿望，所以获得了下层民众狂热的追捧。元杂剧的成功宣告了戏剧、小说等叙事文学开始成为中国文学的主流，在中国文学史上有着划时代的意义。

中国小说经历了上古神话的雏形、魏晋南北朝志人志怪小说的成型，以及唐代传奇小说和宋元话本小说等四个发展阶段后，到明清时代臻于极盛，涌现出《三国演义》《水浒传》《西游记》《红楼梦》四部长篇小说，被后人尊称为四大古典名著。

　　《三国演义》是明初罗贯中的历史演义小说。该书在陈寿《三国志》的历史著作中选取历史题材，但又不完全忠实于历史，而是采用移花接木、他山之石攻玉、无中生有、夸大其词等多种艺术加工手法，将东汉末年和魏、蜀、吴三国鼎立的这段历史用小说的方式加以诠释，描绘了一幅群雄逐鹿、烽烟四起、波澜壮阔、动荡不安的全景式的历史画卷，塑造了数以百计的栩栩如生的人物形象。如雄才大略、奸诈残暴的曹操，足智多谋、兢兢业业的诸葛亮，勇武刚强、忠义凛然的关羽，宽仁爱民、知人善任的刘备，勇猛粗犷、疾恶如仇的张飞，以及拥兵百万却又气量狭小的周瑜，还有那扶不上墙的阿斗等。同时，《三国演义》特别崇尚智谋，在描写错综复杂的政治、军事、外交斗争时，都是谋略至上，成为一部形象化的政治、军事教科书，包含着十分深厚的文化内蕴。

　　《水浒传》是施耐庵完成于明初的英雄传奇小说。在宋元话本和元杂剧中，宋江起义一直广为传唱，《水浒传》就是在这些民间传说和舞台剧本的基础上加以创作的。《水浒传》深刻地揭示了"官逼民反"的道理，描写的108位英雄出身各异，既有贫苦的渔民、猎户、农民、小市民，也有小官吏、军官和地主，他们都因不堪忍受统治者的剥削和压迫而奋起反抗、聚义梁山，塑造了很多英雄人物，如宋江、晁盖、吴用、卢俊义、武松、林冲、鲁智深、李逵、杨志等，他们以"忠义"为行动准则，扛起了反抗专制统治的大旗。这些英雄人物有超人的气度，武松可以徒手打虎，鲁智深可以倒拔杨柳，但同时，这些英雄也食人间烟火，是生活在现实之中的，这样就将传奇性与现实性结合起来了，增强了作品的生活气息和真实感。《水浒传》整部小说的语言是口语化的，标志着中国古代运用白话创作小说已趋成熟。

　　《西游记》是明代出现的神话小说，由吴承恩在唐代高僧玄奘远赴天竺取经的故事上加工而成。小说主要内容有两部分：一是孙悟空出世、学艺及大闹天宫；二是孙悟空与猪八戒、沙僧保护唐僧往西天取经。贯穿全书的中心人物是石猴孙悟空，他机智勇敢，尚侠行义，正直无私。《西游记》作为一部神魔小说，既不是直接抒写现实生活，又不类于上古的原始神话，在神幻奇异的故事之中，诙谐滑稽的笔墨之外，寓含着深刻的人生哲理。

　　在明清小说中，最为人称道的是曹雪芹批阅十载、增删五次都未能完成的《红楼梦》。该书堪称中国古代文学伟大巨著，也是古代文学的光辉总结。鲁迅在《中国小说的历史的变迁》中说："自有《红楼梦》出来以后，传统的思想和写法都打破了。"《红楼梦》以贾府这个累世公侯的封建官僚家庭由盛转衰的过程为主干，深刻地揭示了封建社会必然走向没落的历史命运。该书对封建社会的政治制度、宗法制度、科举制度、婚姻制度等进行了大胆的否定和批判，成功地塑造了贾宝玉、林黛玉这一对封建官僚家庭的叛逆者形象。贾府的统治者把重振家业的希望寄托在聪明灵慧的宝玉身上，可是宝玉却顽强地逃避既定的封建贵族人生道路。他对封建家庭的反抗既是为了追求恋爱自由，也是出于对整个封建制度及思想体系的厌恶。他还彻底否定"男尊女卑"的封建观念，把全部热情倾注在不幸的女性身上。林黛玉作为一个寄人篱下的贵族小姐，不但以清高孤傲的举动维护着自己的尊严，而且勇敢地追求爱情，在价值观念上都持与宝玉相似的观点。站在宝、黛对立面的则是以贾母、贾政为首的封建家长，他们有的道貌岸然、虚伪冷酷，有的凶狠阴险、荒淫无耻，是日益走向灭亡的腐朽势力的艺术象征。《红楼梦》一方面凝聚着传统文化的精华，它发扬了崇尚理性追求真善美的精神，并以审美观点使家庭日常生活升华进入诗的意境；另一方面又体现了对传统文化尤其是对重群体轻个体的价值取向的深刻反思，对新的社会力量和新的文化类型提出了朦胧的希望。曹雪芹的"满纸荒唐言，一把辛酸泪。都云作者痴，谁解其中味"已经成为世界人民共同的精神财富（见图5-10）。

图 5-10　1987 年版电视连续剧《红楼梦》海报

# 第四节　中国古代文学的美学精神

## 一、"直视现实"的人文精神

中国古代文学具有特别鲜明的人文色彩和理性精神。即使在上古神话中，中华民族的先民所崇拜的也大多不是天上的神灵，而是具有神奇力量并建立了丰功伟绩的人间英雄。在整个中国古代文学中，无论是抒情文学还是叙事文学，作家关注的总是现实世界中的悲欢离合而不是属于彼岸的天堂地狱。例如唐代诗人，大都以满腔热情去拥抱人生，且不说讴歌边塞题材的高适、岑参和关心民间疾苦的白居易、元稹，即使是喜爱刻画鬼神世界的李贺，其实也以对黑暗现实的憎恶反衬着对美好人间的向往。明清的著名小说都以社会现实生活为主要题材，即使是神话小说《西游记》也不例外，同样寄托了人民反抗社会邪恶势力的理想，因为那些妖魔全都贪婪凶狠，残害百姓，有的还与天上神佛沾亲带故，显然是人间邪恶势力的象征。

## 二、"文以载道"的教化功能

"修身、齐家、治国、平天下"的儒家思想影响着一代又一代中国文人，"兼济天下"与"独善其身"互补的人生价值取向是他们的共同心态。在这种背景下，"文"只是手段，"道"才是目的，"文以载道"的教化功能贯穿在整个文学创作中。早在春秋战国时期，儒家就积极提倡诗教，以文学作为推行教化的有力工具，这种传统被后世文人继承并且发扬光大，成为整个古代文学的基本精神。

"文以载道"的思想强调文学的教化功能，为文学注入了政治热情、进取精神和社会使命感，使作家重视国家、人民的群体利益，即使在纯属个人抒情的作品中也时刻不忘积极有为的人生追求。例如著名爱国诗人杜甫面对安史之乱的动荡，深切关注百姓苦难，心系国家安危。即便是浪迹五岳、神游九州的李白，也在诗中强烈地表达了追求建功立业、实现人生价值的理想。至于唐宋古文运动的巨大成就，更是在"文以载道"思想的直接指导下取得的创作实绩。

## 三、"情景交融"的意境神韵

从《诗经》开始，中国古代的抒情文学便在含蓄隽永中深藏诗意般的情愫，即使是叙事文学，也洋溢着浓厚的抒情色彩。正是抒情性质使中国古代文学在写物手法上借鉴了绘画中的写意手法，将心中万千情愫融于山水云烟间，例如唐代王维、孟浩然的山水田园诗以抒情手段虚化了即目所见的景象，他们诗中的山水田园其实是其宁静心境和淡泊志趣的外化，是诗人心灵的记录，更是古代中国社会的生动图卷。中国古代文学追求的艺术境界不是真实而是空灵，不是形似而是神似，诗人在抒写内心情感时，总是委婉曲折、含蓄深沉。情感宣泄的适度与表现方式的简约使中国古代文学在总体上具有含蕴丰富、意味隽永的艺术特征，具有情景交融的意境神韵之美！

**思考题：**

1．按照内容，《诗经》可分为哪些类别？

2．简述司马迁的《史记》及其文学地位。

3．宋词有哪些流派？代表人物和代表作品分别是哪些？背诵至少 6 首。

查看答案

**我的思维导图**

请选择本章中的某一内容为核心词,自行绘制一幅思维导图。要求:层次清晰、图文精练。

# 第六章　生动的气韵

## "游"的艺术

"游心内运"与"神游象外"是中国古代艺术创作的核心命题之一。庄子在《人间世》中说过"超然世外，欲乘物以游心"。中国古代艺术以多样的形式、深刻的内涵、丰富的想象力和创造力体现着中国文化的民族特色和中国人民的精神气质。无论是戏曲艺术中故事性的代入、虚实相生的表现手法，还是音乐艺术中"俯仰自得，游心太玄"的文人气质，抑或是书画艺术中"澄怀味象"与"涤除玄鉴"带来的怡身、畅神之感，中国古代艺术所蕴含的传统文化，不仅有着强烈的历史继承性，而且具有鲜活的现实性。学习中国古代艺术，对深刻认识我们民族自身，了解历史，认清现状，以理性的态度和务实的精神去面对学习生活、创造中华民族的美好未来，无疑具有重要的意义。

## 第一节：粉墨登场：戏曲

梅兰芳是我国杰出的京剧大师，"四大名旦"之首，同时也是享有国际盛誉的表演艺术家，其表演体系被推为"世界三大表演体系"之一。京剧旦行立派也是从"梅派"开始的，京剧行当中梅兰芳最擅长演的是"旦"，故梅兰芳是中国旦角创艺立派的第一人。

京剧中把女性统称为"旦"，其中按照人物的年龄、性格又可再细分，饰演大家闺秀和有身份的妇女称为"正旦"，正旦在京剧中俗称"青衣"，因正旦所扮演的角色常穿青色的长衫而得名。京剧《窦娥冤》中的女主角窦娥就是典型的青衣角色。青衣庄重娴静，秀雅柔婉，以唱功为主，一般来说，青衣的唱腔旋律优美，细腻婉转。

梅兰芳通过不断的努力，集京剧旦角艺术之大成，融青衣、花旦、刀马旦行当为一炉，创造出独特的表演形式和唱腔，世称"梅派"，影响很大。

## 一、国粹精华：京剧

2010年11月16日，京剧被列入"人类非物质文化遗产代表作名录"。谈到京剧的形成，还要追溯到清代康熙末年至道光年间。当时用昆山腔演唱的传奇因语言典雅、旋律优美，被称为"雅部"，而其他地方的戏被称为"花部"。历史上著名的"花雅之争"，第一次出现在乾隆首次下江南巡视时路过的扬州。扬州的盐商们为博得皇帝的欢心，令各地戏班齐聚扬州，造成了花雅两部的直接竞争。第二次"花雅之争"则出现在北京，影响最大的是徽班进京同雅部的竞争，最突出的是安徽来的以"二黄腔"闻名的三庆班。随后，一些徽班也相继进京，最后形成三庆、四喜、春台、和春称霸京城曲坛的局面，这就是历史上著名的"四大徽班"。最后，湖北的戏班带着"西皮腔"来到了北京，同安徽的二黄腔相结合，产生了一种新的唱腔，即"皮黄腔"，也称京剧。

京剧在语言上融入了北京语言的特征，有自己的一整套曲调板式（如慢板、快板、散板），还形成了依照不同剧情的变化构筑自己板式变化的曲调旋律。在角色行当上，除了生、旦以外，老生、小生、武生、老旦、武旦、小旦、净、丑都形成了各自的表演程式，并由此出现了一批擅长不同行当的京剧演员。谭鑫培就是当时著名的老生和武生演员。1905年，中国第一部电影《定军山》就是由谭鑫培主演的，这是一部戏曲片段，演出地点在北京的丰泰照相馆。除此之外，还有最为著名的京剧四大名旦：梅兰芳、程砚秋、尚小云和荀慧生（见图6-1）。京剧剧目多取材于《三国演义》《封神演义》《隋唐演义》《水浒传》等古典小说，较为经典的京剧剧目代表有《搜孤救孤》《四郎探母》《失空斩》《恶虎村》等。

**图6-1　四大名旦**

## 二、时代变奏：古代戏曲的发展

与西方艺术诞生于"狄奥尼索斯"般的酒神迷狂精神不同，中国古代的艺术虽也有一定的祭祀传统，但在更多意义上是起源于劳动的。上古的舞蹈动作亦是对劳动动作的模仿，古代艺术的进步同社会的发展和生产力水平的提高有很大关联。各种舞蹈、乐歌的内容和形式也随着时代生产力的进步而发生着改变。在西周和春秋战国时期，祭祀歌舞已经有了故事性，还出现了一种以滑稽语言和动作来博得观众欢乐的角色——"俳优"。先秦之后，娱乐性歌舞便成为主要的歌舞形式。汉代流行一种与蚩尤有关的表演艺术形式——"角抵戏"（见图6-2），出现了武术竞技的成分和极强的戏剧故事性。到了唐代，出现了以说白为主、以讽谏时事为内容的"参军戏"，除此之外，"唐传奇"（一种文言短篇小说）、"俗讲"（一种叙事性很强的说唱艺术）、"变文"（俗讲的底本）、"话本"（说话人所用的底本）等艺术形式的出现，反映了表演艺术自身的发展和漫长的交流融合，为宋元南戏和元杂剧的兴起打下了坚实的基础。

**图 6-2　角抵戏**

南戏是戏曲史上第一种成熟的戏曲形式，它产生于北宋中叶，最初形成于温州一带。南戏的角色有 7 个，即生、旦、净、末、丑、外、贴，其中以生、旦为主要角色。南戏的作者大都为当时的下层文人或民间艺人，他们被称为"书会才人"。在现存的南戏中，当以《荆钗记》《白兔记》《拜月亭》《杀狗记》《琵琶记》等 5 种影响最大，前 4 种在明清时期被称为"四大南戏"。南戏产生不久，在今天的河北、山西一带也形成了一种北方成熟的戏曲形式，即北曲杂剧（元杂剧）。历史上最具代表性的"元曲四大家"及其代表作品是关汉卿《窦娥冤》、马致远《汉宫秋》、郑光祖《倩女离魂》、白朴《梧桐雨》，王实甫的《西厢记》也有很大的影响。

在宋元南戏、北曲杂剧的基础之上，明清传奇在艺术体制、角色分工、曲调组合等方面更为完善。最具代表性的作家和作品有梁辰鱼《浣纱记》、汤显祖《牡丹亭》、洪昇《长生殿》、孔尚任《桃花扇》。汤显祖一生作有《牡丹亭》《邯郸记》《南柯记》《紫钗记》《紫箫记》5 部，其中，前 4 部剧被称作"临川四梦"。

## 三、古典意蕴：戏曲的美学特征

综合性、程式性、虚拟性和写意性，是中国戏曲的主要艺术特征。这些特征凝聚着中国传统文化的美学思想精髓，构成了独特的戏剧观，使中国戏曲在世界戏曲文化的大舞台上闪耀着独特的艺术光辉。

综合性。中国戏曲是一种高度综合的民族艺术。这种综合性不仅表现在它融汇各个艺术门类（诸如舞蹈、杂技等）生出新意，还体现在它技艺精湛、内涵丰厚的表演艺术上。各种不同的艺术因素与表演艺术紧密结合，通过演员的表演实现戏曲的全部功能。其中，唱、念、做、打在演员身上的有机构成，便是戏曲的综合性的最集中、最突出的体现。唱，指唱腔技法，讲求"字正腔圆"；念，即念白，是朗诵技法，要求严格，所谓"千斤话白四两唱"；做，指做功，是身段和表情技法；打，指表演中的武打动作，是在中国传统武术基础上形成的舞蹈化武术技巧组合。这四种表演技法有时相互衔接，有时相互交叉，构成方式视剧情需要而定，综合起来体现出和谐之美，充满着音乐节奏感。中国戏曲是以唱、念、做、打的综合表演为中心的富有形式美的戏剧形式。

程式性。程式是戏曲反映生活的表现形式，是指对生活动作的规范化、舞蹈化表演并被重复使用。程式直接或间接来源于生活，但它又是按照一定的规范对生活进行提炼、概括、美化而形成的，是一种美的典范。这里凝聚着古往今来艺术家们的心血，又成为新一代演员进行艺术再创造的起点，戏曲表演艺术代代相传。戏曲表演中的关门、推窗、上马、登舟、上楼等，皆有固定的程式。除了表演程式外，戏曲的剧本形式、角色行当、音乐唱腔、化妆服装等各个方面，都有一定的程式。优秀的艺术家能够突破程式的某些局限，创造出自己具有个性化的规范艺术。

虚拟性与写意性。戏曲创造了以虚拟为主、虚实相生的舞台方法。这样，舞台有限的空间和时间，就成了不固定的、自由的、流动的空间和时间。舞台时空的转换十分自由，给演员提供了施展才华的足够空间，使表演带有浓厚的歌舞性、丰富的动作性，因而适合观赏，也培养了观众对戏曲舞台上规定场景的欣赏习惯。无论角色处于什么样的环境，都可以用演员这种时空虚拟的程式，使观众一目了然：角色没有上场，舞台上一片空白；角色一上场，舞台上便有了某个环境的存在；角色全下了场即"净场"，则某个环境又虚去；角色也可通过舞台调度和动作或伴随说明性的唱念，当场表现时空的流动及转换，即所谓"景随人移"。

总之，中国戏曲主要由民间歌舞、说唱和滑稽戏三种不同艺术形式综合而成。它起源于原始歌舞，是一种历史悠久的综合舞台艺术样式。经过汉、唐到宋、金才形成比较完整的戏曲艺术，它由文学、音乐、舞蹈、美术、武术、杂技及表演艺术综合而成，有360多个种类。它的特点是将众多艺术形式以一种标准聚合在一起，在共同具有的性质中体现其各自的个性。经过长期的发展演变，逐步形成了以京剧、越剧、黄梅戏、评剧、豫剧五大戏曲剧种为核心的中华戏曲百花苑。

# 第二节　高山流水：音乐

《列子·汤问》中有一个关于"高山流水"的典故。据说伯牙是个很有地位的人，一天他来到泰山脚下，遇到大雨，于是就躲到一个山崖下，而那里正有一个打柴的樵夫。伯牙为了消磨时间，于是就拿出琴来演奏。他看到巍峨的泰山，不自觉地便在琴音中表现了泰山的崔嵬高峻，这时那个樵夫说："巍巍乎志在高山！"感叹音乐所表达的内容。

伯牙听了很意外，于是又在音乐中表现了浩浩汤汤的流水，这时樵夫又说："洋洋兮志在流水。"不管伯牙换什么样的曲子，樵夫都能准确地指出他演奏的内容。伯牙非常感叹，以樵夫为自己的知音，两人成了好朋友，这个樵夫就是钟子期。

后来钟子期死了，伯牙觉得世上再也没有人能懂他的琴音，就把琴摔碎了。后人对此非常感叹，并据此创作了《高山流水》，以表达意境恬淡高邈的知音之情。

## 一、国宝档案——曾侯乙墓编钟

周代音乐文化高度发达的成就，以1978年湖北随县出土的战国曾侯乙墓葬中的古乐器为重要标志，其中最具代表性的古乐器非"曾侯乙墓编钟"（见图6-3）莫属。据统计，曾侯乙墓共出土了140件青铜器，65件青铜编钟，以及4500多件青铜兵器，总重量超过10吨。曾侯乙墓为考古界带来诸多发现：首先，青铜器在当时是非常贵重的东西，它的铸造不仅需要采矿，而且需要冶炼。考古专家推测，夏商周时期之所以频繁迁都，一个重要原因就是寻找铜、铁、锡等矿石，这样才能通过繁杂的手工艺技术铸造成艺术品，成为王公贵族彰显身份的重要标志。其次，部分青铜器上还刻有文字或符号，先人们通过铸造在青铜器上的金文，延续和传递着中国的文化血脉。最后，自然的血缘关系被提升为神圣的仪式和信仰。

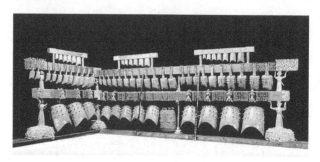

图6-3　曾侯乙墓编钟

曾侯乙墓编钟上面清楚地记载了宫、商、角、徵、羽5个古音，即我们今天所唱的 do、re、mi、so、la（没有 fa 和 xi）。整个编钟的音域十分宽广且富有变化，共有5个八度，只比现代钢琴少1个八度。曾侯乙墓编钟分上、中、下三层编列，由19个钮钟、45个甬钟，外加楚惠王送的一件大镈钟共65件组成。全套钟的装饰，有人、兽、龙、花和几何形纹，采用了圆雕、浮雕、阴刻、彩绘等多种技法，以赤、黑、黄色与青铜本色相映衬，显得庄重肃穆，精美壮观。编钟不仅可以独奏，而且可以合奏和伴奏，演奏时由3个乐工双手各执丁字形木槌，分别敲击中层3个组的甬钟，另有2名乐工各执一根大木棒，分别撞击下层低音甬钟，配以和声，起烘托气氛的作用。曾侯乙墓编钟的出现标志着我国的音乐文化和铸造技术在当时已经发展到相当高的水平，它比欧洲十二平均律的键盘乐器的出现要早将近2000年。在编钟出土后的40多年里，曾侯乙墓编钟总共演奏过三次：第一次奏响是在1978年出土后不久，演奏了《东方红》等曲目；第二次奏响是1984年，在北京中南海怀仁堂，为各国驻华大使演奏了中国古曲《春江花月夜》和创作曲目《楚殇》，以及《欢乐颂》等中外名曲；第三次奏响是1997年，为迎接香港回归，著名作曲家谭盾创作了大型交响乐《1997：天·地·人》，经中央特批，破例使用编钟原件采音录制。

## 二、一唱三叹：古代音乐的发展

### （一）新石器时期：概念初成

在距今9000年至7500年的河南省舞阳县的贾湖遗址中，考古发现了骨笛。作为淮河流域迄今所知年代最早的新石器文化遗存，贾湖骨笛被认定为世界上最早的管乐器。分属于贾湖早、中、晚三个时期的20多支五孔、六孔、七孔和八孔骨笛，材质为鹤类的翅骨。经专家研究，已具备了四声、五声、六声和七声音阶。骨笛的出现，说明当时的贾湖人已经有了音节、音程的概念，这对认识古代音律乃至整个贾湖遗址所处的仰韶文化圈都有着重要的作用。

### （二）先秦时期：类型多样

身处奴隶制社会的夏商两代，乐舞渐渐告别了关于神灵、图腾的崇拜，转向歌颂人对自然的征服，如《大夏》就是歌颂夏禹治水、造福百姓的故事。商代还出现了编钟、编铙、陶埙等乐器，奠定了中国民乐中五声音阶的基础。西周时期建立了完备的礼乐制度，不同的身份地位有不同的舞队编制和规模，如天子为"八佾之舞"，诸侯为"六佾之舞"等。除此之外，西周还不断总结前代的典章乐舞，大量搜集民歌、观民俗、察民情，经过孔子及其弟子的编纂，创作了中国第一部诗歌总集——《诗经》。《诗经》也叫"诗三百"，它收录了西周初年到春秋中叶的乐歌，按照体裁可分为"风""雅""颂"三部分。"风"即为国风，是从周南、召南、邶、鄘、卫、王、郑、齐、魏、唐、秦、陈、桧、曹、豳这15个地方采集的民歌，《诗经》中记载了160篇，比较著名的篇目有《关雎》《蒹葭》《桃夭》等。"雅"是指王公贵族的"正声"，一般分为"大雅"和"小雅"。其中大雅31篇，小雅74篇，大雅为歌功颂德之作，小雅多讽刺之声，著名的篇目如《采薇》《鹿鸣》《江汉》等。"颂"即为祭祀和歌颂一类的乐曲，分为周颂、鲁颂和商颂，著名的篇目有《我将》《有客》《玄鸟》等。除风、雅、颂三种体裁外，还有赋、比、兴三种表现手法。"赋"是平铺直叙，是最基本的表现手法，即"敷陈其事而直言之也"。"比"即"以彼物比此物也"，也就是常说的比喻。"兴"是指"先言他物以引起所咏之词也"，即起兴，托物言志。风、雅、颂和赋、比、兴在中国文学史上被统称为"诗经六义"。在《诗经》成书前后，爱国诗人屈原根据楚地的祭祀歌曲编纂的《九歌》中创造了大量神的形象，描写人神或神灵间的眷恋，表现出深切的思念或所求未遂的伤感，极具历史和艺术价值。

### （三）秦汉时期：民歌

秦汉时期，出现了大量在宴享、祭祀、朝贺等场合的演奏，配套演唱的歌词，被称为乐府诗。著名的"乐府双璧"——《孔雀东南飞》和《木兰诗》，一首是古乐府民歌，一首是北朝民歌，且都是叙事长诗。它们都以其深刻的社会思想意义和极高的艺术成就，为历代文人所推崇。汉代最主要的歌曲形式是"相和大曲"，它不仅对隋唐的歌舞大曲有重要影响，而且从"一唱三和"的清唱发展为有乐器的伴奏，再到后来在军队、宫宴、民间演奏。除此之外，汉代还有将歌舞、杂技、角抵戏合在一起的"百戏"出现。

### （四）隋唐时期：诗乐同行

隋唐时期，政局相对稳定，"三教并行"，文化开明。西域音乐传入，外族和外国人入境居住、参政做官、通婚联姻，法律地位平等，文化开放互融，社会呈现出兼容并包的宏大气魄。唐代，近体诗进入鼎盛时期。古体诗和近体诗全面发展，出现了李白、杜甫、白居易等伟大诗人。中国诗歌同音乐有着非常密切的联系，两者关系的发展变化经历了"乐府从诗""采诗入乐"和"倚声填词"三个阶段。"倚声填词"是诗与乐各自经过长期的发展演变，在新的历史条件下重新进行的一种更为高级的形态组合。当时歌伎曾以能歌名家诗为荣，诗人也以自己的诗作入乐后的流传程度来衡量自己的写作水平。唐代宫廷宴享音乐被称作"燕乐"，风靡一时的唐代歌舞大曲在燕乐中独树一帜。此外，唐代还出现了教坊、梨园、大乐署、鼓吹署等一系列的音乐教育机构。

（五）宋金元时期：勾栏瓦舍

到了宋金元时期，市民文化兴起，一些城市专门建造了许多民间表演的艺术场所，称为"瓦舍"。每个瓦舍内有很多看棚和勾栏，看棚是观众席，勾栏是艺人表演的舞台，即"勾栏瓦舍"。这一时期有多种不同的音乐风格和表演形式。相比汉代的"相和大曲"与隋唐时期的歌舞大曲，这一时期大曲的故事性得到了进一步的加强。使大曲成了戏曲曲调的来源之一。诸宫调和唱赚都是当时在宋朝流行的说唱艺术形式，对戏曲曲调的联套形式产生了重大影响。此外，宋代的傀儡表演和影戏表演等艺术形式，在勾栏瓦舍同台演出，互相融合，将一种综合性的舞台表演形式推上了历史舞台，为宋元南戏和元杂剧的发展打下了坚实的基础。

（六）明清时期：说唱艺术

明清时期的社会已暗含着资本主义的萌芽，音乐的发展也渐渐有往世俗化转变的倾向。这一时期音乐的最大特点是私人收集编辑，刊刻小曲成风，从民歌小曲到唱本、戏文、琴曲，均有私人刊本问世。除此之外，这一时期的说唱艺术大放异彩，尤以苏州弹词影响最大。少数民族也出现了一些说唱曲，如"蒙古说书"、白族的大本曲等。明清戏曲音乐出现了新的发展高峰。明初四大声腔有海盐、余姚、弋阳、昆山诸腔，其中的昆山腔经由江苏太仓魏良辅等人的改革，以曲调细腻流畅，发音讲究字头、字腹、字尾而赢得人们的喜爱。昆山腔又经过南北曲的汇流，形成了被称为戏曲之冠的昆剧。最早的昆剧剧目是明代梁辰鱼的《浣纱记》，其余重要的剧目有明代汤显祖的《牡丹亭》、清代洪昇的《长生殿》等。

# 三、弦外之音：古代音乐的美学特征

中国古代音乐不仅有祭祀音乐、宫廷音乐，而且包含了声乐、独奏器乐和民乐等类型。中国的乐器强调品性，体现人与乐器相融合的独特文人意识，常常和士大夫淡泊之心的心境相结合。嵇康诗"目送归鸿，手挥五弦。俯仰自得，游心太玄"即是文人淡泊之心真实的写照。无论是古琴、箜篌、琵琶、洞箫抑或其他乐器，古人常常是用这些器乐以表达内心的情志。音乐既"乐而不淫，哀而不伤"，又"发乎情，止乎礼"，给人以气韵生动、天人合一的意境之美。

# 第三节 游云惊龙：书画

1937 年，日本侵略军占领了北平。国画大师齐白石坚持闭门不出，并在门口贴出告示，上书："中外长官要买白石之画者，用代表人可矣，不必亲驾到门。从来官不入民家，官入民家，主人不利。谨此告知，恕不接见。"齐白石还嫌不够，又画了一幅画来表明自己的心迹。画面很特殊，一般人画翡翠鸟时，都让它站在石头或荷茎上，窥视着水面上的鱼儿；齐白石却一反常态，不去画水面上的鲟鱼，而画深水中的虾，并在画上题字："从来画翡翠者必画鱼，余独画虾，虾不浮，翡翠奈何？"齐白石闭门谢客，自喻为虾，并把做官的汉奸与日本人比作翡翠鸟，意义深，发人深思。

## 一、"书圣"——王羲之与《兰亭序》

王羲之是东晋时期著名的书法家，有"书圣"之称，在书法史上，王羲之与其子王献之合称为"二王"。王羲之的代表作《兰亭序》（又名《兰亭集序》，见图 6-4）被誉为"天下第一行书"。（永和九年，岁在癸丑，暮春之初，会于会稽山阴之兰亭，修禊事也。群贤毕至，少长咸集。此地有崇山峻岭，茂林修竹，又有清流激湍，映带左右。引以为流觞曲水，列坐其次。虽无丝竹管弦之盛，一觞一咏，亦足以畅叙幽情……）《兰亭集》写于王羲之 50 岁时。因王羲之为《兰亭集序》书写序文手稿，故曰《兰亭集序》。序中记叙兰亭周围山水之美和聚会的欢乐之情，抒发作者对好景不长、生死无常的感慨。唐朝时，唐太宗命虞世南、欧阳询、褚遂良等钩摹数本，以冯承素为首的弘文馆拓书人也奉命将原迹摹成了副本，现在流传的冯承素摹本，存于故宫博物院。《兰亭集序》共 28 行，324 字，章法、结构、笔法都很完美，其中"之"字有 21 个，每个"之"字形态各异，出于天成。作者的气度、胸怀、情感、境界在作品中得到了充分的展现。古人用"清风出袖，明月入怀"来形容王羲之精湛的书法功力。世人也常用曹植《洛神赋》中的"翩若惊鸿，婉若游龙。荣曜秋菊，华茂春松。仿佛兮若轻云之蔽月，飘飘兮若流风之回雪"来赞美王羲之的书法之美。整部作品突显了兰亭集会的盛况，体现出一种怡然自乐的旷达心境。与此同时，作者将喜"静"与喜"躁"之人的性格进行比较，突出了其喜悲无常、白驹过隙、自然造化的思想。最后，作品还批判了东晋风流之士不切实际，大谈虚无，并以"死生亦大矣"的观点来警醒"后之览者"，可谓境界悠远，意味深长。

图6-4　《兰亭集序》摹本

## 二、波澜壮阔：古代书画史

### （一）书法史

中国书法历史悠久，书体沿革流变，书法艺术异彩纷呈。从甲骨文、金文演变为大篆、小篆、隶书，至东汉、魏、晋的草书、楷书、行书诸体，书法一直散发着独特的艺术魅力。秦始皇统一六国之后，丞相李斯主持统一全国文字。到了西汉，篆书向隶书蜕变，字体结构横向趋势明显，线条波磔也更加明显，笔法上也突破了中锋运笔。汉代碑刻的盛行，是汉隶成熟的重要标志，尤以《石门颂》最为著名。汉代创兴草书，标志着书法家可以依据自身个性自由地抒发个体情感，这在书法艺术的发展史上具有重大意义，代表人物有崔瑗、张芝、杜度等。除此之外，这一时期书写工具的改进、笔墨技巧的成熟、书法理论著作的出现，让书法艺术的形式和内容均有了极大的发展。三国时期，钟繇所创的楷书成为书法艺术的主体。两晋是中国书法艺术最鼎盛的时期，这一时期在"雅量""品目"等追求恬淡、中和之美的生活观念和生命哲学之下，出现了王羲之的《兰亭序》、王献之的《洛神赋帖》、陆机的《平复帖》等作品，这一时期以《伯远帖》（王珣）、《快雪时晴帖》（王羲之）、《中秋帖》（王献之）为代表的"三希帖"代表着两晋书法鼎盛时期的风景。南北朝时期的书法进入北碑南帖时代，此时书法以魏碑最胜。结束南北朝的混乱局面，隋朝统一中国，之后的唐朝也是中国历史上较为安定的时期，北碑南帖发展至隋而混合同流，正式完成楷书之形式，居书史承先启后之地位。唐代书法艺术可分初唐、中唐、晚唐三个时期。初唐以继承为主，尊重法度，刻意追求晋代书法的劲美。中唐不断创新，极为昌盛。晚唐书艺亦有发展。各时期的代表人物：初唐的欧阳询、虞世南、褚遂良，中唐的颜真卿、柳公权，晚唐的王文秉、李鹗、杨凝式。宋朝在理学思想的影响下，书法渐渐趋向一种尚意抒情的新面目，重哲理、重意境、书卷气、风格化成为这一时期书法艺术的典型特征。其中，最具代表性的人物莫过于"宋四家"了，苏轼、黄庭坚、米芾和蔡襄凸显着一种标新立异的姿态，给人一种焕然一新的审美意境。这样的意境在南宋的吴说、陆游、范成大、朱熹、文天祥等书家中进一步得到延伸。元代书法家的集大成者是赵孟頫，他所创立的楷书"赵体"与唐楷之欧体、颜体、柳体并称"四体"，成为后代临摹的主要书体。明末与清，美学主潮以抒情扬理为旗帜，追求个性与发扬理性互相结合，正统的古典美学与求异的新型美学并盛。清代书法的总体倾向是尚质，同时分为帖学与碑学两大发展时期。无论是"浪漫派"徐渭、"帖学派"董其昌，还是"碑学派"郑燮都有明显表现，又与戏曲小说中的市民性、世俗风相通。

### （二）绘画史

#### 1. 秦汉时期：形神兼备

先秦绘画在一些古籍中已有记载，如周代宫殿、明堂、庙祠绘画中的人物，战国漆器、青铜器纹饰和帛画等，也都达到较高的水平。到了秦汉时期，中央集权制国家建立，政治生活中各种雄伟壮丽、骄奢靡丽的场景在绘画中占据了主导，尤其是一些壁画对宫殿、衙署、府第、学校、祠庙、坟墓等场景的刻画，以及帛画中的车马、阁楼、植物等元素的融入，并结合盘古开天、女娲补天等神话故事，起到了臣僚励志、恶以惩戒、善以示后的政教目的。出土于湖南长沙马王堆 1 号、3 号西汉墓中的帛画（见图 6-5），是西汉帛画艺术的顶峰之作。此画的意图是祈求死者的灵魂升天，通过对墓主人尊贵仪容和庄严富态的神情刻画，展现了汉代肖像画高度的写实水平。帛画中

图 6-5　马王堆帛画

的另一大特色莫过于对奇幻浪漫的想象力的追求，尤其是一些动物形象和拟人化的神灵形象，显示出汉代画师高超的创造才能和浪漫情怀。另外，汉代的墓室壁画、画像石、画像砖亦是汉代美术的重要实物资料，它们体现着汉代"席卷天下、包举宇内"的气魄，如同司马相如的汉赋一般形神兼备、神采飞扬。

### 2. 魏晋时期：佛教绘画、"六法论"及"澄怀味象"

魏晋六朝是中国绘画的形成期。随着佛教的兴盛，中国绘画在这一时期呈现出了一些新的特点，这一时期的敦煌莫高窟、山西云冈石窟、河南龙门石窟等一大批佛教艺术石窟和画佛像的名家，对我国民族传统艺术产生了重大影响。佛教思想中的因果轮回、善恶果报的思想在绘画艺术中充分显现。这些故事和主题契合了南北朝这个动荡分裂的苦难时代百姓的生活和心理的需要，更使人们在黑暗的现实中寄希望于虚幻的彼岸世界，盼望"舍己为人"的救世主的出现。悲剧性的主题和内生需求将佛祖的神圣、睿智和超然的精神力量彰显得熠熠生辉。这一时期的人物画在继承汉代人物画的基础上有新的发展，不仅注重传神，而且"线的艺术"在理论和实践上进一步得到深入。而宣扬儒家思想的"三皇五帝""忠孝节义""祥瑞之兆"的题材占据重要地位。与此同时，以反映世俗生活为蓝本的体现新思潮、反映老庄思想与清谈玄学和佛教理念的人物画也开始出现。魏晋时期重要的画家是曹不兴和卫协。曹不兴擅长画佛像，他非常注重比例和想象，曾在屏风上以误落的墨点绘一蝇，据说孙权竟用手去弹。而卫协的绘画突破了粗略奔放的汉画风格，技法细如蛛丝，但苍劲有力，对人物的内在气质把握细腻，开创了南朝至唐初人物画的风格模式。谢赫曾在《古画品录》中评论说："古画皆略，至协始精。"到了南朝，玄学的风气与绘画领域中"传神写照"理论的建立，以及人物品藻之风的形成有很大关联。顾恺之继承并发扬了卫协的艺术风格，线条绵密遒劲，优美流畅，行云流水，富有节奏。顾恺之注重人物的"传神写照"，即不但注重人物外在的神情姿态动作的自然生动，而且善于表现人物的精神和性格。其代表作有《女史箴图》《洛神赋图》。除顾恺之外，这一时期在人物画创作和理论探索上有影响的画家还有戴逵、陆探微、张僧繇、谢赫等。

生活在南齐时代的谢赫所著的《古画名录》是一部评论体的绘画史籍，其中最重要的是他提出的品画标准，即"六法论"。谢赫说："六法者何？一，气韵生动是也；二，古法用笔是也；三，应物象形是也；四，随类赋彩是也；五，经营位置是也；六，传移模写是也。""六法"是相互关联的有机整体，尤其是"气韵生动"，被看作品画的最高美学标准，是"六法之本"。可以说，谢赫的"气韵生动"是对顾恺之"传神写照"的继承与发展。谢赫把顾恺之的"神"以"气"代之。"气"不仅是艺术本源的一个范畴，而且是艺术家的生命力和创造力的一个范畴，也是艺术生命的一个范畴。中国美学的"元气论"着眼于整个宇宙、历史、人生，着眼于整个"造化自然"。王羲之的"仰观宇宙之大，俯察品类之盛"，嵇康的"目送归鸿，手挥五弦。俯仰自得，游心太玄"，杜甫的"乾坤万里眼，时序百年心"，都表明了这一点。

北朝绘画艺术的创作相比南朝而言略显消沉，除了宗教美术得到了较大的发展外，知名的画家也为数甚少，蒋少游、杨子华、曹仲达是其代表，但他们都无一件原作或摹本流传下来。

这一时期绘画的另一大集成为山水画，其中宗炳和王徽是山水画论的代表。尤其是宗炳在其作品《画山水序》中提出了"澄怀味象"的重要命题。这一命题概括了主客体之间的审美关系，继承并发展了老子的"涤除玄鉴"和庄子的"心斋""坐忘"。宗炳认为，观者必须有一个旷达的审美心胸，这样才会有审美观照，必须"以玄对山水"。只有这样，山水画才能"怡身""畅神"，给人审美愉悦，即"圣人以神法道""山水以形媚道"，而观者须"目亦同应，心亦俱会"。"畅神"打破了"成教化，助人伦"一统天下的局面，丰富了中国绘画的理论体系。王徽的《叙画》主张不求自然和形似的真实，而要经过提炼、加工、概括，表达景物的内在精神，从而实现情景交融、自然与精神的合一，获得自然真实的美感。

### 3. 隋唐五代：灿烂而求备

到了隋唐五代，随着经济的繁荣和文化的包容，中国古代文化艺术不仅得到了复兴，还有所发展和创新。这一时期的文化艺术对外交流频繁，吸收和融合频繁。尤其是唐代，"灿烂而求备"的艺术作品构成了中国绘画建构模式的时代。中国传统绘画中的各个门类均以独立的姿态立于画坛，技法风格日趋完善。人物画、宗教绘画、花鸟画、殿宇陵墓壁画等绘画形式出现了崭新的面貌，这一时期的画论、画史著作也对后世产生了深远的影响。

人物画和宗教人物画是隋唐绘画的主流，取得的成就最为辉煌。这一类型的人物画从内容上看大多反映王公贵族的生活，表现当权者的"威严"或"柔姿卓态，尽幽闲之雅容"，题材多为豪华的出游、打猎、车马楼阁等。唐代的人物画在风格上逐渐趋于雄健，并融合了西域美术的一些画法技巧。初唐画家的代表是阎立本，其代表作《步辇图》《历代帝王图》继承了魏晋时期"以形写神"的艺术传统，线条苍劲有力，着色浓重沉稳，不仅在外形上描绘得十分逼真，而且非常注重人物的心理刻画，在当时的画坛上有很高的声誉。盛唐时期，"画圣"吴道子是宗教人物画的代表，尤其以宗教壁画和寺观壁画最为典型，所画"变相人物，奇踪异状，无有同者"（《唐朝名画录》），代表作品有《送子天王图》《四天王木函彩画》等。除了吴道子的宗教绘画以外，张萱和周昉的仕女图也是盛唐时期风俗画的代表之一。张萱最擅长画妇女和婴儿，他的《虢国夫人游春图》《捣练图》不仅注重女性雍容华贵的气质，而且注意人物和景物的位置及配合。周昉笔下的仕女有"丰厚为体""衣裳简劲，彩色柔丽"的特点，体现了中晚唐时期官僚贵族的审美情趣，代表作有《簪花仕女图》《挥扇仕女图》《调琴啜茗图》等。到了晚唐时期，由于社会处于动荡之中，上层贵族在物质追求的享受中发出最后一丝"喘息"，雍容华贵、世俗人物的主题退居历史舞台，闲情逸致的生活、名流雅士的趣味成为主流，代表作品有孙位的《高逸图》。此外，这一时期的山水画也逐渐走向成熟，尤其以展子虔的《游春图》、王维的《江山雪霁图》、李思训的《江帆楼阁图》、关仝的《关山行旅图》、巨然的《秋山问道图》最负盛名。另外，唐代的花鸟杂画也是一大特色，尤其是以曹霸、韩干为代表的画马名家（如韩幹的《照夜白图》），以及以韩滉、戴崇为代表的画牛名家（如韩滉的《五牛图》），还有以黄筌、徐熙为代表的花鸟画家（如黄筌的《写生珍禽图》）等。唐朝的绘画理论也有较大发展，尤其是关于绘画的"品论"，对"意"和"笔"的关系、"色"与"墨"的关系也有重新的认识。张彦远的《历代名画记》是我国第一部系统、完整的关于绘画艺术的通史。

### 4. 宋代绘画：神逸之争

宋代绘画对中国绘画的贡献是前所未有的，无论是绘画的审美范式还是绘画语言、绘画技法，对后世都产生了极其深远的影响。宋代画坛上一个很重要的现象是院体画和文人画的对立。院体画一般是适应帝王将相的需要，以宫廷、花鸟、山水为题材，讲究华丽大气又不失细腻，形神兼备又不失法度。而文人画主要是宋代的士大夫追求风雅志趣、体现文化修养的寄兴抒情之作，偏重竹、梅、花、树等内容，反对过于形似的描摹，主张反映自身的主观情感、趋于平淡清新的艺术风格。院体画和文人画的对峙在宋代画论中掀起了一场"神逸之争"。即以"神品"为第一、"逸品"为第二，反映的是宫廷的审美观；以"逸品"为第一、"神品"为第二，

图 6-6　《溪山行旅图》

反映的是士大夫的审美观。宋代文人"寄至味于淡泊"，他们创造的文人画离形得似，唯心所出。宋代的山水画主要围绕"外师造化，中得心源"的境界来展开，这也是区别于西方写实风景画的根本所在。中国绘画的散点透视与西方绘画的焦点透视也是重要区别之一。在山水画的创作上，李成的《读碑窠石图》、范宽的《溪山行旅图》（见图 6-6）、郭熙的《早春图》、王希孟的《千里江山图》（见图 6-7）、马远的《踏歌图》、夏圭的《溪山清远图》是其代表。宋代的山水画善于"因心造境"，具有一种超自然观念的意味，这与古人"博涉经史"、讲究"内游"和内心"感悟"密切相关。中国山水画中所蕴含的这种"彼岸性"正是它与西方风景画的根本分野所在。宋代的花鸟画和人物画艺术成就也颇高。宋徽宗不仅擅长"瘦金体"书法，而且擅长画花鸟，如《柳鸦芦雁图》。除此之外，崔白的《双喜图》、文同的《墨竹图》、苏轼的《枯木怪石图》也是宋代花鸟画的代表。宋代人物画中最著名的莫过于张择端的《清明

上河图》（见图6-8）。张择端是宋徽宗时期供职于翰林书画院的画师，尤其擅长画城郭、桥梁、舟车、市井等物象。在此画中，北宋都城汴京（今河南开封）清明节时汴河两岸的风光、各阶层人物的生活状况和社会风貌都一一展现，表达了作者对汴梁生活的赞美。整幅画不仅具有极高的艺术价值，而且具有极珍贵的史料价值，被现代美术史家称作"中国古代的现实主义杰作"。除张择端的《清明上河图》外，这一时期的人物画还有武宗元的《朝元仙仗图》、李公麟的《五马图》、李唐的《采薇图》、梁楷的《泼墨仙人图》等。

图6-7　《千里江山图》局部

图6-8　《清明上河图》局部

#### 5. 元代绘画：文人画

到了元代，随着政权更替、政局动荡，绘画呈现出了和宋代完全不同的特点。宋代的院体画到了元代渐渐衰微，反倒是文人画在元代画坛占据着显著地位。元代前期，赵孟頫的出现对后世影响巨大，尤其是他在书画诗文等方面的才能。他力主"作画贵有古意"，认为运笔技术书画同法，反对宋代院体画。他的代表作《鹊华秋色图》笔法严谨，意境清幽舒爽、温润雅致，颇有书法意味。除赵孟頫外，黄公望、吴镇、倪瓒、王蒙四人的创作集中体现了元代山水画的最高成就。他们均强调诗书画印的有机结合，托物言志、状物寄情，是典型的文人画风格。代表作品有黄公望的《富春山居图》、吴镇的《渔父图》、倪瓒的《渔庄秋霁图》、王蒙的《青卞隐居图》等。此外，以钱选、王渊为代表的元代花鸟图，也是这一时期的典型绘画风格。他们继承了苏轼、米芾等文人画的基础，继承并发展占主流地位的水墨花鸟画，大都借梅兰竹菊"四君子"来比喻君子之德。代表作品有王渊的《桃竹锦鸡图》、王冕的《墨梅图》。元代画论十分注重文人画的诗书画印合而为一，这是元代绘画的一大贡献。除此之外，元代画家也特别注重通过墨戏式的绘画表达主观感情，这种感情在很大程度上是一种"内游"的体验。此外，黄公望的《写山水诀》、王冕的《梅谱》、李衎的《竹谱录》等绘画理论著作，也在很大程度上反映了文人画的技法和审美要求。

### 6. 明代绘画：吴门画派

明代恢复了被元代废弃的宫廷画院，但无论是规模还是质量，都不及宋代的翰林书画院。此时期的高峰之作依旧是文人画。其中，在美术史上颇具盛名的就是"吴门画派"。"吴门画派"以苏州为中心，他们大多属于兼具诗书画才能的文人名士，他们厌恶仕进，悠游林下，以诗书文画自娱。沈周、文徵明、唐寅、仇英这四人合称"吴门四家"，又被称为"明四家"。他们的画风以标士气、精笔墨、尚意趣为目标，致力于宁静典雅、蕴蓄风流的风格，进而体现自得其乐的精神生活。代表作品有沈周的《庐山高图轴》、文徵明的《霜柯竹石图》、唐寅的《秋风纨扇图》、仇英的《修竹仕女图》等。明代最著名的画论莫过于董其昌提出的"南北宗论"。他把佛教"北宗"所谓的"渐修"与南宗所谓的"顿悟"套用到绘画风格的内涵里，推崇表达文人世界观中的审美意趣的水墨写意画风，即"求神似于形似之外，取生意于形似之中"，这体现了明代对文人画注重性灵意趣的偏爱。

### 7. 清代绘画：流派纷争

清代绘画如同在封建大一统体制下的争斗一样，画坛出现了流派纷争、百花齐放的状态。清代美术在保守和革新的不同思想的斗争中出现了强调传统的"四王"，即以王时敏、王鉴、王原祁、王翚为代表的"四王"画派，他们主张摹古仿古，强调继承传统，强调创作但不重写生，放弃对现实生活的直接反映与表现。"四王"与另外两位画家吴历、恽寿平并称为"清初六家"。他们的代表作品有王时敏的《仙山楼阁图》、王鉴的《梦境图轴》、王原祁的《仿高房山云山图》、王翚的《仿古山水册》、吴历的《雨歇遥天图》、恽寿平的《牵牛花》。此外，朱耷、石涛、髡残、弘仁四位遁迹空门的画家被称作"四僧"。他们心怀亡国之痛，在笔墨之中抒发激越、压抑的情感，绘画不拘古法，纵情恣肆，有着强烈的个性。代表作品有朱耷的《鸟石图页》、石涛的《山水画册》、髡残的《苍翠凌天图》、弘仁的《雨余柳色图》。明末清初，在南京地区聚集了一批画家，其中龚贤、樊圻、吴宏、邹喆、谢荪、叶欣、高岑、胡慥八人，被称为"金陵八家"。他们既向传统学习，又不断革新，博采众长，为我所用。他们强调用硬直笔，线条细劲，注重墨色的浓淡层次，轮廓准确而清晰，时而又加入短线和点皴，融入水墨亮点，整体和谐，富有节奏变化。这一时期还非常注重对外交流和中西融合。康熙五十四年（1714），意大利画家郎世宁来到中国，供奉内廷，他带来的西方绘画中的凹凸、透视等写实技法与中国传统艺术相结合，体现出了对新风格的探索。郎世宁的代表作《平安春信图》就将中国传统文化中的平安如意与其擅长的西洋人物肖像画相结合。他的其他代表作品有《英骥子图》《弘历观画图轴》等。

## 三、气韵生动：古代书画的美学特征

书法在中国文化当中的地位举足轻重，它不仅是中国汉字特有的一种传统艺术，还象征了人之美和宇宙之美。汉字书法为中华民族独创的表现艺术，被誉为"无言的诗，无形的舞；无图的画，无声的乐"。书法还通过"六书"（即汉字的六种造字之法：象形、指事、会意、形声、转注、假借）传递着汉字的音、意、形，具有很强的形式意味。书法在字体上有篆、隶、楷、行、草五类，从书法艺术本体上来说还包括笔法、字法、构法、章法、墨法、笔势等内容，而且内在包含着中国传统的美学理论，比如书法如何表现中国传统文化中的"气""线""骨""道"等传统艺术的精神。

宗白华说，西方艺术整体风格的变化可以从建筑的变化上显示出来，而中国建筑各时代的变化不明显，但中国有各时代美学特征各异的书法，可以代替西方建筑的功用。中国古代建筑，尤其是屋檐各角的"起翘""反宇""凹曲屋面"的设计，以及屋顶坡度由陡转平，加上出檐的效果，在视觉上给人造成一种飞扬的印象。如果我们从"文化符号"的角度，把汉代前后的视觉因素加以分析，在建筑、器物、书法上出现的"水平"与"波磔"或许不是一个偶然，这样一种内在的互文关系，的确有着中华文化日积月累的情感。蒋勋在《美的沉思》中说，建筑的反宇、起翘几乎是和隶书一起发展出来的，在那稳定的水平两端加以微微的上扬，不仅是出于"上反宇以盖戴，激日景而纳光"（班固《西都赋》）这样实用的目的，更包容了汉民族独特的审美意愿。书法家创作的过程，亦是一种"悟"和"道"的过程，中国传统文化认为，宇宙是一个气的宇宙，与气的宇宙相吻合的是线的艺术。书法的线之流动犹如天地之气的流动。气之流行而成物，线之流动而成字。书法之线的世界与宇宙之气的世界都有一个相似的同构。中国的艺术形式，无论是舞蹈的身体线条、建筑的边边角角、文学的线性叙事还是书法的横竖撇捺，无不体现着中国艺术中线之美的特色。可以说，书法艺术的内在精神推动着书法艺术的创造者和审美者在传统文化的内在熏陶和外在呈现下不断向前，最终，在为"人"的主体性中寻找一个合适的位置。而中国的书法艺术，又同中国的文字、书写的工具、文化思想的表达共同形成了一个独特的艺术世界。

　　中国绘画十分注重整体意识和体积意识。中国画否认有一个最后视点，只有以散点透视的"游目"，通过仰观俯察、远近往还才能味象观道。书画家可以用文化宇宙法则的心灵去组织对象，站在一个宏伟的高度去"妙悟神思"。此外，中国绘画注重诗书画印的有机结合，尽显文人之风。在此基础之上，还注重"遗貌取神""离形得似"，注重山水花鸟人物的内在表达，即一种"内游"的体验。最后，中国绘画十分注重空间层次，用游目式的笔、色、墨，以线的浓淡枯湿来形成，尤其是中国的水墨画，还借用光的效应来体现淡妆浓抹的层次，而墨的皴法对空间深度和立体事物都有巨大的表现力。

　　思考题：

　　1. 结合具体事例，阐述如何理解中国古代书画艺术是"线的艺术"。

　　2. 为什么说"气韵生动"可以作为中国艺术精神的总概括？

　　3. 简述中国古代文人画的发展脉络。

查看答案

**我的思维导图**

请选择本章中的某一内容为核心词，自行绘制一幅思维导图。要求：层次清晰、图文精练。

# 第七章　丰澹的意境

## "和"的艺术

中国古代艺术源远流长。一万多年前的山顶洞人在打制石器的过程中逐步培养起造型技能，他们通过制作装饰品，逐渐萌发出艺术审美观念。进入以磨制石器为代表的新石器时代之后，仰韶半坡彩陶、马家窑彩陶的出现，成为原始造型艺术、雕塑艺术、绘画艺术的滥觞。一方面，从原始社会人们构巢而居开始，逐渐由穴居转为地上建筑，到战国至南北朝时期的高台建筑、汉代的建寺立塔、隋唐的集群建筑、宋代的装饰建筑、元明清的宗教建筑，这一系列的建筑形式在中国的建筑史上形成了一条清晰的发展脉络。另一方面，作为世界三大园林系统的中华园林在发展过程中逐渐形成了自然园林和皇家园林两种类型，并将中国传统文学、书法、绘画的艺术创作构思融入其中，体现出了独特的审美倾向和风格特点。中国古代的建筑和园林体现了人与自然的和谐、技术和艺术的紧密结合，天人合一，以及中正平和等古典美学的思想，对当今中国艺术的发展有重要启发。

## 第一节　巧夺天工：陶瓷

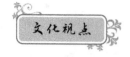

文化视点

在向焞《陶业记事》的美人祭别解中，讲述了一个这样的故事：在明朝的时候，御器厂接到皇帝的旨意，要造出一种鲜红颜色的瓷器。御器厂的总管就命令窑工们去烧制，经过多次实验都失败了。窑工们遭到一次又一次的鞭笞，并接到限期完成的命令，否则要被送进牢狱甚至被处死。窑工们个个为此愁得吃不下饭，睡不着觉，终日惶恐，怕大祸即将降临。

有个老窑工，回到家中唉声叹气。他的独生女儿问他："爹爹何事犯愁？"开始他不肯说，后被再三追问，才不得不说出实情。女儿也同父亲一样着急起来，但她生性聪明，从小听说过烧窑的技术，便问老父亲说："经过那么多次失败，可摸索出是什么原因？"老窑工回答："还摸不准，很有可能是窑温不够，烧不上去。"女儿安慰父亲好好休息，她自己却苦思冥想了一晚。第二天，老窑工一大早到窑上去了。这时，聪明的女儿也已想好了办法。将近晌午时光，她梳洗打扮了一番，便以探望老爹爹为由，只身来到窑上。只见众人正在忙碌，老窑工注视着窑火，紧锁双眉。女儿悄悄地站在老父亲的身边，老窑工却没发觉。烧窑工中有人叫："师傅，火还没有烧上去，怎么办？"老窑工还未来得及回答，但听一声娇叱："快闪开！"就在众人一愣的时刻，只见红光一闪，女儿已纵身跳进窑门。

等到老窑工和其他人回过神来，窑内早已腾起了熊熊烈火，越烧越旺，老窑工和其他人都泪流满面，失声痛哭。老窑工的女儿牺牲了，但这次窑却烧得很成功。开窑时，一只只釉色殷红、晶莹润泽的好瓷器就像是少女般红的血把它染红的。窑工们都说这是为孝女的精诚所感，为了纪念她，便将这种"牺牲"叫作"美人祭"。后来窑工封窑门，也用砖砌成女儿的形象。还因这种红釉，很像少女饮酒后脸上的红晕，故人们又把它叫作"美人醉"。

## 一、瓷器与"China"

大概没有一个民族像中国人这样热爱泥土，在文明微露的曙光中，即以大量绚烂动人的土制陶器表明了她的特性。陶器在人类发展的历史进程中意义重大。从器物的装饰来划分，陶器可以分为素陶、印文陶、彩陶、黑陶等。其中，彩陶文化成熟较早，按照彩陶的器型和纹饰分类，最突出的两种类型为半坡彩陶和庙底沟彩陶，其代表有彩陶鱼纹盆、人面鱼纹彩陶盆、花瓣纹彩陶盆等。而新石器时代中晚期最具代表性的莫过于在今甘肃、青海一带的马家窑文化。其按不同的地域和时间，可以分为石岭下、马家窑、半山、马厂四个类型。这些彩陶具有一些共同的艺术特征：首先是实用性和审美性的紧密结合；其次是彩绘笔法放纵洒脱，不拘泥于细节，具有古朴绚烂的艺术特点。其实，仰韶、马家窑的某些几何纹样已经比较清晰地表明，它们是由动物形象的写实而逐渐变为抽象化、符号化的。由再现（模拟）到表现（抽象化），由写实到符号化，这正是一个由内容到形式的积淀过程。即是说，在后世看来似乎只是"美观""装饰"而并无具体含义和内容的抽象几何纹样，其实在当年却是有着非常重要的内容和含义，即具有重要的原始巫术礼仪的图腾含义。

中国瓷器起源于3000多年前,是从陶器发展演变而成的,是中国古代劳动人民重要的发明。谢肇淛在《五杂组》中记载:"今俗语窑器谓之磁器者,盖磁州窑最多,故相延名之,如银称米提,墨称腴糜之类也。"这是迄今发现最早使用"瓷器"称谓的史料。由此可知,"窑器"这一名称后被"瓷器"取代,当从"磁州窑"而来。到了东汉时期,古人就在昌南镇(现景德镇)建造窑坊,烧制陶瓷。到了唐朝,昌南土质好,人们又吸收了南方青瓷和北方白瓷的优点创制出一种青白瓷。青白瓷晶莹滋润,有"假玉器"的美称,因而远近闻名,并大量出口欧洲。18世纪以前,欧洲人还不会制造瓷器,因此中国瓷器特别是昌南镇的精美瓷器很受欢迎,欧洲人以能获得一件昌南镇瓷器为荣。就这样,欧洲人就以"昌南"作为瓷器(china)和生产瓷器的"中国"(China)的代称,久而久之,欧洲人把昌南的本义忘却了,只记得它是"瓷器",即"中国"了。

不可否认,瓷器从古至今都是我国经济文化对外输出交流的一个重要渠道,体现着我国辉煌的历史文化和智慧。瓷器烧制过程复杂,各项技术要求较高,瓷器本身结实耐用,相对轻巧、形状各异,在世界贸易中拥有较高的经济价值和文化价值。中国瓷器和制瓷技术的对外传播,是中国人民同世界各国人民友好往来的历史见证。

## 二、百花齐放:古代陶瓷的发展史

### (一)秦及以前:原始瓷器

到了青铜时代,制陶工艺杰出的成就是刻纹白陶和青釉器皿。商代中期出现的青釉器皿,由于其质地和温度的限制,还不能称为真正的瓷器,因此又称作原始瓷器或釉陶。原始瓷器是商周制陶工艺的一大发明,也是中国制陶业的转折点,在中国制瓷工艺史上占有重要位置。

秦代的制陶工艺相较于春秋战国时期有了很大的发展。从陕西临潼秦俑坑出土的兵马俑来看,其形体高大,造型完整,陶质坚硬,说明从陶土的选料、塑造的技法、烧制的技术等方面都有了很大的进步。西汉晚期出现了低温铅釉陶,利用铜和铁作着色剂,铅作助溶剂,在氧化氛围中烧制而成,开创了我国低温釉陶大量生产的先河。汉代是我国陶瓷工艺史上从陶到瓷的孕育渐至成熟的阶段。商周以来的"原始瓷器",到西汉时期已经有了进一步的发展,并且这一时期已经出现了青瓷和黑瓷。原始瓷器发展为真正的瓷器,是我国古代人民对人类文明的一项伟大贡献。

### （二）魏晋时期：莲花尊

青瓷的日渐成熟，使陶瓷工艺在魏晋南北朝时期得到了进一步的发展，各种日用青瓷器皿和青瓷"明器"在江苏南京、宜兴等地都有不少遗存。北方的青瓷虽然起步较晚，但河北景县封氏墓出土的著名青瓷莲花尊（见图7-1）是这一时期最具代表性的作品。这一时期的青瓷继承了传统朴素的特点，不以纹饰为主，而以造型和釉色取长。青瓷莲花尊在我国南北朝时非常流行，均器形高大，釉色青绿，整器将刻画、浮雕、堆塑、模印、粘贴等多种技法融于一体，纹饰繁复，上下辉映，它们代表了南北朝时期制瓷的最高工艺水平。浮雕莲瓣是莲花尊的重要造型特征，俯视莲花尊可见向外伸展的层层莲瓣宛如盛开的莲花，具有较强的宗教意义。

图 7-1　莲花尊

### （三）唐代：唐三彩

到了隋唐时期，随着手工业、农业的进一步发展，以及中外文化交流的频繁，工艺美术取得了较大的进步，尤其是唐代，瓷器"至唐而始有窑名"。唐代的陶瓷中最重要的是青瓷、白瓷和唐三彩。唐代越窑（今江浙一带）青瓷在烧制中对"长石釉"的破解，克服了釉汁不匀的缺点，产生了一种细腻光柔的效果。由于越窑青瓷色彩鲜丽动人，精品进贡，庶民不得使用，故又称"秘色瓷"。在唐代，河北境内的邢窑白瓷与越窑的青瓷并称"天下无贵贱通用之"，邢窑的白瓷质地白润，"洁白如玉"。唐三彩陶器在唐代多为殉葬的明器，器型有人物、鸟兽、车马等形象，其釉彩浓淡深浅，交相辉映，斑驳淋漓，具有一种天然绚烂的效果。唐三彩是唐代一种低温烧制的工艺珍品，釉彩主要以黄、绿、白三色为主，人们习惯称之为"唐三彩"。唐代始兴厚葬之风，并讲究以三彩明器作为陪葬品，故而唐三彩多作为明器随葬在达官贵人的墓中。唐三彩的制造历史在唐代不过七八十年，但其艺术价值、文化价值却在世界范围内得到了肯定。其代表作品有《三彩仕女》《三彩蓝釉白斑马》《唐骑驼乐舞三彩俑》等。晚唐开始，唐三彩、邢窑白瓷、越窑青瓷等艺术品被运往世界各国，充分体现了唐朝时期的精神面貌和艺术精华。

### （四）宋代的"五大名窑"

宋代是中国陶瓷发展史上最重要的时期，生产规模、制作技术、艺术水平都达到了空前的高度。宋代"五大名窑"使中国的瓷器工艺享誉海内外。定窑，在定州一带（今河北境内），所产瓷器胎质坚细，器体很薄，有毛口和泪痕等特征。汝窑，在汝州一带（今河南境内），是宋代北方著名青瓷窑。宋人评青瓷以汝窑为第一。汝窑釉质清莹，胎薄，高雅古朴，别有韵味。官窑于北宋末年设于开封，专烧宫廷用瓷，胎土呈铁色，釉色以粉青为代表，往往有蟹爪纹的自然开片。钧窑，因在钧州一带（今河南境内）而得名，钧瓷属青瓷，色釉呈乳浊现象，宋代首创在釉中加入适当的铜，烧成玫瑰紫、海棠红等红色釉，美如晚霞。哥窑，南宋时浙江一带有兄弟二人，各主一窑，兄所烧者为"哥窑"，弟者曰"弟窑"。哥窑釉片形如冰裂，纹片呈黄黑二色，有"金丝铁线"之称。

（五）明朝的白瓷与清朝的"珐琅彩"

陶瓷工艺在明代又进入一个新的阶段。景德镇、宜兴、龙泉、佛山等都是产瓷中心。如果说在明代以前我国陶瓷的釉色是以青瓷为主，那么明代以后则主要是白瓷。白瓷的发展改变了唐宋时期流行的刻花、划花、印花等方法，改以绘画的装饰为主，主要是青花、五彩等技法，代表作品有《白釉烛台》《青花麒麟纹盘》等。清代康雍年间，人们把西洋的珐琅料绘在瓷胎上，称之为"瓷胎画珐琅"或"画珐琅瓷"，这就是珐琅彩瓷，代表作品有《珐琅彩团花蝴蝶图碗》。雍正年间，粉彩瓷器发展迅速，用彩较厚，具有一定的立体感，色彩明快淡雅，代表作品为《粉彩人物笔筒》。清代瓷器，集历代烧瓷之大成并创造性地加以发展，达到了中国瓷器烧造的历史高峰。

## 三、韵味无穷：古代陶瓷的美学价值

中国彩陶有两个特点：一是彩陶图案从具象到抽象的过程与中国文化观念的演进同步；二是彩陶图案的结构特点与中国美学的基本法则相合。无论是中国古人对自然的崇拜，还是对神灵及帝王的敬重，彩陶图案都由具象到抽象、由实到虚地应和了这一思想轨迹。彩陶的绘制自然而然地形成了移动的散点透视，它让人们在移动的过程中，通过"有限"的圆面体会到一种"无尽"的意味，"游目"的方式充满着丰富的想象力和无尽的创造力。彩陶的创造和观赏也是按照中国传统的"俯观仰察"的方式进行的。

中国的瓷器"青如天，明如镜，薄如纸，声如磬"，"滋润细媚有细纹"。瓷器的发明过程也体现了我国古人对大自然的热爱和向往、信仰和崇拜，体现出"天人合一"的精神。另外，我国的陶瓷技术大多与艺术紧密结合，在继承传统的基础上，大胆创新，形成了颇具民族特色和个人特色的风格。在表现手法上用夸张、变形、写意等手法，具有较强的艺术审美价值，活跃着无穷的生命律动，韵味无穷。

# 第二节　天人合一：建筑

当初修建紫禁城的时候，明朝永乐皇帝朱棣，打算把宫殿的总间数定为一万间，可是就在他传下圣旨后的第五天晚上，他做了一个梦。他梦见自己被玉皇大帝召到了天宫的凌霄殿，只见玉皇大帝满脸怒气，永乐皇帝不知道是怎么回事，后来一问才知道，是因为天宫的宫殿数也是一万间。

第二天，永乐皇帝连忙传旨将刘伯温召进宫，把自己昨晚所做的梦从头至尾说了一遍。刘伯温听了也是一愣："玉皇大帝可是惹不得的，就听他的吧。既然他的天宫是一万间，那么咱就建造九千九百九十九间半吧。这样，既保住了玉帝的面子，又不失皇家的气派。"永乐皇帝听了，觉得很有道理，就同意了。

刘伯温说出九千九百九十九间半的时候，心里一哆嗦，其实这宫里的殿堂数并非真的是九千九百九十九间半。原来，他到各地采购木料、石料时，看到老百姓的日子越过越苦，可皇上却大兴土木，要花多少银子呀！于是他有意把设计好的图纸改了，这样一来就少建了几百间，实际建成的是 8000 多间。他想，这紫禁城大了去了，这殿堂到底有多少，谁数得过来呀，我说是多少就是多少，于是刘伯温就向朱棣报了九千九百九十九间半，永乐皇帝信以为真，还重赏了他许多金银。

从那以后，"紫禁城有房屋九千九百九十九间半"的说法就传开了，当然，数字并不确切，只是个传说而已。实际上，目前故宫里殿、宫、堂、楼、斋、轩、阁总的间数是 8707 间，而那传说中的半间房就在清代存放《四库全书》的文渊阁的西边。

## 一、皇家典范——故宫

在我国封建社会，历代帝王为了维护其王权的威严，满足骄奢的生活享乐，往往利用专制的绝对权力调动众多的人力和物力，大兴土木营建各种宫室殿堂。这其中，规模最大、技术高度集中且保存至今的皇家宫殿为明清故宫（见图7-2）。故宫始建于明朝永乐四年（1406），历时 14 年竣工。经过清代修缮，故宫基本保持原来的格局。整个宫殿规模宏大，造型精美，是中国古典建筑的完美体现。宫殿的核心部分是紫禁城，这是皇帝主要的政治活动场所，也是皇帝眷属居住地。故宫占地72万多平方米，以皇帝处理政务的三大殿——太和殿、中和殿、保和殿为主。前有太和门，两侧有文华殿和武英殿两组宫殿；内廷居住地有后三宫——乾清宫、交泰宫、坤宁宫；它的两侧是供皇妃居住的东六宫和西六宫，即我们现在所说的"三宫六院"。故宫的总体布局突出体现了封建礼制，以及皇帝的绝对权威。整个宫城建造围绕着突出封建帝王的政治权力而展开，以一条南北走向的中轴线作为主干，具有严肃整齐的布局特点，艺术手法集中了传统建筑的最高成就。箭楼、步廊、衙署、坛庙、石桥、华表、大殿、宫室等以木结构为主，以砖石垒成，雕梁画栋，华丽辉煌。由故宫向四方展开的皇城面积是故宫宫城的5倍，包围着紫禁城在内的左太庙和右社稷，以及故宫城以北的景山，以西的苑囿南海、北海，还有部分衙署、寺观和宅第。皇城南门称天安门，北门称地安门。

图7-2　故宫

　　故宫不但以整体布局、政治权力的彰显而闻名，其细部的装饰更是颇有一番韵味。古建筑屋顶的檐角通常要装饰不同数量的神兽，以故宫太和殿屋檐上的神兽为例，太和殿屋檐上的10个神兽分别为龙、凤、狮子、天马、海马、狻猊、狎鱼、獬豸、斗牛、行什（见图7-3）。龙是吉祥威严的化身，天子的象征，集各种动物的美德于一身，是万物之灵，威力无穷；凤是百鸟之王，象征着祥瑞和天下太平，人民生活安康，美满幸福；狮子是兽中之王，在佛教中为护法，象征忠诚、勇猛、威严；天马日行千里，追风逐日，凌空照地，是祥瑞之兽、忠勇之兽，象征着皇家威德通天；海马能入海入渊，逢凶化吉，是忠勇、祥瑞之兽，象征着皇家威德深可如海；"狻猊，食虎豹"，有赈灾降恶的寓意，为百兽率从；狎鱼外形似古代的"虬龙"，即有角的小龙，尾部带有鱼型尾鳍，是鱼与兽相结合的神兽，可赈灾防火，兴云作雨，是吉祥的化身；獬豸，据《异物志》载："东北荒中有兽，名獬豸，一角，性忠，见人斗则处不直者，闻人论咋不正者。"獬豸有主持公道的意思，是正义的化身，象征皇家的正直和无私；斗牛是传说中虬螭的化身，遇阴雨作云雾，常蜿蜒道旁，可赈灾防火、兴云作雨，能逢凶化吉；行什背插双翅，手持金刚宝杵，能降魔除妖，是传说中的雷震子，具有防雷和消灾免祸、惩恶扬善的超凡功力。行什的使用是个孤例，只出现在故宫太和殿屋顶上，是建筑至高无上等级地位的象征。

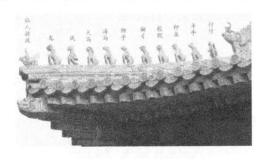

**图7-3　太和殿屋檐神兽**

唐宋时期，宫殿上只有一枚脊兽，以后逐渐增加了数目不等的蹲兽，到了清代，形成了今天常见的"仙人骑凤"领头的小动物队列形态。檐角最外侧是一个骑着凤的小人，俗称"仙人骑凤"，其后是一排小神兽，俗称"走兽"，走兽后面是一个较大的兽头，叫作垂兽。一前一后的仙人骑凤和垂兽是固定的，走兽的数量，是根据脊的长短和建筑的等级而定的。屋檐上的神兽数量和建筑的地位有直接的关联。明清两代有明确规定，全国除皇宫太和殿（金銮殿）的神兽用 10 个外，其他建筑上都要用奇数，数目因建筑的等级而相应增减。就故宫来说，太和殿用了 10 个，天下仅此一处，象征着皇权的至高无上；中和殿和保和殿只有 9 个，皇帝居住和处理日常政务的乾清宫，也用 9 个；坤宁宫原是皇后的寝宫，用 7 个；妃嫔居住的东西六宫，用 5 个；某些配殿，只用 3 个甚至 1 个；雍和宫各大殿上的神兽以法轮殿和万福阁为最，均为 7 个，因此二殿系寺院的中心建筑，神兽的数量是随着宫殿等级的抬升而逐渐增加的。在州县的建筑中，带有龙、凤的很少，神兽数目一般都在 5 个以下。宁远在清代是州级建制，古城城楼垂脊上有天马、海马、狮子 3 个跑兽，蓟辽督师府、城隍庙中也是如此，只有供奉孔子的文庙中主要建筑是 5 个跑兽。北京天安门、曲阜孔庙大成殿、承德外八庙大雄宝殿等建筑因其地位的神圣而有 9 个神兽。

## 二、别有洞天：古代建筑的发展

### （一）先秦时期：天圆地方

"天圆地方"是中国古代的宇宙观念。中国古代建筑，从有据可依的西安半坡圆形住房和大方形房屋开始，就一直与自己的文化观念和与之相应的审美趣味紧密相连。在原始社会中，定居农业的出现促进了建筑的发展。一开始就有了明显的地域风格，北方出现了穴居、半穴居和地面建筑，而南方也出现了较高的干栏式建筑。仰韶文化中的村落已经有了中心广场和集会所用的大房子，龙山文化中出现了单体建筑。到了夏商周时期，宫殿建筑已初具规模，并且庭院内部的门道、前堂、过廊、后堂等布局已比较明显。东周以后，建筑从单体构件到城市布局都有了很大进步，尤其是"台"的遗存。历史文献中已有纣王筑鹿台、周文王筑灵台的记载。在较高的台基上设置木结构的建筑，是中国古代宫室建筑的一个重要特征。这样一方面可以防潮、坚固基础，另一方面也体现了统治者的权威。除此之外，这一时期建筑的另两个特点是瓦屋的日趋广泛和斗拱的流行。瓦屋的流行是为了保护房檐上的檐头不受雨水侵蚀；斗拱是承托在横梁和立柱间的过渡部分，便于分散建筑物上部的重量，以有效地保护台基。

### （二）秦汉时期：民族特色

秦汉时期的建筑已经有了较为明显的民族风格。《诗经》中已有"作庙翼翼"的说法，说明当时的建筑已不单单是遮风挡雨的需要，人们对建筑已经有了审美需要。秦朝的房屋不但注重布局，而且已经讲究联系和主次之分了，集群性建筑体制得到进一步巩固，成为中国后世主要的建筑特征。秦一世、二世修建的阿房宫是秦朝建筑的典型代表，宫东西长1300米，南北宽400米，高7米，保有巨大的夯土台基，在唐朝著名诗人杜牧的《阿房宫赋》中有这样的记载："骊山北构而西折，直走咸阳。二川溶溶，流入宫墙。五步一楼，十步一阁。廊腰缦回，檐牙高啄。各抱地势，钩心斗角。盘盘焉，囷囷焉，蜂房水涡，矗不知其几千万落。长桥卧波，未云何龙？复道行空，不霁何虹？高低冥迷，不知西东。歌台暖响，春光融融。舞殿冷袖，风雨凄凄。一日之内，一宫之间，而气候不齐。"由此可见，中国古代宫殿有"高"（地势选择高于一般建筑）、"大"（所占空间多）、"深"（深宫院墙）、"庄"（以建筑沿中轴线对称排列和墙柱门的深红色显示出来的）的特点。除此之外，秦始皇的陵墓、为抵御北方匈奴等少数民族的侵扰而修筑的秦长城均为秦朝建筑的代表。瓦当是秦朝建筑中重要的装饰品之一。秦朝在统一六国前就出现了圆形瓦当，上面的纹饰除了云纹、叶纹、树纹、水纹、葵纹、花纹外，还有动物纹，如鹿、豹、"四兽"、鸟、蝉、鱼等纹，简洁鲜明，活泼有力。秦瓦当上也开始出现一些吉祥文字，具有代表性的有"维天降灵，延元万年，天下康宁""羽阳千秋"等。在秦始皇陵出土的夔纹大半圆瓦当（见图7-4），是目前所见瓦当中最大的一件。

图7-4　夔纹大半圆瓦当

"汉承秦制"，汉代在承袭前代建筑的基础上，又有了进一步的发展。无论是刘邦重修兴乐宫，还是惠帝刘盈完成了长安城的建设，抑或太初元年兴建的北宫、明光宫、建章宫，以及光武帝刘秀定都洛阳以后在原周代东都洛邑周城的基础上扩建的规模更大的都城，都体现了汉代建筑的发展规模和气魄。长安城内的未央宫是西汉皇帝的朝会场所，汉高祖在位时主持修建，现在长安城西南部还有未央宫前殿的遗址，宫内主要建筑基本上是采取中轴对称的群体布局，此处曾出土"长乐未央""长生无极"等字样的瓦当。汉代的瓦当图案更为丰富，尤以云瓦当最为流行，云瓦当的构图丰富多彩，为了增加装饰效果，出现了植物纹、昆虫纹、鸟兽纹的类型。而至今人们比较熟悉的莫过于鸟兽纹中的"四神"了。"四神"即四个方位神，以四种被神化的动物形象为代表，东方为青龙，南方为朱雀，西方为白虎，北方为玄武（蛇和龟的组合意象），这些被赋予神灵的动物充满着旺盛的生命力，艺术手法简洁朴素，形象生动传神。

秦汉时期的建筑，无论是在布局、结构上，还是在形制、装饰上，都基本形成了中国建筑体系的独特风格。在空间规模上，以相互联系、配合的群体建筑组合为特征，有主次之分，有对称均衡，又有整体的安排。一般情况下，较为重要的建筑都设置在纵轴线上，次要的房屋则安排在它左右的横轴线上，"寓多样于统一"，也成为中国建筑的重要艺术特征之一。东汉时期建造的白马寺是中国佛教寺庙建筑最早的记载。名山中的寺庙一般依地势随地赋形，一般有两殿或一殿，但进山后的漫长道路本身即为寺庙的延长。

（三）魏晋时期：佛教建筑

魏晋南北朝时期，最突出的建筑样式莫过于佛教建筑了。这一时期，佛教盛行，佛教建筑获得极大发展，其代表有塔、寺庙、石窟三大类。塔也称"浮屠"或"浮图"，即为了藏置佛的舍利和遗物而修建。河南登封嵩山南麓的嵩岳寺塔（见图7-5）是我国现存最早的砖塔，建于北魏正光元年（520）。塔的建筑，既受印度、东南亚造型风格的影响，又有我国民族独特的形式融合，形式多样，造型丰富。"南朝四百八十寺，多少楼台烟雨中"，杜牧这句诗也反映了南朝大修寺庙的盛况。寺庙在我国的建筑中渐渐延伸出宫殿式庙宇，包括天井、楼阁、回廊、花园等。总之，佛教建筑一般都是建在依山傍水、幽静秀雅的环境中，以求与尘世的相对隔离。佛教修行在于修心、修身，在封闭肃穆的环境下打禅修行，以便"明心见性"。佛教建筑和佛教精神有着内在的联系，这也是东方佛教建筑的一大特色。

**图7-5  嵩岳寺塔**

（四）隋唐时期：繁华都城

到了隋朝，隋文帝下令建造大兴城，继而营建东都洛阳，大规模修建宫殿和苑囿。河北赵县渡河上的安济桥（即赵州桥）（见图7-6）是隋朝匠师李春留下的宝贵建筑遗产，也是世界上最早的一座石砌空拱券桥。桥身的结构设计充分显示了当时工程力学的高度成就，其孔状桥身显示了古代建筑在艺术造型美上独特的创造力。

唐代在城建方面最具突出成就的是长安城。长安城是在隋大兴城的基础上扩建的，东西两部各有大商市，称东市和西市。全城居住区建有106坊，坊呈长方形，布局匀称，整个长安城规划严整。长安城中有三组大型宫殿群：太极宫、大明宫、兴庆宫。唐代的长安城城墙长达9721米，城宽达8651米，面积83平方千米，是当时世界上规模最大的城市。隋唐时期的佛教寺院逐渐中国化，除了主次分明、左右对称、前后呼应外，从唐代开始，寺院建筑基本上形成了所谓的"伽蓝七堂"制度，即山门、佛殿、法堂、僧堂、厨库、西净、浴室。隋唐的寺院以长安城、洛阳城中最为集中和盛大，最具代表性的是现位于山西省五台县的五台山南禅寺（见图7-7），它是我国现存最早的宗教木结构建筑。除此之外，隋唐时代的寺塔建筑还有西安兴教寺的玄奘塔、慈恩寺的大雁塔、荐福寺的小雁塔、山东济南的龙虎塔、云南大理崇圣寺的千寻塔等。唐代的陵墓一般沿袭汉代形制，方形覆斗式，这是受"天圆地方"的宇宙观念所影响。唐朝的陵墓一般采用"因山为穴""以山为陵"，而不采用人工夯筑的封土方式。整个陵区以陵体为中心，四周是正方的神墙，四面辟神门，透过其神秘的外表，可以看出古人对人生的思考、对来世的设想，从而解读出蕴藏在其中的文化心理特征。

图7-6　安济桥（赵州桥）

图7-7　五台山南禅寺

（五）宋代时期：华丽精巧

宋代废除里坊和夜禁制度，出现了灯火辉煌的夜市和草市，汴京成了不夜城。在建筑方面，街道和集市，以及规模宏大的寺观和众多的贵族庄园得以兴建。据文献记载，北宋宫殿的主要殿堂有些是"工"字殿形式，整个规模虽不如隋唐两朝宏大，但扩建时参照西京洛阳的唐朝宫殿，所以组群布局既规整又具有灵活华丽和精巧的特点。宋代宗教建筑以佛教建筑为主。现存最高的古塔是北宋年间建造的开元寺料敌塔，位于今天的河北定县，塔身为八角形，共11层，通高达84.2米。塔的外部各层门券上绘饰彩色的火焰图案，直至腰檐外口为止，比例匀称，结构精美。另外，晋祠圣母殿和鱼沼飞梁是宋代寺庙建筑的代表作。飞梁是殿前的方形鱼沼上一座平面为十字形的桥，四通口岸，富于园林情致，为中国古代寺观建筑的佳作。

### （六）元代时期：兼容并包

元代疆域辽阔，中西交流频繁，使元代文化具有兼容并包的特性。在建筑上，元代建筑汲取了多种文化因素：一是以汉族为主的中原文化，二是漠北各少数民族特别是蒙古族自己的草原文化，其中也部分地吸收了西域、欧洲和伊斯兰文化，这使元代建筑呈现出奇异的状态，产生了许多新的建筑样式。在都城建筑方面的贡献集中体现为元大都，它是明清北京城的前身。大都的主要干道之间有纵横交错的街巷、寺庙、衙署和店铺。居住区分布在街巷之间，全城分50坊，但已不是汉唐那样封闭式的坊。坊内达官贵人居多，坊四周街道平直宽阔。大都是方正平直而又整体规划的都市，胜过欧洲当时大部分的都城。马可·波罗曾对大都的建设感到惊讶。元代的宗教建筑也异常繁荣，如道教的典型建筑山西永济永乐宫、喇嘛教的代表建筑北京妙应寺白塔、伊斯兰教代表建筑福建泉州清净寺等。除此之外，元代科学家郭守敬曾主持修建大都司天台和河南登封测景台。

## 三、天地人和：古代建筑的美学特征

从严格意义上来说，中国传统建筑方面没有流派的划分，所形成的派系也是按照原住地居民长久以来形成不同风格的民居来划分的，其考虑最多的元素是当地降水、日照等气候条件。根据这种风格及用途来划分中国传统建筑，可以分为以下六大类：闽派、川派、皖派、京派、苏派、晋派。福建土楼是闽派建筑的代表，这一起源于唐朝兵营的建筑，一开始就形成了一种"自卫式"的居住形式，具有较强的防御作用，除此之外，福建土楼也体现了当地百姓"同宗同族"的思想，同一个祖先的子孙们在一幢土楼里形成一个独立的社会，一个大家族都住在土楼之中，形成自己的家族社会。2016年上映的漫画电影《大鱼海棠》所用的部分背景就是福建土楼。川派建筑的代表无疑为川西吊脚楼、侗族鼓楼、四川竹楼等形式。川西吊脚楼一般为虎坐形，属于半干栏式建筑，之所以悬空而建，很大一部分是缘于潮湿的气候，悬空可以防止毒蛇、野兽。吊脚楼中优雅的"丝檐"和宽绰的"走栏"使吊脚楼具有较强的民族特色。吊脚楼被称为巴楚文化的"活化石"。"皖"是安徽的简称，因此，皖派建筑也被称作“徽派建筑”。徽派建筑的最大特点莫过于青石白瓦、高堂深院和四水归堂了。此外，徽派建筑中使用砖、木、石等材质，并注重生动逼真的装饰效果。京派建筑中最具特点的莫过于四合院了，四合院非常注重平衡对称，有着吉祥如意、家和万事兴的寓意。四合院一般是北高南低，门开在南边，地势最高的正房一般住家中主掌大权的人，东厢房住老大或长子，西厢房住老幺或女子，南边地势最低的住杂役、仆人。四合院中的树木花卉栽植也很有讲究。一般情况下，“前不栽桑，后不栽柳，中间不留鬼拍手”，意思是说房子前面不宜栽种桑树，房子后面不宜栽种柳树，在院子里不要栽种杨树，而种植海棠、枣树、石榴、合欢等寓意较好的花卉树木。晋派建筑的代表陕北窑洞冬暖夏凉，地下窑洞的组合仍然保持着北方传统四合院的格局，有厨房和贮存粮食的仓库、饮水井和渗水井，以及饲养牲畜的棚栏，是一个舒适的地下庭院。窑洞在地段的利用、院落的划分、上下层的交通关系、采光通风和排水等方面都有很巧妙的处理方法。

西方的建筑形式大约从 18 世纪开始传入中国，如广州的“十三夷馆”、北京长春园中的西洋楼等。鸦片战争后，中国出现了大量西式建筑，主要是分布在沿海城市的外国使馆、洋行、教堂及外国人的住宅。20 世纪 20 年代以后，一批赴欧美学建筑的留学生陆续回国，使得欧美建筑迅速传播，同时，复古式建筑、保持传统造型和古典构图比例的建筑、装饰符号的建筑等一批不同样式的民族形式建筑也大量出现。这其中，最具代表性的建筑莫过于位于南京市紫金山南麓的中山陵（见图 7-8）。中山陵是中国近代伟大的民主革命先行者孙中山先生的陵寝及其附属纪念建筑群，面积 8 万余平方米。中山陵自 1926 年春动工，至 1929 年夏建成。中山陵建筑群的总体布局采取了中国传统陵墓建筑的模式，各幢单体建筑多保持清代古典形制，其平面设计的象征意识，祭堂空间造型的简洁，新材料、新技术的运用，又使得它具有现代风格。它庄严、宏伟、崇高、开放的空间氛围，凝聚着伟大的民主革命家孙中山先生的精神格调，以及人们对他的敬仰之情。

图7-8　中山陵

# 第三节　诗情画意：园林

去过苏州留园的人都会被仙苑停云馆前那三块太湖石所吸引。这三块石头是怎么来的呢？相传从前太湖边上有一户姓石的人家，祖祖辈辈都是出了名的石匠。某一年皇帝传旨，让各知府进贡天下最大最美的太湖石来装点御花园，这差事自然就落在石家头上了。祖孙三人拼尽一生所学雕凿的太湖石，皇帝却都不满意。官兵来逼索太湖石，把石爷爷、石老爹、孙子石小弟押到了太湖边，让他们下湖凿石。遭到拒绝后，官兵把爷仨全部杀害。爷仨死后变成了三块高大奇特的太湖石，知府一看立即叫人搬到船上，准备亲自往京城送石。船到湖心的时候，空中突然飞来一只白鹤，对船连叫三声，湖上立刻狂风骤起，波涛汹涌，那船一下就被扣进了湖底。之后，这风就停了，浪就止了。第二天，那三块奇特的太湖石又露出了水面。后来人们把它们运进了留园，保存到今，并分别给它们起了名字叫冠云峰、岫云峰、瑞云峰。

## 一、江南珍珠——留园

苏州留园（见图7-9）建于明代万历二十一年（1593），为太仆寺少卿徐泰时的私家园林，时人称东园，其时东园"宏丽轩举，前楼后厅，皆可醉客"。瑞云峰"妍巧甲于江南"，由叠山大师周时臣所堆之石屏，玲珑峭削，"如一幅山水横披画"。今中部池北、池西假山下部的黄石叠石，似为当年遗物。留园与拙政园、北京颐和园、承德避暑山庄并称为中国四大名园，1997年被联合国教科文组织列入世界遗产名录。留园以园内建筑布置精巧、奇石众多而知名，是清代建筑风格的代表。园以建筑艺术精湛著称，厅堂宽敞华丽，庭院富有变化，太湖石以冠云峰为最，有不出城郭而获山林之趣。其建筑空间处理精湛，各种艺术手法的运用，构成了有节奏有韵律的园林空间体系，成为世界闻名的建筑空间艺术处理的范例。留园分四部分，东部以建筑为主，中部为山水花园，西部是土石相间的大假山，北部则是田园风光。留园有三绝：冠云峰、五峰仙馆、雨过天晴图。

**图7-9　留园**

拙政园以大著称，留园则相反，面积极小，风格当然与拙政园的大气、深邃不可比拟。但是，留园的长处就在于它更注重对空间的利用。留园占地三十余亩，集住宅、祠堂、家庵、园林于一身。该园综合了江南造园艺术，并以建筑结构见长，善于运用大小、曲直、明暗、高低、收放等视觉原理，吸取四周景色，形成一组组层次丰富，错落相连，有节奏、有色彩、有对比的空间体系。留园的建筑不但数量多，分布也较为密集，其布局之合理、空间处理之巧妙，皆为其余园林所莫能及。留园整体讲究亭台轩榭的布局，讲究假山池沼的配合，讲究花草树木的映衬，讲究近景远景的层次。走在留园中，你会发现，它的景致总是堆叠得那么巧妙。造园者将景物搞成多层空间，层层错落，相互借用，以小见大。游览者无论站在哪个点上，眼前总是一幅完美的图画。每一个建筑物在其景区都有着鲜明的个性，但从全局来看，没有丝毫零乱之感，给人一个连续、整体的概念。

留园建筑结构式样代表清代风格，在不大的范围内造就了众多而各有特性的建筑，处处显示了咫尺山林、小中见大的造园艺术手法。空间对比明确、院落错落有致、景区隔而不绝，充分体现了古代造园家的高超技艺、卓越智慧和江南园林建筑的艺术风格与特色。

## 二、小家碧玉：古代园林的发展

中国园林可追溯到西周初的苑囿合池，从春秋到秦汉不断发展壮大。但这时的园林，其功能和旨趣与宫殿一样，都是显示帝王的权力与威望。魏晋以后，士人园林兴起，中国园林才获得了自己的独特品格，并影响了皇家园林。宋徽宗时期，以前所未有的规模大造园林——艮岳。艮岳建于北宋崇宁年间（1102—1106），周围四十余里，最高峰上有介亭。所用山石取自太湖沿岸，即有名的"花石纲"。北宋末年，为抗击金兵围城，拆屋为薪，凿石为炮，艮岳至此悉被毁（李濂《汴京遗迹志》）。当时的汴京都城内外大小园圃与各种园林相望，街道以桃、李、梨、杏、莲、荷为点缀。汴京帝王园林极多，最为有名的是四大名园——玉津园、金明池、琼林苑和宜春苑。南宋临安（今杭州）在五代时已建设得很美，南宋迁都于此，宋高祖赵构和其他王公贵族也都在城西的西湖滨上大造园林别墅，"梵宇仙居，歌楼舞榭，雕碧辉列"，湖滨灯火彻夜不绝，临安城风光绮丽，成为当时中国最美丽的花园城市。

明代中叶以后，私家园林在文化及商业发达的江南勃兴。这些园林大多是私人营造，规模有限，难与皇家园林媲美。私家园林一般为封闭式，四周建有围墙；在模仿自然中匠心独运，达到虽为人作、宛如天开的艺术境界。园中用人工仿造自然山水风景，又参照山水画构思，形成如诗如画的景观。它强调变化、幽深，常用假山、漏窗为屏障分割视线，有移步换景之妙，形成多种层次，使园内园外互相衬托、互相照应，达到和谐优美的意境。古典私家园林以楼台廊阁配以山水、树石，使这些建筑物既起到透视的作用，又有着点景与引景的作用。明清时期遗留至今的私家园林，以建于明代的苏州拙政园、留园、五峰园和清代的怡园、网师园、环秀山庄，以及承德的避暑山庄、北京的颐和园为代表。

## 三、自然情趣：古代园林的美学特征

中国古典园林反映了封建文人追求的悠然雅逸的审美意趣。私家园林倾向于模仿自然，讲究诗情画意，运用虚实相生的手法，创造人与自然的沟通和身临其境的幻感。与此同时，私家园林也多采用曲折多变的布局，突破空间，借景抒情，仰观俯察，散点透视，小桥流水，亭台楼榭，重视线条的运用；景中有景，景中有情，诗书画与立体造型结合，构成了浑然一体的艺术境界。

园林的核心是自然情趣。廊榭台池，山石花木，一切布置都考虑到了人与自然的情感交流，通过园林揭示和领悟自然之美。由于中国传统建筑与园林主要是在漫长的封建社会中发展而来的，因而带有浓厚的封建思想观念，它受控于封建文化及古代文人的审美意识，从普通的民宅到皇家建筑物，无不渗透着儒家观念意识，浓缩着封建社会的历史文化。内外有别、长幼有序的四合院，显示了封建社会等级森严的结构关系，而园林建造又多渗进文人意识及道家思想，诗情画意，悠闲野逸。在"师法自然"的原则指导下，人们崇尚"物我交融"的哲学观念。

中国建筑无论是宫殿、陵墓、寺庙，还是园林，都不注重单个建筑的高大，而强调群体的宏伟；不追求纯粹空间的凝固画面，而追求在时间的流动中展现旨趣。中国建筑的群体结构，小至四合院，大至皇宫、圆明园、皇城，都有一道墙，即一种封闭自足、不待外求、自成一统的意蕴。而群体之中都有核心部位，主次分明，照应周全，其理性秩序与逻辑或明或暗，气韵生动，韵律和谐。虽处在一墙之中，却又超越一墙之外。群体建筑中的"空"，好似宋代文人画中的留白，显出实中之虚，正如亭台楼阁总要以其"空"面向外界，"惟有此亭无一物，坐观万景得天全"。中国建筑的特点是使人足不出户、不出园，就可以与自然交流，悟宇宙盈虚，体四时变化。从这个意义上说，它又是外向开放的，正合乎丰澹的意境之美。

**思考题：**

1. 分析我国建筑的发展轨迹。
2. 太和殿檐角上的神兽有几只？分别有什么含义？
3. 分析皇家园林和私家园林的区别与联系。

查看答案

**我的思维导图**

请选择本章中的某一内容为核心词，自行绘制一幅思维导图。要求：层次清晰、图文精练。

# 第八章　大道的传承

## 中国古代教育

中国古代教育是中国古代文化的一部分，是中国古代文化延续和发展的基础，是中国古代文化创新发展的动力。中国古代教育包括学校教育、社会教育、家庭教育、百工技艺教育等，是中国古代传统文化继往开来、薪火相传的保证。没有教育，古代物质文明和精神文明就没有办法传承、发展和创新。中国古代教育产生了无数的教育大家，形成了具有中国特色的教育思想，如因材施教、温故知新、循序渐进、教学相长、言传身教、尊师爱生等，为现代教育奠定了传统理论基础。古代教育也形成了一些人才选举制度，如世卿世禄制、察举征辟制、九品中正制、科举制等，为中国古代人才选拔和人才培养做出了贡献，对现代教育制度的形成及人才选拔制度的建立也有借鉴作用。

## 第一节　一脉相承：中国古代教育发展脉络

文化视点

晚唐时，有位叫陆扆的书生进京赶考，不巧赶上当朝皇帝唐僖宗因黄巢起义逃离长安。于是，为了表现对朝廷的忠贞不贰，陆扆便跟随皇帝的御驾逃到了成都。等到黄巢战败后，他又随朝廷返回长安，然而行至半路，却传来朱温在长安附近发动叛乱的消息。京城是去不了了，这下可急坏了陆扆，眼看自己凭着保驾的功劳捞个进士头衔的希望落空，他非常懊丧。

然而，陆扆转念心生一计。几天之后他找到了当时的宰相韦昭度，建议就地举行一次科举取士，说这样既可以显示朝廷的权威仍在，又可以稳定人心。韦昭度也有自己的小算盘，乱中开科取士这事儿听起来虽然"不靠谱"，却能造成朝廷正常运转的假象，朝廷保住了，自己的乌纱帽也可以更加牢固，于是他就从逃难的队伍和周围各县中拉来一批考生，设个临时考场。

考试虽然将就着进行了，可外面依旧兵荒马乱，因此并没有起到稳定人心的作用。到了写金榜时，官员们都在为自己的性命担忧不已，谁还顾得上考试这码事。最后，还是陆宸自告奋勇地接了写榜这个活儿，并把自己的名字写在了榜单的最前面。就这样，一个逃难路上的状元诞生了。

中国古代教育的发端，可追溯到夏朝以前。传说中的伏羲、神农、黄帝、尧、舜等都十分重视对民众的教育。例如神农氏尝遍百草，教人们识别五谷和草药，燧人氏教人钻木取火，伏羲氏教人结网渔猎。《尚书·舜典》记载，虞舜当政时设学官，管理教育事务，命契为司徒，负责对人民进行父义、母慈、兄友、弟恭、子孝五种伦理道德的教育。西周时官学包括国学和乡学。国学又分为大学和小学，主要教授礼、乐、射、御、书、数的"六艺"。到春秋时期，"私学"作为一种新兴的教育组织形式开始发展起来，出现了一批闪烁着智慧光芒的民间私学大师，如孔子、墨子、孟子、荀子等。他们在教育思想上都有所建树，《论语》《墨子》《孟子》《荀子》等典籍中记载了大量的教育资料，还出现了像《礼记·学记》《礼记·大学》《荀子·劝学》《管子·弟子职》等教育名篇。《学记》与《大学》就是这一时期丰富的教育经验与教育理论的总结，成为世界上最早出现的自成体系的古典教育学专著，奠定了中国古代教育思想的基础。

在汉代官学与私学并举。西汉时，中国已有专门传授知识、研究学问的太学。汉武帝在长安兴建太学，这是中国当时的最高学府。太学选聘学优德勋者任教授，称为"博士"；招收学生，随教授学习，称为"博士弟子"。太学的课程以通经致用为主，学生分经受业，经考试及格后任用为政府官吏。政府给予"博士弟子"极优厚的待遇。公元4年，西汉平帝为太学学生始建校舍，能容纳万人，规模巨大。东汉太学学生增达3万多人，京师形成了太学区。东汉太学有内外讲堂，讲堂长10丈、宽3丈，同时听讲的人数可达数百人，出现了"大都授"——集体讲授的教学形式。此时的官学除中央政府所办的太学之外，还有地方政府所办的学校，郡国曰"学"，县曰"校"，乡曰"庠"，聚曰"序"。私学则分两种，小学程度的称为"书馆"；而由著名经师设帐聚徒讲学的，一般为大学程度。班固赞颂汉代"学校如林，庠序盈门"，可以想见当时学校教育发达的盛况。两汉教育的教材选用儒学经典，虽然经师们因派别和师法不同，讲授的内容大相径庭，但对于教育的主张，却在"明经修行"这一点达成共识。汉代的教育设施、教育思想和汉代的选举（选士）制度是互相配合的。汉高祖以来即有选士的举措，目的在于招纳贤良、共安天下。汉文帝二年（公元前178年），下诏举贤良方正、直言极谏之士，对各地选上来的士人，经过测试，加以任用。汉武帝时，除贤良方正的选考外，又有孝廉茂才的察举，甚至规定郡国人口20万人以上每年察举孝廉1人，40万人以上2人，以此类推。

晋代中央学制分为两种，一为国子学，一为太学。前者限五品以上的贵族子弟入学，内设祭酒1人，博士1人，助教10余人。后者为平民子弟而设，立博士员19人。太学的规模很大，晋武帝时，太学生曾超过7000人。北方少数民族所建16国中，不乏仰慕汉族文化而兴学者，如前赵刘曜、后赵石勒都建立了太学及小学。南北朝时期，学校教育以北朝为盛。北魏太学亦设五经博士，学生为州郡选派，多达3000人。南朝宋文帝时，在京师设立四学：儒学、史学、玄学、文学，称为"四学制"，打破了儒家一统教育的状况。到梁时，学校教育渐渐有了合儒、释、道于一堂的做法。魏晋南北朝时期，除了察举孝廉、秀士仍沿两汉旧制外，又新增一种旨在匡正两汉选举制度之流弊的"九品中正制"。各州、郡、县等地方政府都设置大大小小的"中正"，由当地人选拔诸府公卿及台省郎吏当中德充才盛者担任。大小"中正"定为九等。"中正"的品评，以言行道义决定升进与黜退。这一制度实行了近400年。由于铨叙、考选操诸一人，以一人之好恶评全邑人之高下，而"中正"的评论又决定着官员的选拔任用，所以发生流弊的可能性很大。更由于门阀世族社会总格局的制约，造成所谓"上品无寒门，下品无世族"的负面效应。

唐代复兴汉代教育的传统，同时又继承魏晋南北朝以来教育的成果，全面加以发展，使学校教育达到了新的发展高峰。隋唐时期，针对"九品中正制"的流弊，建立健全了科举考试制度。唐代建立了从中央到地方完备的学制体系。中央设国子监总辖各学。国子监有双重性质，既是大学，又是教育行政管理机学。下设国子学、太学、四门学、书学、算学、律学等，此外还有弘文馆、崇文馆。地方官学——府州县学和专门学校也很发达。唐代出现了律学、书学、算学、医药学、兽医学、天文学、音乐学等门类多、范围广的实科专门学校。医学又分医、针、按摩三个专业。医学专业包括五科：体疗（相当于内科，七年制）；疮肿（相当于外科，五年制）；少小（相当于儿科，五年制）；耳目口齿（相当于五官科，二年制）；角法（拔火罐等疗法，二年制）。针灸专业学生了解经脉和穴位，熟识各科症候，掌握九种针法的运用。按摩专业教学生学习导引的方法，学会治疗风、寒、暑、湿、饥、饱、劳、逸等八项疾病，还兼习正骨术。药学与药园设在一处，教学生识别各种药物，掌握药材的种植和收采、贮存、制造等各项技术。教学结合实际，注重实习以培养动手能力，并根据学习与实习成绩和治疗效果来决定工作分配。这是一种优良的教育传统，说明中国早在七八世纪就已建立了实科学校教育制度，而西方这类实科学校的出现是在资本主义已经相当发达的十七八世纪。唐代周边各国先后派来留学生，以日本、新罗、百济、高丽等国派来的留学生数量最多，到中国来学习经史、法律、礼制、文学和科技等中国文化。日本随正式遣唐使来过13批留学生，每批少则一二十人，多则几十人，他们都进入国学学习，有的留学数年，有的甚至留学二三十年。当时的京师长安成为东西方各国文化教育交流的中心。中国文化通过留学生的来往而传播到东西方各国。留学生在发展中国与各国的友好关系、开展文化教育交流方面起了积极的桥梁作用。

唐宋以后，又出现了一种新的教育机构——书院。书院原为藏书校书之地，或私人治学、隐居之地。宋代书院将教育、教学和学术研究结合起来，成为著名学者授徒讲学、培养人才的地方。当时著名的有江西庐山的白鹿洞书院、湖南长沙的岳麓书院、湖南衡阳的石鼓书院、河南商丘的应天府书院、河南登封的嵩阳书院、江苏句容的茅山书院等。元代政府也大力扶植书院。书院院址多选于山林名胜之地，主持人称"洞主"或"山长"，建制有民办、官办、民办官助等多种形式。科举制度盛行之后，士子多以猎取功名为读书目的。书院讲学，以义理修养为核心，颇能矫正科举之弊。书院教学注重讲明义理、躬行实践；允许不同学派互相讲学，学者亦可往来问学，并建立"讲会"制度，成为学术交流的重要形式；教学方法采取个人自学、集中讲解和质疑问难相结合，尤重读书指导。师生以道相交，切磋学问，砥砺品格，把做人与做学问统一起来。教师学识渊博，品德高尚，献身教席，热心育人；学生慕师而来，虚心求教，立志成人，尊重师长。书院不仅对形成各种思想流派起了重要作用，而且代表社会良知，担当着社会道义，成为批判现实社会黑暗腐朽势力的一股力量，如明代无锡的东林书院就是其中的典型。书院的这一特点，集中地体现在顾宪成为东林书院题写的一副对联上："风声、雨声、读书声，声声入耳；家事、国事、天下事，事事关心。"明熹宗天启年间，阉党魏忠贤矫旨尽毁国中书院，此后书院由盛而衰。明代东林书院上承汉的清流、下启清末的公车上书，继承了我国知识分子的优良传统，为后世先进的知识分子所称道。

在明代，中央有国子监及宗学（贵族学校），地方有府学、州学、县学，边疆及特殊地方则有卫学（军事学校）。地方学校规模虽有大小，但彼此不相统属，学生皆有送至中央国子监的资格。此外，地方性专科学校还有军事、医学、阴阳学等。清代学制，大抵沿袭明制。地方府、州、县学计有1700余所，学生27000余人。明清科举制沿袭宋元，分乡试、会试、殿试三种。考试内容，第一类为经义，出题限于"四书""五经"，文体多为八股；第二类为诏诰律令；第三类为经史时务策。清代科举除常科外，又有特科，如山林隐逸、博学鸿词等，以网罗不愿应试的学者；还有翻译科，鼓励满人翻译汉文；还有武举之设。科举制自隋唐至公元1905年废止，在我国施行了1300多年。其优点较之汉代选举制和魏晋九品中正制虽然要客观公正、严格认真，不易发生舞弊，参加科考者确实普及下民百姓，但科举考试亦有不少流弊，且愈到后期愈为腐朽。其缺点主要是考试偏重经籍文辞，忽略德行才能；束缚知识分子思想的自由发展；将受教育与仕进、利禄直接挂钩，考试合格者不乏思想僵化、毫无能力的庸才和利禄之徒；学校教育和社会教育变成科举的附庸。

清末以降，我国学校教育和社会教育发生了巨大变化，吸收西学成为第一要务，学校建制、教育思想大不同于古代。百余年前，中国开始有了近代化的大、中、小学。从此，中国教育走向了全新的发展阶段。

# 第二节　人格教育：中国古代教育主要教学思想

## 孔子学琴的故事

话说孔子年轻的时候，曾向鲁国一位叫师襄子的乐官学琴。这位乐官名襄，被人尊称为襄子，师不是他的姓，而是周朝对乐官的称呼。

孔子跟师襄子学琴以后，师襄子对孔子说："这首曲子你已经弹得不错了，可以学新的曲子。"孔子回答："不行啊，我还没有掌握它的弹奏技巧呢。"

过了一段时间，师襄子对孔子说："你现在已经掌握了这首曲子的弹奏技巧，可以学新曲子了。"孔子说："但我还没有体会到这首曲子的意境啊。"

又过了一段时间，师襄子说："你已经体会到它的意境，这回可以学新曲子了。"孔子却说："我还不知道这首曲子是谁作的啊。"

就这样，孔子始终在弹奏同一首曲子。有一天，孔子在弹奏中忽然心有所悟，他站起来眺望着远方说："我知道这首曲子是谁作的，这个人皮肤黝黑，身材修长，胸怀开阔，志向高远，除了周文王还会是谁呢！"

师襄子听后马上站起来，一边向孔子行礼一边说道："你真是圣人啊，这首曲子就叫作《文王操》。"

中国古代产生了无数著名的教育大家，如孔子、孟子、朱熹、黄宗羲、颜元等，他们是中国古代教育实践和教育思想发展中各个阶段的杰出代表。他们为传播灿烂辉煌的中国文化、形成中华民族的共同文化心理做出了历史性的贡献。与此同时，中国古代教育家也积累和总结了丰富的教学经验，对教学理论、教学原则和教学方法，以及对教师的要求等都提出了许多有价值的思想见解。这些思想产生于千百年前是难能可贵的，在今天也仍然闪烁着智慧的光芒，富有启迪教育意义。它们是我国传统教育思想中的精华，也是对世界教育思想宝库的重大贡献。

# 一、中国古代主要教育思想

## （一）因材施教的教育思想

因材施教是公认的优秀传统教学思想之一。孔子特别注意了解受教育者的情况，《论语·为政》中说："视其所以，观其所由，察其所安。"即看学生的所作所为，了解学生的经历及兴趣爱好；对于学生不仅要"听其言而观其行"，而且还要"退而省其私"，即考察学生课后私下的言行举止，全面掌握学生的特点和实际情况。孔子对学生的性格特点了如指掌，有时从其优点方面分析，有时从其缺点方面分析，有时对不同学生作比较分析。他针对学生不同的性格特点，有的放矢，循循善诱，而不是千篇一律地说教。有时学生问同一个问题，他却做出不同的回答。据《论语·先进》载，子路问："闻斯行诸？"子曰："有父兄在，如之何其闻斯行之？"冉有问："闻斯行诸？"子曰："闻斯行之。"公西华曰："由也问闻斯行诸，子曰'有父兄在'，求也问闻斯行诸，子曰'闻斯行之'。赤也惑，敢问。"子曰:"求也退，故进之；由也兼人，故退之。"这就是因材施教。孔子还主张针对学生智能的高低进行不同的教学。《论语·雍也》中讲道："中人以上，可以语上也；中人以下，不可以语上也。"孟子继承发挥了孔子因材施教的思想，强调教学方式的变化。《孟子·尽心上》说："有如时雨化之者，有成德者，有达财（材）者，有答问者，有私淑艾者。"《孟子·告子下》中说："教亦多术矣，予不屑之教诲也者，是亦教诲之而已矣。"宋代张载在《语录抄》中说："教人至难，必尽人之材，乃不误人。"若教人"不尽材，不顾安，不由诚，皆是施之妄也"。张载主张教学应顾及学生的内心要求，使学生的智力得到充分发展。朱熹在《四书集注》中对孔孟的因材施教思想赞不绝口："圣贤施教，各因其材。"王守仁认为，教学要注意学生的年龄特点："大抵童子之情，乐嬉游而惮拘检，如草木之始萌芽，舒畅之则条达，摧挠之则衰痿。今教童子，必使其趋向鼓舞，中心喜悦，则其进自不能已。譬之时雨春风，沾被卉木，莫不萌动发越，自然日长月化；若冰霜剥落，则生意萧索，日就枯槁矣。"他认为，人的资质是不同的，施教须因人而异，"中人以下的人，便与他说性、说命，他也不省得，也须慢慢琢磨他起来"。教学应注意各人长短优劣的特点，譬如治病，要因病发药，教学亦与治病一样，要因人施教。总之，中国古代教育家认为学生的个性是存在差异的，每个学生的自然禀赋也不一样，所以教学方法也应因人而异。他们反对用一个模式去束缚学生，而主张通过教育发展每个学生的个性。

（二）启发诱导的教学方法

中国古代教育家特别重视用启发诱导的方式去开发每一个学生的智力潜能。孔子有一句名言："不愤不启，不悱不发，举一隅不以三隅反，则不复也。"朱熹《论语集注》注曰："愤者，心求通而未得之意。悱者，口欲言而未能之貌。启，谓开其意。发，谓达其辞。"孔子经常运用启发式教学来施教。有一次子夏问他："巧笑倩兮，美目盼兮，素以为绚兮。何谓也？"孔子回答说："绘事后素。"子夏领悟到老师的意思是说，作画须先有素洁的底子，以此比喻"礼乐"须建立在"仁义"的思想基础之上。但子夏对这一想法还不能十分肯定，于是进一步问："礼后乎？"孔子听后高兴地说："起予者商也！始可与言《诗》已矣。"这首诗的原意如何，且不去究论。从教学法的角度看，孔子在这里避免用简单的道德说教，而是利用形象思维的作用，由生动具体的画面，引向抽象的道德观念，使学生留下深刻的印象，主动地去认识"仁义"的意义，从而自觉地接受"礼乐"的教育和约束。这可以说是一次启发式教学的范例。孟子也有一句名言："君子引而不发，跃如也。"意思是说，教师如同射手，张满了弓却不发箭，做出跃跃欲试的姿势，以启发和诱导学生，激发学生有进无退的学习积极性。《学记》对孔孟启发式教学做了进一步发挥："君子之教，喻也。道而弗牵，强而弗抑，开而弗达。道而弗牵则和，强而弗抑则易，开而弗达则思。和易以思，可谓善喻矣。"意思是说，教师要善于启发诱导学生，让学生自己思考求得理解。进行的途径应当是：引导学生而不是给以牵掣；激励学生而不是强制施加压力；启发学生而不是一下把结论告诉他们。引导而不牵掣，就能处理好教与学之间的矛盾，使之和谐融洽；激励而不顺从，学生就感到学习轻快安易；启发而不代替学生得出结论，就可培养学生独立思考的能力。做到这些，就可以说是善于启发诱导了。所谓"道"（引导），就是在教学中给学生指引一条正确的思维理路，引导学生思维活动"上路"，促使他们进行分析综合，找寻探索知识结论的方向。所谓"强"（激励），就是在教学中激发学生的自动性，使之产生探求知识的强烈愿望，激励他们开动思维，自觉地把探索知识结论的思维活动坚持到底。所谓"开"（开启），就是在教学中点明问题的关键，启发学生运用各种思维活动去解决问题，促进他们思维能力的发展。

（三）温故知新的教学思想

《论语》第一句话便是孔子说的："学而时习之，不亦说（悦）乎？"他还说："温故而知新，可以为师矣。"朱熹在《论语集注》中解释道："故者，旧所闻；新者，今所得。言学能时习旧闻，而每有新得。"他对孔子学而时习、温故知新思想进一步发挥说："人而不学，则无以知其所当知之理，无以能其所当为之事。学而不习，则虽知其理，能其事，然亦生涩危殆，而不能以自安。习而不时，虽日习之而其功夫间断，一暴十寒，终不足以成其习之功矣。"还说："时时温习，觉滋味深长，自有新得。""须是温故方能知新，若不温故便要求知新，则新不可得而知，亦不可得而求矣。"朱熹认为，"故"是"新"的基础，"新"是"故"的发展，而"时习"集中体现了二者相互之间的联系，并含有转化的意思。"时习"能使其所学融会贯通，转化为技能并应用无穷。他认为那种只知机械地重复旧闻而不能触类旁通的人，是不够资格当教师的。所以说，温故又要知新。唯温故而不知新，故不足以为人师。温故知新反映了这样一条教学规律：学习本身是不断实践的过程，只有反复地学习实践，才能牢固地掌握所学的知识；只有熟练掌握了所学的知识，融会贯通了，才可举一反三，告诸往而知来者，由已知探求未知。这种既重视时习温故，又不忽视探索新知的思想，在今天仍有启发意义。

### （四）学思并重的教学方法

在处理学习和思考的关系问题上，中国古代教育家多主张学思结合、学思并重。孔子说："学而不思则罔，思而不学则殆。"他主张学思并重，但应以学习为基础："吾尝终日不食，终夜不寝，以思，无益，不如学也。"他也强调必须在学习的基础上思考："不曰'如之何、如之何'者，吾未如之何也已矣。"荀子继承了孔子的这一思想，他也说"吾尝终日而思矣，不如须臾之所学也"，并要求在学习的基础上"思索以通之"，即通过思维活动把所学的知识融会贯通。《礼记·中庸》把孔子学思并重的思想发展为"博学之、审问之、慎思之、明辨之、笃行之" 5 个学习步骤，其中肯定了学思并重，又强调思维的重要地位，"审问之、慎思之、明辨之"都是思维活动的具体化。《中庸》还说："有弗学，学之弗能，弗措也；有弗问，问之弗知，弗措也；有弗思，思之弗得，弗措也；有弗辨，辨之弗明，弗措也；有弗行，行之弗笃，弗措也。人一能之，己百之；人十能之，己千之；果能此道矣，虽愚必明，虽柔必强。"这里明确地指出，一个人的聪明与坚强是在不断地学思结合的过程中培养出来的，决定因素是个人顽强的努力而不是他的天资。朱熹说："学便是读，读了又思，思了又读，自然有意。若读而不思，必不知其意味；思而不读，纵使晓得，终是危殆不安。一似请得人来守屋相似，不是自家人，终不属自家使唤。若读得熟而又思得精，自然心与理一，永远不忘。"王夫之说得更透彻："学非有碍于思，而学愈博则思愈远；思正有功于学，而思之困则学必勤。"这些都是他们在教育和治学实践中对学思关系辩证法的深切体验和精辟总结。

（五）循序渐进的教学原则

中国古代教育家普遍重视循序渐进的教学原则。孔子的学生赞扬孔子"循循然善诱人"。孟子认为，教学是一个自然发展的过程，一方面应自强不息，不可松懈或间断；一方面也不应急躁或躐等。他说："君子之志于道也，不成章不达。"他把进学的次第比作流水，"不盈科不行""其进锐者，其退速"。孟子还以禾苗的自然生长来譬喻人受教育的过程，一方面主张尽力耕耘，反对放任自流；另一方面又反对揠苗助长，急于求成。《学记》提出的"进学之道"也反对"躐等"，其中说道："善问者如攻坚木，先其易者后其节目，及其久也，相说以解。不善问者反此。善待问者如撞钟，叩之以小者则小鸣，叩之以大者则大鸣，待其从容，然后尽其声。不善答问者反此。此皆进学之道也。"这就是教学中的循序渐进原则。张载认为教学过程"虽不可缓，又不欲急迫，在人固须求之有渐"。因为教材的难易先后和学生身心的发展都是"有渐"的，这就要求教学也须坚持"有渐"的原则，不可躐等而教。朱熹更明确地提出"循序而渐进，熟读而精思"的教学思想。他说："君子教人有序，先传以小者近者，而后教以远者大者"，"譬如登山，人多要至高处，不知自低处不理会，终无至高处之理"。他强调教学要坚持由近及远，由易到难，由浅至深，由具体到抽象，由已知到未知。朱熹还说："圣贤教人，下学上达，循循有序。故从事其间者，博而有要，约而不孤，无妄意凌躐之弊。今之言学者多反此，故其高者沦于空幻，卑者溺于闻见，伥伥然未知其将安所归宿也。"他认为不先从事于下学而妄想上达，就是躐等，便沦于空幻；专从事于下学而不求上达，则沉溺于闻见。前者是不循序而躁进，后者是虽循序而不进，都会浪费精力而不能达到目的。他认为只有循序而渐进，量力而学习，才有踏实的进步。总之，中国古代教育家已认识到，知识的积累和智力的增长是一个循序渐进的过程，不可能毕其功于一役。他们强调教学要注意阶段性和节奏感，要顺其自然，这是符合客观规律的。

（六）由博返约的教学思想

孔子说："博学于文，约之以礼"，"予一以贯之"。孟子继承了孔子的这一思想，他说："博学而详说之，将以反说约也。"指出学习深造的正确途径，不仅要博学，而且要善于由博返约。荀子提出"兼陈万物而中悬衡焉"，教人去掉十蔽，中正地来权衡事物。他说："多知而无亲，博学而无方，好多而无定者，君子不与"，"诵数以贯之，思索以通之"，"若挈裘领，诎五指而顿之"。这些都是讲由博返约、以约驭博的道理。韩愈在《进学解》中，一方面强调博学，提倡"贪多务得，细大不捐""俱收并蓄，待用无遗"；另一方面又强调精约，要求"提其要""钩其玄"，反对"学虽勤而不由其统，言虽多而不要其中"。他认为只有这样进学，才可达到"沉浸醲郁，含英咀华"的教学效果。教育家们重视博学的同时又要求用"一贯之道"去驾驭广博的知识。博是约的基础，在博的基础上求约，即根据一定的原则去归纳各种知识成果，得出简明扼要的结论。这是一种重要的思维方法与学习方法，也是一种教学方法。作为教师，要把一个道理讲明白，如果没有关于这个道理的广博知识并能融会贯通，就很难把道理的重点、难点与关键之处向学生讲清楚。由博返约，以简驭繁，这是古人留给我们的重要教学思想，值得我们细心体会。

（七）长善救失的教学思想

《礼记·学记》说："学者有四失，教者必知之。人之学也，或失则多，或失则寡，或失则易，或失则止。此四者，心之莫同也。知其心，然后能救其失也。教也者，长善而救其失者也。"这是说，在学习过程中，有的学生表现为贪多务得，过于庞杂而不求甚解；有的学生表现为知识面太窄，抱残守缺；有的学生表现为学不专一，浅尝辄止；有的学生表现为故步自封，畏难而退。这四种类型的毛病反映了学生对待学习不同的心理状态，教师只有了解这些心理状态，才能有针对性地帮助学生克服这些毛病。教师必须掌握具体情况，因势利导，既要发扬学生的优点，又要克服学生的缺点。多与寡、易与难并非固定不变，得与失也可以相互转化。王夫之在《礼记章句》卷十八中说："多、寡、易、止虽各有失，而多者便于博，寡者易以专，易者勇于行，止者安其序，亦各有善焉；救其失，则善长矣。"多、寡、易、止虽各有毛病，但其中也包含一定的积极因素。教师应全面观察学生，懂得教学的辩证法，针对不同类型的学生，依据他们"至学之难易"和"资质"之"美恶"，挖掘、培养、发扬积极因素，克服消极因素，这就是扬长补短、长善而救其失。这里既包含重视正面教育、因势利导的含义，又包含因材施教的思想。中国古代教育思想中富有朴素的辩证观点，善于运用矛盾转化的规律，特别强调看到学生身上的优点和积极因素，即使是次要的、隐蔽的也要看到，以便巩固、发扬积极因素以克服消极因素，依靠优点克服缺点。应该说，这是中国人文主义教育思想的精华。

（八）教学相长的教学思想

《礼记·学记》还明确地提出了教学相长的思想。它说："虽有嘉肴，弗食不知其旨也。虽有至道，弗学不知其善也。是故学然后知不足，教然后知困。知不足，然后能自反也；知困，然后能自强也。故曰：教学相长也。这里深刻地阐述了"教"与"学"之间的矛盾对立和相互依存、相互促进的关系。教因学而得益，学因教而日进。教能助长学，反过来，学也能助长教，这就叫作

"教学相长"。"教学相长"不仅意味着教与学之间的对立统一关系，而且意味着教师与学生之间平等的相互促进、相得益彰的关系。从教师方面说，教的过程也是学的过程，教也要学，教即是学，教与学互相促进，才能提高教的水平。从学生方面说，学生从教师的教学中获得知识，但仍需要努力学习，才能有所提高，不限于师云亦云。一个循循善诱的教师，只有通过教学实践才能体会到教学的效果和困难，教学经验越丰富越能摸到教学的规律，并发现自己的弱点与困惑之处，"教然后知困"。"知困"可促使教者"自强"。一个积极好学的学生，只有通过学习的实践才能体会到学习的好处和困难，越学习越感到自己的学识浅薄与不足，"学然后知不足"。"不足"可促使学者"自反"，即进一步严格要求自己，努力学习以补充自己的不足。韩愈继承和发展了《学记》的"教学相长"思想，进而提出"相互为师"的观点。他一方面肯定教师的主导作用，另一方面又提出了"弟子不必不如师，师不必贤于弟子"的思想。他教人要向学有专长的人学习，谁在某一方面比自己强就拜他为师，树立"能者为师"的观念。他还肯定了闻"道"在先，以"先觉觉后觉"，攻有专"业"，以"知"教"不知"这一教学过程的客观规律。这些深刻的教学辩证法思想，就是在现代世界教育学专著中亦属罕见，是中国古代教育家对世界教育思想宝库的卓越贡献。

（九）言传身教的教学方法

中国古代教育家根据自己教育实践的经验，对教师提出了多方面的要求，以身作则、言传身教，就是其中重要的一项。孔子说："其身正，不令而行；其身不正，虽令不从"，"不能正其身，如正人何？"这里强调了以身作则、正己正人的"身教"的重要意义。他又说："可与言，而不与之言，失人；不可与言，而与之言，失言。知者不失人，亦不失言。"他主张同时采用"有言之教"与"无言之教"两种方式进行教学，可以用"有言之教"的就用"有言之教"，不可以用"有言之教"的，即通过暗示或自己的日常行为去影响、教育学生。这是有一定的心理学依据的。孔子称"予欲无言"，他相信"无言之教"的威力。荀子提出："师术有四，而博习不与焉。严师而惮，可以为师；耆艾而信，可以为师；诵说而不陵不犯，可以为师；知微而论，可以为师。"他认为教师必须具备四个条件：一、教师要有尊严，能使人敬服；二、教师要有崇高的威信和丰富的教学经验；三、教师需具备有条理有系统地传授知识的能力，而且不违反师说；四、教师要了解精微的理论，而且能解说清楚。《学记》也对教师提出了严格的要求，认为教师品德高尚和学业精进是教书育人的必要条件，而且要掌握正确的教学方法和原则。晋人袁宏《后汉记·灵帝纪上》说："经师易遇，人师难遭。"可见"人师"的标准不仅只是传授知识，更要求为人师表。

这是中国古代优秀的传统教育思想。

（十）尊师爱生的教学思想

中国古代教育家还提倡学生尊敬教师，教师热爱学生，建立良好的师生关系。孔子热爱学生，关心学生品德和学业的增进，也关心学生的生活与健康状况。他看到学生的进步，感到由衷的高兴；学生家贫，他常接济；学生有病，他去看望；学生死了，他十分悲伤。他与学生建立了深厚的情谊。孔子说："爱之，能勿劳乎？忠焉，能勿诲乎？"，"二三子以我为隐乎？吾无隐乎尔。吾无行而不与二三子者，是丘也。"孔子对学生做到了"无私无隐"，并寄予无限期望："后生可畏，焉知来者之不如今也？"他还认为，当一种正义的事业需要人去承担时，年轻一代要敢于勇往直前，责无旁贷，即使在自己的老师面前也不必谦让，"当仁不让于师"。孔子的学生敬佩孔子道德高尚，学识渊博，教人得法。颜渊说："仰之弥高，钻之弥坚。瞻之在前，忽焉在后。夫子循循然善诱人，博我以文，约我以礼，欲罢不能。既竭吾才，如有所立卓尔。虽欲从之，末由也已。"孔子死后，学生们在孔子墓旁搭起草房，守丧三年，分别时痛哭难舍。子贡不忍离开，独自又住了三年。子贡说："夫子之不可及，犹天之不可阶而登也"，表达了学生对孔子无限的怀念和敬仰。墨子在教育实践中也强调尊师爱生，墨家师生之间能生死相依，患难与共。墨子和他的学生们"以裘褐为衣，以跂蹻为服，日夜不休，以自苦为极"。学生追随墨子"赴火蹈刃，死不旋踵"，这种师生关系是在同生死、共患难中逐步建立起来的。荀子把是否"贵师重傅"提到国家兴衰的高度，并提倡学生超过老师。他说："国将兴，必贵师而重傅……国将衰，必贱师而轻傅。"他认为学生对于老师不仅有知识学问的承袭关系，还担负着超越前人已有智慧、推进学术水平的责任。他以形象的语言说："学不可以已。青，取之于蓝而青于蓝；冰，水为之而寒于水。"这说明学问是没有止境的，"青出于蓝而胜于蓝"是学术发展的规律。

西汉韩婴《韩诗外传·卷五》："智如泉源，行可以为表仪者，人师也。"扬雄《法言·学行》："师哉！师哉！桐子之命也。务学不如务求师。师者，人之模范也。"

宋代一些教育家也是尊师爱生的典范。胡瑗一方面提倡"严师弟子之礼"，另一方面也倡导师生之间感情深厚、关系融洽。他平日视诸生如子弟，诸生也敬他如父兄。程颢和善可亲，学生们和他相处，常感到"如坐春风和气中"。程颐则威严刚毅，有的学生见他瞑目静坐而不敢惊动，立于门外等候至雪深尺余，留下了"程门立雪"的佳话。朱熹曾批评过官学师生关系淡漠，"师生相见，漠然如行路之人"。他发扬孔子"诲人不倦"的精神，循循善诱，孜孜不倦，对学生有深厚的感情。他的学生黄幹在其编撰的《朱子行状》中说："朱子讲论经典，商略古今，率至夜半。虽疾病支离，至诸生问辨，则脱然沉疴之去体，一日不讲学，则惕然常以为忧。"反映了一位伟大教师的情操。朱熹对学生的要求是严格的，但不是消极的要求，而是积极的引导，不重形式的条文规定，而重在启发学生自觉遵守。热心教人，方法得当，才能加深师生情谊，密切师生关系。朱熹的这些经验，包含了普遍的规律，体现了中国古代教育史上尊师爱生的优良传统，常为后人所称道和借鉴。

总的来说，中国古代教育注重人格的教育和培养，同时注重德行和智慧，不单纯传授知识，尤其重视道德教育和德行培养。倡导文人要注重气节、操守和崇高的精神境界，提倡发奋"立志"，强调道德责任感与历史使命感，弘扬那种孜孜不倦、临事不惧、不计成败利钝、不问安危荣辱、以天下为己任的精神气概与宽广胸怀，把社会责任与个人道德的自我完成统一起来。因此，逐渐形成了一个长远而深厚的教育传统，上起孔孟老庄，中经佛教禅宗，下迄宋明理学，都重道德教育与自我修养，重视启发学生的自觉性、主动性，立志有恒、克己内省、改过迁善、身体力行、潜移默化、防微杜渐……逐渐形成了一系列具有独特风格的道德教育与道德修养的原则和方法。中国古代教育家重视德行培养，树立道德风范，其影响力是不可低估的。他们曾在漫长的中国历史上教育、感染、熏陶了一代又一代仁人志士，推动了社会的进步，促进了中华文明的繁荣，陶冶了我们民族的精神与智慧。此外，中国古代教育家还十分重视教育方法的改进。格物致知，读书进学，温故知新，学思并重，循序渐进，由博返约，启发诱导，因材施教，长善救失，教学相长，言传身教，尊师爱生……形成了比较系统、深刻的知识论、教学论、教师论、自学深造与人才成长理论。此外，在社会教育、家庭教育、子女教育、幼儿教育、科技教育、艺术教育等方面也积累了丰富的经验。这些都是地地道道的中国模式、中国气派，其中许多优秀的教育遗产具有永不衰竭的魅力。

## 二、中国古代教育思想的特色

一是综合观，即大教育观。中国古代教育家很早就认识到教育是社会大系统中的一个子系统，许多教育问题实质上是社会问题。而教育问题的解决，又必然促进整个社会的发展和进步。如孔子十分重视教育，把人口、财富、教育当成"立国"的三大要素，认为在发展生产使人民富裕之后，唯一的大事就是"教之"，即发展教育事业。他从"国之本在家"（《论语·子路》）的思想出发，重视家庭伦理和社会道德——"孝弟忠信"的教育。他看到了教育对于治理国家、安定社会秩序所产生的重要作用。这种把教育放在治国治民的首要地位，把个人的道德修养和提高社会道德水平看成治国安邦的基础思想，是十分深刻的。《礼记·学记》把教育的作用概括为 16 个字："建国君民，教学为先""化民成俗，其必由学"。教育的作用包含相互联系的两个方面：一方面是培养国家所需要的各种人才，另一方面是形成良好的社会道德风尚。这是中国先哲关于教育功能的概括和总结，至今仍有借鉴意义。

二是辩证观，即对立统一观。中国古代教育家强调要把道德教育放在首位，同时也不忽视知识教育的作用。如孔子说："君子务本，本立而道生"，"行有余力，则以学文"；同时他又说："好仁不好学，其蔽也愚"，"未知，焉得仁"。董仲舒也说过："仁而不智，则爱而不别也；智而不仁，则知而不为也。"这就是中国古代的德智统一观：首先是道德教育及其实践，其次才是知识教育；德育要通过智育来进行，智育主要为德育服务；德育与智育之间、"行己有耻"与"博学于文"之间存在着相互依存、相互渗透的关系。道德教育也是这样，道德观念的认识与道德信念的建立，以及道德行为的实践之间也存在着对立统一的关系。如孔子说："知及之，仁不能守之，虽得之，必失之。"这即是说，道德观念如果只停留在认识阶段，而不能转化为道德信念和道德行为，那么道德就失去了规范的作用。知识与才能之间也存在既矛盾又统一的关系。唐代刘知几说：一个人如果有学问而无才能，就好比拥有巨大的财富却不会经营它；如果有才能而无学问，则像本领高超的工匠，没有刀斧和木材，也无法建造宫室。明代徐光启说："昔人云：'鸳鸯绣出从君看，不把金针度与人。'吾辈言几何之学，正与此异，因反其语曰：'金针度去从君用，未把鸳鸯绣与人'。"徐光启强调培养才能的重要，认为教学不只是教一些现成的知识，而是要培养学生的思辨能力，让学生掌握治学方法。教与学、师与生之间也存在着既矛盾又统一的关系，从《学记》到韩愈的《师说》，都揭示了这些深刻的教育辩证法。

三是内在观，即强调启发主体的内在道德功能和自觉性。中国古代教育启发每一个人的内心自觉，提出了一套"做人"的道理、"做人"的要求、"做人"的方法，让人从中得到"做人"的乐趣，表现出人的崇高的精神追求。与西方基督教和印度佛教不同，中国古代教育不是"罪感教育"，而是"乐感教育"；不需要依靠宗教信仰和祈祷，不主张离开社会和家庭，而是强调在学校、家庭及日常生活中积累道德善行，加强自我修养；不用到上帝和佛祖那里，而是在自己心中寻找美丑、善恶的标准，追求道德的"自律"。中国古代教育思想强调人心中具有一种自觉能力，自省、自反、慎独，自我修养、自我完善、自我求取在人伦秩序与宇宙秩序中的和谐。其追求价值之源的努力是向内而不是向外的，不是倾听上帝的召唤，亦不是等待佛祖的启示。重视启发内心的觉悟，相信主体内在的力量，是中国古代教育思想的一个非常重要的特色。

与西方古代教育相比，中国古代教育还有一些特点：它不是机械的、呆板的，而是灵活的、因人因时而异的；不是分科细密的，而是整体综合的；不是单纯传授知识技术的，而是德智合一的；不是师生脱离、教育与人生实践脱节的，而是教学相长、寓教育于生活实践之中的；不是以知识系统为枢纽，而是以人生为枢纽，以一代一代人风的建树和培育为目的。

中国历来有尊师重道、尊师重教的优良传统。中国古代，从乡村到朝廷，都十分重视教育，教育具有非常显赫的地位。在一定意义上，说教育为中国的立国之本，亦不为过。与此相适应，中国古代教师的社会地位很高，无论是中央官学、地方官学的教师，还是私学、书院的教师，包括乡塾里的塾师，都受到全社会的普遍尊重。

# 第三节　学而优则仕：中国古代人才选拔制度

西周时期人才选拔采取世卿世禄制。卿是指古代的高级官吏，禄是指古代官员的俸禄。夏商周时期，选拔制度还不完善，贵族把持着国家大政，凭借血缘关系为朝廷挑选人才，一人为官，则世代为官，这种制度绵延了将近千年。从历史发展的角度来看，它是历史的进步：主要是通过家族血缘关系来确定政府各级官员的任命，将官职限定在贵族范围内，由贵胄子弟世代继承祖上的权位，包括父死子继和兄终弟及两种方式。

汉朝实行察举征辟制的人才选拔制度。由秦入汉，社会的稳定性大大提高，中央集权进一步加强，加之汉朝以儒学为尊，察举制和征辟制应运而生。察举制（考察推举）主要是针对孝廉（孝敬廉洁）、秀才（才能优秀，后改称茂才）、明经（通晓经义）、贤良方正（品德高尚、直言进谏）四个方面来选拔人才。儒学大师董仲舒就是通过察举制，以贤良方正连对三策而为皇帝所重用的。征辟制，即皇帝因赏识某人的才华而破格重用。汉安帝通过征辟制，征召张衡为太史令，汉明帝特召班固为兰台史令。考察贤良方正，注重上层的政务及文学水平；察举孝廉则偏重于德行。孝廉每年察举一次，中选以后，不必考试就可以被委任为官。在西汉，茂才与贤良方正，察举的次数较少。到东汉，孝廉专以察吏，茂才专以选民。汉代选士制度，比较重视道德，被察举之士，大都学行并茂，有不少杰出人才由布衣而任公卿。但到东汉末年，这种制度也产生了弊端，出现了假冒作伪等现象。

魏晋南北朝时期的人才选拔制度为九品中正制，是魏文帝曹丕采纳吏部尚书陈群的意见，于黄初元年（220）制定的制度。此制至西晋渐趋完备，南北朝时又有所变化。从曹魏始至隋唐科举的确立，九品中正制存在了约四百年之久。九品中正制是指由各州郡等地方行政部门设置"中正"，对当地人物的德才进行评定，区别高下，列为九等。"中正"所评定的品级，成为授官的依据。地方行政机构分别推选大中正一人，所推举大中正必为在中央任职官员且德名俱高者。大中正再产生小中正。大、小中正产生后，由中央分发一种人才调查表，在该表中将人才分为九等，上上、上中、上下、中上、中中、中下、下上、下中、下下。此表由各地大、小中正以自己所知将各地流亡人士无论是否出仕皆登记其上，表内详记年籍各项，分别品第，并加评语。小中正襄助大中正审核后将表呈交吏部，吏部依此进行官吏的升迁与罢黜。此项制度使得当时的官吏选拔有了一定的客观标准，此标准其实依然是采取地方群众舆论和公共意见，保留了汉代乡举里选的遗意。九品中正制的实行，一方面解决了选拔官吏无标准的问题，使当时吏治澄清；另一方面缓解了中央政府与世家大族的紧张关系，为魏晋实现全国的统一打下了坚实的基础。曹魏后期，尤其到了晋朝，九品中正制发生了变化，由于中正官职为世家大族所垄断，选官任人唯看门第家世，因此出现了"上品无寒门，下品无士族"的等级森严局面。总之，九品中正制上承两汉之察举，下启隋唐之科举，在中国古代政治制度史上占有十分重要的地位，乃中国封建社会三大选官制度之一，实际是两汉察举制度的一种延续和发展，或者说是察举制的另一种表现形式。

隋朝至明清时期选拔人才的制度为科举制。科举制是隋唐以来统治者为改革魏晋南北朝的九品中正制而采取的一项人才选举制度，目的在于倡导士人公平竞争、机会均等。科举制萌芽于南北朝，创制于隋朝，健全于唐朝，最后一直延续到清朝末年。这是我国古代教育史和官制史上一件十分重要的事情。学校教育、社会教育、官员的选拔任用，均服从或从属于科举考试。选拔人才与培育人才的标准和要求一致起来，不仅促进了唐代学校教育和社会教育的发展，也使寒门庶士有了学优从政的可能，在一定程度上促进了当时的政治革新。科举制是中国古代持续时间最长，影响也最为久远的选士用人制度，不仅对中国古代的政治文明和制度文化产生了直接的作用，而且经济的发展和文学艺术的进步也跟它息息相关，甚至今天中国的高考制度也与它有着千丝万缕的内在联系。唐代取士之法，大略有"生徒法""贡举法""制举法"。从京师之六学二馆及州县之诸学校的学生中，选其成绩优良者，送入京师尚书礼部受试，叫作

"生徒法"。非在校学生，先试于州县，及格后再送至京师复试的，叫作"贡举法"。所谓"制举法"，是特种考试，以待非常之才，试于殿廷。唐代科举考试在不同的时期，其科目设置也不尽相同。其中常见的有秀才、进士、明经、明法等，又设有书法、算学、诸史、三传、童子等科，有时亦设道举科，考试道家经典。在唐代的科举制度中，明经与进士是两项基本的科目，而进士科明显地优于明经科，当时有"三十老明经，五十少进士"的谚语。唐代高级官员多出于进士，所以士人都以考上进士为一生的荣耀。在进士科的考试中，诗赋是重要内容之一，所谓"丹青路在五言中"。这种制度对于一般文人普遍注重诗歌的训练起到了促进作用。唐宋以来的许多著名文人及哲学家都是由科举制度选拔出来的。孟郊46岁中进士后所作的一首《登科后》令其名垂青史。科举制度确立后，读书人要想获得功名利禄就必须悉心研读经史与诗文。当他们日常研习诗文时，为了把诗文写好，也要留心观察社会，练习技巧，这样往往从总体上提高了社会的文学水平。科举考试给那些出身低微的子弟提供了实现参与政治管理的平等机会，大大激发了他们刻苦学习的动力和追求人生理想的欲望。这不仅打破了南北朝以来九品中正制最后实际上由门阀世族垄断权力的局面，而且在很大程度上激活了潜抑在社会中下层的创造智慧和活力。特别值得一提的是，唐朝科举有着极大的开放性和透明度，它不仅看重科举考试的成绩，更注重考生平时在民间长期形成的德才方面的影响，这就汲取了汉代察举制和征辟制的优点——将一个人的民间舆论场域也纳入考察的范围，具有今天政治选举意义上的进步性。总之，科举制是我国封建社会最重要的选拔官吏制度，科举考试具有"朝为田舍郎，暮登天子堂"的特点。这一选拔人才的制度始创于隋朝，完善于唐朝，发展于北宋，衰落于明清。科举制为寒门弟子提供了一个"鲤鱼跃龙门"的机会，客观上造就了唐诗宋词的繁荣。清朝，由于中央集权空前强化，科举制也逐渐僵化，变成了"八股取士"，以至于最终因不符合时代潮流，于1905年被废除。

**思考题：**

1. 举例说明中国古代有哪些好的教育思想？

2. 谈谈汉代的人才选拔制度中的察举制是怎样选拔人才的。

3. 谈谈中国古代教育是如何做到"言传身教"的。

查看答案

**我的思维导图**

请选择本章中的某一内容为核心词，自行绘制一幅思维导图。要求：层次清晰、图文精练。

# 第九章　智慧的沉淀

## 中国古代科技

　　1988年9月5日，邓小平在会见捷克斯洛伐克总统胡萨克时，提出"科学技术是第一生产力"的重要论断。中华文明之所以成为世界四大文明唯一没有中断过的文明，古代的科技成就起到了重要的支撑作用。可以说，在漫长的人类历史上，中国人创造了辉煌灿烂的科学文化。从商周时期的萌芽，历经春秋战国、秦汉、南北朝、隋唐时期的发展，到宋朝臻于鼎盛，古代中国科技都在不断地发展与进步。明清时期，受海禁及闭关锁国等对外政策的影响，是古代中国科技走向衰落的转折点；同时，西方科学技术传进我国。整个中国的古代科技体系中，农学、医学、数学、天文学是其中的四大自然科学，有造纸、印刷、纺织、陶瓷、冶铸、建筑等中国人引以为豪的发明创造。但从根本上看，这些科技发明创造无不带有鲜明的实用烙印，它们源于生产、生活，又服务于生产生活。随着时代的更迭，不少曾经广泛应用的古代实用技术，今天早已失传或正在消失，需要我们以现代技术手段复原和再现，以今天的科学道理去揭示和阐述。

## 第一节　洞悉天地：科学基石

文化视点

　　电冰箱是近一个世纪来才发明的一种家用电器，现已成为大多数家庭中不可缺少的电器。它的用途很广泛，不仅可以对食物进行保鲜，还有储存药品等功能，为人们的生活带来了许多方便。那么，在没有电冰箱的古代，人们如何保鲜食物呢？事实上，中国在古代就已有了"冰箱"。虽然远不如现在的电冰箱高级，但仍可以起到对食物进行保鲜的作用。在古籍《周礼》中就提到过一种用来储存食物的"冰鉴",这种"冰鉴"其实是一个盒子似的东西,内部是空的。只要把冰放在里面,然后把食物再放在冰的中间,就可以起到保鲜的作用了,这显然就是人类最早使用的"冰箱"。此外,《吴越春秋》上也曾记载:"勾践之出游也,休息食宿于冰厨。"这里所说的"冰厨",就是古人专门用来储存食物的一间房子,是夏季供应饮食的地方。明代黄省曾的《鱼经》里曾写道:渔民常将一种鳓鱼"以冰养之",运到远处,可以保持新鲜,谓之"冰鲜"。可以想象,当时冷藏食物可能已经比较普遍。

明清时"冰箱"已被北京城里的王公贵族们广泛使用了。当时的"冰箱"亦称"冰桶",以黄花梨木或红木制成。从外观上看,箱身口大底小,呈方斗形,腰部上下箍铜箍两周。箱两侧置铜环便于搬运,四条腿足为硬木活中的鼓腿膨牙做法。足下安托泥,用于隔湿防潮。箱口覆两块对拼硬木盖板,约1.5厘米厚,板上镂雕钱形孔。深色的箱体衬着金黄的铜箍铜环,给人以雍容悦目之感。

"冰箱"不仅外形美观,在功能设计上也十分精巧科学。箱内挂锡里,箱底有小孔。两块盖板的其中一块固定在箱口上,另一块是活板。每当暑热来临,可将活板取下,箱内放冰块并将时新瓜果或饮料镇于冰上,随时取用。由于锡里的保护,冰水不致侵蚀木质的箱体,反而能从底部的小孔中渗出。

除此之外,冰融化时吸收室内的热量,还可以通过盖上镂空的排气孔调节室温,起到空调的作用。由于"冰箱"的广泛使用,北京城每年夏季需要大量的冰块,这些冰均取自冰窖。过去无论是紫禁城内还是府宅公廨,都各自有贮冰的冰窖。每年冬至起即在筒子河、什刹海等处打冰入窖,由工部设专人管理采冰等事项。

金寄水、周沙尘著《王府生活实录》中记载:"王府从五月初一起,开始运进天然冰块,每房都备有硬木制作的冰桶……每天,由太监往各房送冰,以供瓜果等食品保鲜。"是当时用冰祛暑的写照。

从许多史料可以看出,我们的祖先很早就会利用冰来保持食物的新鲜。因此,可以说中国是第一个发明原始冰箱的国家。

华夏文明 5000 年,曾经有过居于世界领先地位的科学技术,正如英国著名的中国科技史学家李约瑟所言:古代的中国人在科学技术的许多重要方面走在那些创造出著名的"希腊奇迹"的传奇式人物前面,和拥有古代西方世界全部文化财富的阿拉伯人并驾齐驱,并在公元 3 世纪到 13 世纪之间保持一个西方望尘莫及的科学知识水平。中国的科学发现和技术发明曾经远远超过同时代的欧洲,特别是在 15 世纪之前更是如此。

## 一、日月星辰：天文历法

我国古代天文历法的成就与农业生产密切相关，如夏历、二十四节气、十二气历、授时历等。

先秦时期，现在保留下来最古老的典籍之一《夏小正》，相传是夏代（约公元前21世纪到公元前16世纪）的历书。其中记载了人们由观察天象和物候决定农时季节的知识。它原是《大戴礼记》中的一篇，后来单独成册流传。据考证，正文只有400多字。就天文知识来说，它按12个月的顺序记述了每月的星象，如早晨和黄昏出现在南方的星星、北斗柄的指向、银河在天空的位置、太阳到了恒星间什么地方等。此外，还有每月的气象、物候及应该做的农事和政治活动。例如，"正月，启蛰……鞠则见，初昏参中，斗柄悬在下……"这里"鞠"和"参"都是星名，"斗柄"就是北斗七星组成的勺子形的星群。这部书是否为夏代的历书，学术界还没有定论，但它至迟在春秋时期（公元前770年到公元前476年）已经成书，而且根据书中反映的天象等情况，说明确有更早时代的资料。春秋战国时期，古代中国在天文上的成就主要有以下几点：（1）春秋时期，留下了世界上公认的首次关于彗星的确切记录。《春秋》记载，公元前613年，"有星孛入于北斗"，"星孛"即指哈雷彗星，这一记录比欧洲早600多年。（2）春秋时期，我国历法已经形成自己固定的系统，基本上确立了19年7闰的原则，这比西方早160年。（3）战国时期，出现了世界上最早的天文学著作《甘石星经》（见图9-1），其中有丰富的天文记载，反映了那个时期人们对天文的认识。

**图9-1 《甘石星经》书影**

两汉时期，中国在天文学上的成就主要有以下几点：（1）汉武帝时，天文学家邓平、落下闳等人制订出中国第一部较完整的历书《太初历》，开始以正月为岁首。西汉刘歆在其基础上作《三统历》，这是我国现存最早的一部完整历法，后世历法的基本内容这时大体都已具备。《三统历》共有七节：统母、纪母、五步、统术、纪术、岁术、世经。统母和统术讲日月运动的基本常数和推算方法，包括回归年、朔望月长度、一年的月数、交食周期、计算朔日和节气的方法等；纪母、纪术和五步讲行星的基本常数和推算方法，包括五大行星的会合周期、运行动态、出没规律、预告行星位置等；岁术讲星岁纪年的推算方法；世经讲考古年代学。《三统历》还明确规定，以无中气的月份置闰，并选取一个"上元"作为历法的起算点。《三统历》的这些内容，对后代历法影响极大，有的沿用至今。（2）西汉关于太阳黑子的记录，被世界公认为是有关太阳黑子的最早记录。（3）东汉时，张衡从日、月、地球所处的不同位置，对月食做了最早的科学解释。张衡发明制作的地动仪，可以遥测千里以外地震发生的方向，比欧洲早1700多年。（4）东汉末，刘洪（约135—210）作《乾象历》。他对月亮运动的研究有了新进展，首次提出月亮近地点的移动（过周分），从而算出近点月长度，并在一近点月里逐日编出月离表；又首次提出黄白交角是六度（兼数），首次提出交食计算中推算食限的方法，这些都对后代历法影响很大。

隋唐时期，中国在天文学上的成就主要有以下几点：（1）隋代，隋文帝仁寿四年（604）刘焯（544—610）作《皇极历》（未颁行）。《皇极历》考虑太阳和月亮视运动不均匀来计算日月合朔的时刻，创立了等间距二次内插法。为了求得任意时刻的定朔改正值，又创立了任意间隔二次内插法的公式，这在中国天文学史和数学史上都有重要地位，后代历法计算日月五星运动使用的内插法，多继承《皇极历》的方法并继续发展。（2）唐朝天文学家僧一行制定的《大衍历》，比较准确地反映了太阳运行的规律，系统周密，表明了中国古代历法体系的成熟。僧一行还是世界上用科学方法实测地球子午线长度的创始人。在实测中他认识到，在小范围有限的空间里得到的认识不能任意向大范围甚至无际的空间推演，这是我国科学思想史上的一大进步。

宋元时期，中国在天文学上的成就主要有以下几点：（1）北宋科学家沈括在天文学方面有突出贡献，他把四季、二十四节气和十二个月完全统一起来的《十二气历》更加简便，有利于农事安排。（2）元初设立太史局编制新历法。元朝杰出的天文学家郭守敬提出"历之本在于测验，而测验之器莫先仪表"的正确主张，创制了简仪和高表等近20件天文观测仪器，主持了全国范围的天文测量。郭守敬主持编定《授时历》，一年的周期与现行公历基本相同，比现行公历早300年。

明清时期，中国在天文学上的成就主要有以下几点：（1）明末徐光启（1562—1633）主编《崇祯历书》，李天经（1579—1659）续成，从崇祯二年到七年（公元1629年到1634年）前后共用五年时间完成。它从多方面引进了欧洲古典天文学知识，内容包括天文学基本理论、三角学、几何学、天文仪器，日月和五大行星的运动、交食，全天星图，中西单位换算等，共46种，137卷；采用第谷（1546—1601）的太阳系结构系统，计算方法中翻译了哥白尼（1473—1543）《天体运行论》中的许多章节，还有开普勒（1571—1630）《论火星的运动》一书中的材料；历法计算中不用中国传统的代数学方法而改成几何学方法，这是中国天文学史和历法史上一个重要的转折。中国古代天文学体系开始向近代天文学转变。（2）明末未能根据《崇祯历书》来编纂民用历书，清代开始使用根据《崇祯历书》编成的《时宪历》，一直应用到清末。在《四库全书》中有100卷本的《西洋新法算书》，是传教士汤若望（1591—1666）根据《崇祯历书》删改而成的。

## 二、寓理于算：古代数学

2013年12月4日，联合国教科文组织通过决议，将中国珠算项目列入教科文组织人类非物质文化遗产名录。珠算是以算盘为工具进行数字计算的一种方法，被誉为中国的第五大发明和"最古老的计算机"，是中国人民对世界文明的一大贡献。事实上，中国古代数学成就非常突出，包括圆周率、割圆术、十进位制计数法、勾股定理、测量太阳高度（用测高、远、深的方法）、等间距二次内插公式、秦九韶的高次方程数值解法、杨辉三角和垛积术及珠算等，其中有很多项世界之最（见图9-2）。

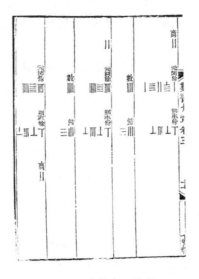

**图9-2 算筹表示的数**

圆周率。古今中外，许多人致力于圆周率的研究与计算，为了计算出圆周率越来越精确的近似值，一代代的数学家贡献了无数的时间与心血。19世纪前，圆周率的计算进展相当缓慢。中国古算书《周髀算经》（约公元前2世纪）中有"径一而周三"的记载，认为圆周率是常数。魏晋时期的数学家刘徽在注释《九章算术》时只用圆内接正多边形就求得π的近似值，也得出精确到两位小数的π值，他的方法被后人称为割圆术。

汉朝时，张衡得出π的平方除以16等于5/8，即π等于10的开方（约为3.162）。虽然这个值不太准确，但它简单易理解，所以也在亚洲风行了一阵。王蕃计算出了另一个圆周率值，这就是3.156，但没有人知道他是如何求出来的。

南北朝时期著名数学家祖冲之进一步得出精确到小数点后7位的π值（约5世纪下半叶），给出不足近似值3.1415926和过剩近似值3.1415927，还得到两个近似分数值，密率355/113和约率22/7。他的辉煌成就比欧洲人至少早了1000年。其中的密率在西方直到1573年才由德国人奥托计算得出，1625年发表于荷兰工程师安托尼斯的著作中。欧洲人不知道是祖冲之先知道密率的，将密率称之为安托尼斯率。

割圆术。3世纪中期，魏晋时期的数学家刘徽首创割圆术，为计算圆周率建立了严密的理论和完善的算法。所谓割圆术，就是不断倍增圆内接正多边形的边数求出圆周长的方法。中国古代从先秦时期开始，一直是取"周三径一"（即圆周周长与直径的比率为3∶1）的数值来进行有关圆的计算。但用这个数值进行计算的结果，往往误差很大。正如刘徽所说，用"周三径一"计算出来的圆周长，实际上不是圆的周长而是圆内接正六边形的周长，其数值要比实际的圆周长小得多。东汉的张衡不满足于这个结果，他从研究圆与它的外切正方形的关系着手得到圆周率。这个数值比"周三径一"要好些，但刘徽认为其计算出来的圆周长必然要大于实际的圆周长，也不精确。刘徽以极限思想为指导，提出用"割圆术"来求圆周率，既大胆创新，又严密论证，为圆周率的计算指出了一条科学的道路。

十进位制计数法。中国是世界上最早采用十进位制的国家，陕西、山东、上海出土的距今4000年左右的文物中除表示个位的数字外，已经有10、20、30这样的记号，比古埃及早1000多年。因此，4000多年前十进位制记数法在我国就已经形成，并完成于奴隶社会初期的商代，在商代发展为完整的十进制系统，有了"十""百""千""万"等专用的大数名称。1899年，河南安阳出土的3000多年前的殷代甲骨文是象形文字。其中有许多数字记录，最大的数目字是30000。如有一片甲骨上刻着"八日辛亥允戈伐二千六百五十六人"（八日辛亥那天的战争中，消灭了敌方2656人）。这段文字说明，我国在公元前1600年已经采用了十进位值制记数法。这种记数法中，没有形成零的概念和零号，但由于引入了几个表示数位的特殊的数字，如十、百、千、万等，能确切地表示出任何自然数，因而也是相当成功的十进位值制记数法，历代稍有变革，但基本框架一直沿用至今。

"算经十书"。"算经十书"是指汉至唐 1000 多年间的 10 部著名的数学著作，它们曾经是隋唐时代国子监算学科的教科书。这 10 部书是《周髀算经》《九章算术》《海岛算经》《张丘建算经》《夏侯阳算经》《五经算术》《缉古算经》《缀术》《五曹算经》《孙子算经》。"算经十书"是中国古代数学的高峰。书中阐明"盖天说"的《周髀算经》，被人们认为是流传下来的中国最古老的既谈天体又谈数学的天文历算著作。其中提到大禹治水时所应用的数学知识，成为现存文献中最早提到使用勾股定理的例子。"算经十书"中用过的数学名词，如分子、分母、开平方、开立方、正、负、方程等都一直沿用到今天，有的已有近 2000 年的历史了。"算经十书"较完备地体现了中国古代数学各方面的内容，其中大多数还曾传到朝鲜和日本，成了数学教育和考试的教科书。

勾股定理。勾股定理是余弦定理的一个特例，这个定理在中国又称为"商高定理"，在外国称为"毕达哥拉斯定理""百牛定理"或"驴桥定理"。我国是最早发现这一几何宝藏的国家，在商代由商高发现，比毕达哥拉斯早 500 多年。

测量太阳高度（用测高、远、深的方法）。陈子是周代的天文算学家，荣方也是当时的天文算学家。在陈子教给荣方的各种数据计算的具体方法中，我们可以发现，在二千六七百年前，我国对勾股定理的应用已达到十分熟练的程度。陈子测量太阳高度的方法可叙述为当夏至太阳直射北回归线时，在北方立一个 8 尺高的标杆，观其影长为 6 尺。然后，测量者向南移动标杆，每移动 1000 里，标杆的影长就减少 1 寸。据此可设想，当标杆的日影减少 6 尺，则标杆就向南移动了 60000 里，而此时标杆恰在太阳的正下方。据勾股定理和相似形原理可算得：测量者与太阳的距离为 10 万里。陈子除了能利用相似三角形的性质外，还能熟练地运用勾股定理。

等间距二次内插公式。公元 600 年，隋代刘焯在制定《皇极历》时，提出了等间距二次内插公式；唐代僧一行在《大衍历》中将其发展为不等间距二次内插公式。

秦九韶的高次方程数值解法。中国古代对方程就有研究，在《九章算术》中载有"方程"一章，距今已近 2000 年，书中方程是指多元联立一次方程组。13 世纪秦九韶首创正负开方术，即一元高次方程的数值解法。在西方，英国数学家霍纳于 1819 年才发现类似方法。14 世纪，朱世杰对含有 4 个未知数的高次联立方程组的研究已达到了很高的水平。

珠算。珠算是以算盘为工具进行数字计算的一种方法。"珠算"一词，最早见于汉代徐岳撰《数术记遗》，其中有云："珠算，控带四时，经纬三才。"北周甄鸾为此作注，大意是把木板刻为三部分，上下两部分是停游珠用的，中间一部分是定位用的。每位各有五颗珠，上面一颗珠与下面四颗珠用颜色来区别。上面一珠当五，下面四颗，每珠当一。可见当时"珠算"与现今通行的珠算有所不同。从明代以来，中国珠算极为盛行，先后传到日本、朝鲜和东南亚各国，后来在美洲也渐流行。由于算盘不但是一种极简便的计算工具，而且具有独特的教育功能，所以到现在仍盛行不衰。

## 三、文明基石：古代农学

主要著作。早在大约公元前五六千年，我国的黄河、长江流域就已出现农耕。到了西周时期，以农业为主、畜牧业为辅的生产格局已经形成。由于农业是中国社会的经济基础，历来统治者都非常重视农业生产，因此我国很早就形成了独具特色的农学体系。在我国文化典籍中，专门的农书有 300 余种，其中最著名的有《氾胜之书》《齐民要术》《农书》和《农政全书》，被称为中国古代四大农书，代表了中国古代农业科技的水平。

《氾胜之书》是目前留传下来最早的农书。氾胜之在汉成帝时官拜议郎，曾在包括整个关中平原的三辅地区推广农业，教导种植小麦。许多热心于农业生产的人都前来向他请教，关中地区的农业因此获得了发展。在总结农业生产经验的基础上，氾胜之写成了农书 18 篇，这就是《氾胜之书》。该书总结了我国北方地区，主要是关中地区的耕作经验，提出了农业生产六环节理论，即及时耕作、改良和利用地力、施肥、灌溉、及时中耕除草、及时收获 6 个环节，并对每一个环节做了具体的说明。

《齐民要术》是现今完整保存下来的最古老的农书，作者是北魏的贾思勰。他当时担任北魏青州高阳（今山东临淄县）太守，在今天华北一带实地考察过农业生产状况。为了写成此书，他不仅阅读了大量的文献，而且亲自向老农请教。《齐民要术》堪称农业巨著。贾思勰在《齐民要术》中建立了较为完整的农学体系，并以实用为特点对农学类目做出了合理的划分。该书精辟透彻地论述了黄河中下游旱地农业生产的关键技术问题，规范了耕、耙、耢等基本耕作措施，对动植物养殖技术和农产品加工、酿造、烹调、贮藏也都有详细的论述。《齐民要术》作为一部农学百科全书，不仅奠定了我国农学发展的基础，在世界农业科技发展史中也占有重要地位。

历史上著名的农书有两个版本：一是宋高宗时，世居扬州、靠种药治圃为生的全真派道徒陈旉写成《农书》，这是现存最早的论述南方水稻区域农业技术与经营的著作。二是元代的王祯所著的《农书》。王祯曾在安徽、江西两地任过县尹。他不仅廉洁奉公，为百姓做了不少好事，而且极为重视农业生产，他搜罗历代农书进行研究，并且经常注意观察各地农事操作和农业工具。他所著的《农书》，综合了黄河流域旱地耕作和江南水田耕作两方面的生产经验，全面系统地解释了广义农业生产所包括的内容和范围，在中国农学史上占有极其重要的地位。

明末杰出的科学家徐光启，从小对农业技术就很感兴趣，著有《农政全书》，具体内容分为农本、田制、农事、水利、农器、树艺、蚕桑、蚕桑广类、种植、牧养、制造和荒政等 12 项，不仅对我国古代的农学成就做了系统总结，而且提出了许多新的思想，受到同代和近代学者的高度评价。

核心理论。古代农业中有所谓的"三才"理论，"三才"指天、地、人，或曰天道、地道、人道。该词最初出现于先秦的《易传》中，但这种思想可以追溯到更早的时代。其主要内涵就是农业生产必须根据天时、地利的变化和农作物生长发育的规律，采取相应的措施。"三才"理论运用在中国农业生产中，为精耕细作的优良传统奠定了理论基础，对农业生产的发展产生了巨大的影响和作用。作为中国传统哲学的重要概念，"三才"理论把天、地、人当作宇宙构成中的三大要素，并以此作为分析框架应用于各个领域。

## 四、绵延千年：古代物理

《考工记》是一本现存的有关我国古代手工业技术规范的书籍，可能是春秋末年（公元前 700 年至公元前 400 年）的作品。它记述了许多手工业的制作工艺与设施，汇集了至公元前三四世纪时的工程技术知识，其中包含的力学知识，主要有关于惯性的记载、滚动摩擦的论述、箭的飞行与保持稳定，还记述了有关力的测量、斜面受力分析，以及材料和施工中的一些力学知识。战国时期的物理学有较大成就。《墨经》中有大量的物理学知识，其中有杠杆原理和浮力理论的叙述，还有声学和光学的记载。关于光影关系、小孔成像（见图 9-3）等的论述，写得很系统，被现代科学家称为"《墨经》光学八条"。我国很早就有对共鸣现象的记载，公元前三四世纪时，在《庄子·徐无鬼》中有关于弦线共鸣的记载：西周时代，有个叫鲁遽的人，曾经将两把瑟分别放在两个房间里，将其中一瑟某弦弹一下，隔壁那具瑟上同样的弦也会发声，作者认为是音律相同之故；再将瑟乱弹一气，结果出来很多泛音，另一具瑟上的每根弦都或多或少地应声而动。鲁遽的实验可以说是世界上最早的共鸣实验。同时，我们的祖先在铁矿冶炼的过程中认识了磁石吸铁的性质。《吕氏春秋·季秋纪·精通篇》说："慈石召铁，或引之也。"这是我国关于磁石吸铁的最早记载。另外，我国是世界上最早利用浮力进行水下打捞的国家。

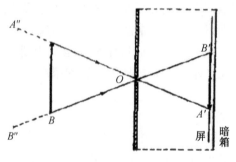

图 9-3　小孔成像

## 五、世界进步：古代化学

公元前 200 年到公元 400 年，炼丹术兴起。魏伯阳的《周易参同契》和葛洪的《抱朴子》记录了汞、铅、金、硫等元素和数十种药物的性状与配制。公元 750 年中国炼丹术传入阿拉伯地区。

中国早在春秋战国时代，就已发现了煤炭，并开采利用，是世界上最早开采和使用煤炭的国家。在当时，煤炭被称为"石涅"或"涅石"。汉书《地理志》记载："豫章出石，可燃为薪。"明代李时珍的《本草纲目》记载："石炭即乌金石，上古以书字，谓之石墨，今俗称煤炭，煤墨相近也。"元初，意大利人马可·波罗来到中国，因当时欧洲还没有用过煤炭，他对中国烧煤很是惊奇。

我国是世界上最早发现和利用石油的国家之一。古书上载"泽中有火"，有可能指地下石油流出漂到水面而燃烧。宋朝沈括所著《梦溪笔谈》中第一次将其命名为"石油"，并记载了石油的用途，预言"此物必大行于世"。早在距今 2000 年前的东汉初期，著名史学家班固就在《汉书》中第一次记载了石油——"高奴有洧水可燃"，所记述的是露头的油苗浮于水上的现象，并认识到石油的可燃性。东汉末年唐蒙著《博物记》，更详细地记述了陕北一带的石油情况，并第一次出现"石漆"这个名字。北魏地理学家郦道元在《水经注》中记载了我国许多地方都有石油。由此可见，我国古代就已经发现了石油。

天然气是一种燃烧热值较高的燃料，其主要化学成分为甲烷。在现代社会，天然气有着广泛的用途。在天然气开发与利用的历史上，中国是世界上最早实践的国家。在古代，人们把天然气的气井称为"火井"。据《汉书·地理志》记载："西河郡，汉武帝元朔四年置，鸿门有天封苑，火井祠，火从地出也。"说明当时那里已有火井。西汉杨雄在公元前 1 世纪末著的《蜀都赋》中也记载了四川地区有火井。这是中国生产天然气和拥有天然气井的最早记录。

我国古代的颜料丰富多彩，自然颜料如朱砂、石青、石绿等，经久不变色，一直沿用至今。另外，还有两种人造颜料——银朱和铅粉，色泽鲜明、性质优良，直到化学颜料出现的现代，银朱仍举世闻名，被世人交口称誉。

# 第二节 璀璨世界：四大发明

　　中国古代产生了很多以"四大"称代的事项，比如说"四大名著""四大美女"等，但是"四大发明"这个概念，其实最早来自于西方学者对中国的评价，并且在之后被中国人所接受。意大利数学家杰罗姆早在 1550 年就第一个指出："中国对于世界具有影响的三大发明是指南针、印刷术和火药。"在这里他没有提到造纸术，但是他认为在整个古代，世界上没有与这三者匹敌的发明。1620 年，英国哲学家培根也提到了这一点。不仅仅是他们，就连马克思、恩格斯等人也对中国古代三大发明给予了很高的评价。之后，来华传教士艾约瑟第一次将造纸术纳入了上述几大发明之中，并且将它们并称为"中国古代四大发明"。中国古代四大发明在世界上的地位和影响力应该都不低，马克思曾经在《机械、自然力和科学的作用》中说道："火药、指南针、印刷术——这是预告资产阶级社会到来的三大发明，火药把骑士阶级炸得粉碎，指南针打开了世界市场并且建立了殖民地，而印刷术则成为科学复兴的工具。"

## 一、文化传播之器——造纸术

　　东汉和帝元兴元年（105），蔡伦在总结前人造纸经验的基础上，用树皮、破渔网、破布、麻头等作为原料，制成了适合书写的植物纤维纸，改进了造纸术，使纸成为人们普遍使用的书写材料，被称为"蔡侯纸"。纸对人类文明产生了重大影响。纸张适合书写、绘画和印刷，是文字和信息传播的理想载体。公元 3 世纪至 4 世纪，中国书籍的书写材料普遍由简牍（竹、木）过渡到纸（图9-4）。敦煌莫高窟藏经洞保存了三国至北宋（公元 3 世纪至 11 世纪）800 年多间的经卷、文书、佛画等纸质文籍，总数约达 5 万件。印刷术发明后，纸张作为最基本的印刷材料，对文化传播有重要的作用。纸与造纸术（抄纸法）在 3 至 5 世纪先后传到越南、朝鲜、日本，8 世纪传至西亚，12 世纪传入欧洲，在世界上产生了深远而持久的影响。

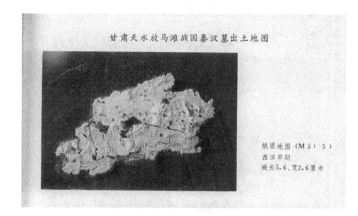

图 9-4　西汉早期纸质地图残片

## 二、文明传承之魂——印刷术

中国是世界上最早发明印刷术的国家。早期的印刷是把图文刻在木板上用墨印制，木版水印画仍用此法，统称"刻版印刷术"（亦称"雕版印刷术"）。刻版印刷的前身是印章和后来出现的拓印碑石。造纸和制墨等生产技术出现之后，刻版印刷技术逐渐盛行。目前，发现最早的雕版印刷成品是一单页版印度梵文撰写的《陀罗尼经》，该经印在亚麻纸上，于 650 年至 670 年间制成，1974年于西安附近的唐代陵墓出土。宋仁宗庆历年间（1041—1048），毕昇发明活字印刷术。毕昇创造发明的胶泥活字、木活字排版，是中国印刷术发展中的一个根本性的变革，是对中国劳动人民长期实践经验的科学总结，为中国和世界各国的文化交流做出了伟大贡献（图 9-5）。

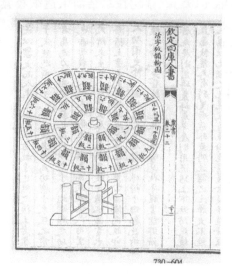

图 9-5　王祯《农书》活字板韵轮图

在此之前，只有摹印、拓印和雕板印刷，既笨重费力又耗料耗时，不仅存放不便，有错字又不易更正。毕昇发明的活字印刷方法，既简单灵活，又方便轻巧。其制作程序为先用胶泥做成一个个规格统一的单字，用火烧硬，使其成为胶泥活字，然后把它们分类放在木格里，一般常用字备几个至几十个，以备排版之需。排版时，用一块带框的铁板作底托，上面敷一层用松脂、蜡、纸灰混合制成的药剂，然后把需要的胶泥活字一个个从备用的木格里拣出来，排进框内，排满就成为一版，再用火烤。等药剂稍熔化，用一块平板把字面压平，待药剂冷却凝固后，就成为版型。印刷时，只要在版型上刷上墨，敷上纸，加上一定压力就行了。印完后，再用火把药剂烤化，轻轻一抖，胶泥活字便从铁板上脱落下来，下次又可再用。

毕昇的胶泥活字首先传到朝鲜，称为"陶活字"。唐代，刻板印刷在中国已非常盛行，并先后传至朝鲜、日本、越南、菲律宾、伊朗等国；15世纪，活字板传到欧洲。1445年，德国人古登堡发明铅活字印刷，比中国毕昇发明泥活字印刷晚了约400年。活字印刷术经过德国迅速传到其他国家，推动着文艺复兴运动。16世纪，活字印刷术传到非洲、美洲、俄国；19世纪传入大洋洲。

## 三、世界开拓之眼——指南针

指南针又称指北针，主要组成部分是一根装在轴上的磁针。磁针在天然磁场的作用下可以自由转动并保持在磁子午线的切线方向上，磁针的北极指向地理的北极，利用这一性能可以辨别方向，常用于航海、大地测量、旅行及军事等方面。物理上指示方向的指南针由三部分组成：司南、磁针和罗盘，它们均由中国发明。据《古矿录》记载，指南针最早出现于战国时期的磁山一带。指南针是古代汉族劳动人民在长期的实践中对物体磁性认识的结果。作为中国古代四大发明之一，它对世界科学技术和文明的发展，起了无可估量的作用。在中国古代，指南针起先应用于祭祀、礼仪、军事和占卜与看风水时确定方位。11世纪末或12世纪初，中国船舶开始使用指南针导航。北宋《萍州可谈》："舟师（掌舵者）识地理，夜则观星，昼则观日，阴晦观指南针。"

指南针应用在航海上，是全天候的导航工具，弥补了天文导航、地文导航的不足，开创了航海史的新纪元。目前，传统的观点认为，指南针的始祖大约出现在战国时期，它是用天然磁石制成的，样子像一把汤勺，圆底，可以放在平滑的"地盘"上并保持平衡，且可以自由旋转。当它静止的时候，勺柄就会指向南方。

## 四、历史进程之窗——火药

火药是中国古代炼丹家于隋唐时期发明的，距今已有1000多年了。火药的研究开始于古代道家的炼丹术，古人为求长生不老而炼制丹药，炼丹术的目的和动机并非出于科学研究，但它的实验方法却有可取之处，最后导致了火药的发明。

唐代炼丹家于唐高宗永淳元年（682）首创了硫黄伏火法，用硫黄、硝石研成粉末，再加入皂角子（含碳素）。唐宪宗元和三年（808）又发明了火矾法，用硝石、硫黄及马兜铃（含碳素）一起烧炼。这两种配方，都是把三种药料混合起来，已经初步具备火药所含的成分，都是在适当的外界能量作用下，自身能进行迅速而有规律的燃烧，同时生成大量高温燃气的物质。

火药在军事上主要用作枪弹、炮弹的发射药和火箭、导弹的推进剂及其他驱动装置的能源，是弹药的重要组成部分。火药是人类文明史上的一项杰出成就，以其杀伤力和震慑力，带给人类消停战事、安全防卫的作用，成为人类文明中的重要发明之一。大约在南宋（1127—1279），中国火药由商人经印度传到阿拉伯国家。直到文艺复兴后，英国人才从阿拉伯人那里得到了火药的配方，比我国要晚数百年之久（图9-6）。

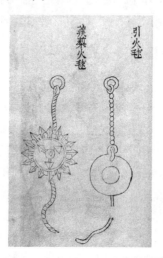

**图9-6　北宋时期的军事学著作《武经总要》中记载的蒺藜火球和引火球**

四大发明是中国古代先民为世界留下的一串光辉的足迹，是人类文明巨大进步的象征。造纸术的发明掀起了一场人类文字载体革命，活字印刷术的发明大大促进了文化的传播，指南针的发明为欧洲航海家的航海活动提供了条件，而火药武器的发明则加速了欧洲的历史进程。正如马克思所言，三大发明对于资本主义的进化显得尤为重要。

# 第三节 历久弥新：中国医药

　　2015 年 10 月 5 日，瑞典卡罗琳医学院在斯德哥尔摩宣布，中国女科学家屠呦呦和一名日本科学家及一名爱尔兰科学家分享 2015 年诺贝尔生理学和医学奖，以表彰他们在疟疾治疗研究中取得的成就。屠呦呦由此成为迄今为止第一位获得诺贝尔科学奖项的本土中国科学家、第一位获得诺贝尔生理学和医学奖的华人科学家，由此实现了中国人在自然科学领域诺贝尔奖零的突破。屠呦呦的重要贡献是，她创造性地研制出了抗疟新药——青蒿素和双氢青蒿素，获得对疟原虫 100% 的抑制率，在全球特别是发展中国家挽救了数百万人的生命，为中医药走向世界指明道路。屠呦呦在 2011 年获得"拉斯克奖"时发表的获奖感言表示，青蒿素的发现是中国传统医学给人类的一份礼物。在研发的最关键时刻，是中医古代文献给予了她灵感和启示，提醒生命科学工作者不要忘记中医药这座宝库。这个项目属于中医药集体发掘的一个成功范例，是中国科学事业、中医中药走向世界的一个荣誉。

　　中医药是我国传统文化的一块瑰宝，一直以来都在造福人类。比如在 2003 年的"非典"，以及 2019—2020 年出现的新冠肺炎治疗中，中医药都发挥了极为重要的作用。中国科学院院士、中国中医科学院首席研究员仝小林所带团队在 2020 年 4 月披露了三项科研成果。研究结果显示：中医药治疗新冠肺炎，轻症患者病情无一加重，重型、危重型患者病亡风险降低八成多，康复患者症状改善复阳率低。仝小林说，从轻症、重症、危重症到康复期，是治疗新冠肺炎的三个不同阶段，构成一个完整链条。治疗新冠肺炎，中医药全过程起效，彰显其独特的优势和作用，为全球抗击疫情贡献了中国智慧。

　　中医有着悠久的历史。远古时代，我们的祖先在与大自然做斗争的过程中创造了原始医学。人们在寻找食物时，发现某些食物能减轻或消除某些病症，这就是发现和应用中药的起源；在烘火取暖的基础上，发现用兽皮、树皮包上烧热的石块或沙土作局部取暖可消除某些病痛，通过反复实践和改进，逐渐产生了热熨法和灸法；在使用石器作为生产工具的过程中，发现人体某一部位受到刺伤后反而能解除另一部位的病痛，从而创造了运用砭石、骨针治疗的方法，并在此基础上，逐渐发展为针刺疗法，进而形成了经络学说。

## 一、星火之源：理论萌芽

先秦时期。中医理论主要来源于对实践的总结，并在实践中不断得到充实和发展。扁鹊是战国时期最著名的医生，他医术高超，被认为是神医，因此当时人们借用了上古神话中黄帝时的神医"扁鹊"的名号来称呼他，后代医家把他奉为"脉学之宗"。他采用望、闻、问、切四诊法，从脉象中诊断病情。扁鹊奠定了中医学的切脉诊断方法，开启了中医学的先河。相传著名的中医典籍《难经》为扁鹊所著，现存《难经》是后人托名扁鹊之作。四诊法成为中医的传统诊病法，两千多年来一直沿用至今。《汉书·艺文志》载《扁鹊内经》《扁鹊外经》，均佚。

## 二、理实俱进：发展成熟

西汉时期。战国问世、西汉编定的《黄帝内经》是我国现存最早的重要医学文献。《黄帝内经》是一本综合性的医书，在黄老道家理论上建立了中医学上的"阴阳五行学说""脉象学说""藏象学说""经络学说""病因学说""病机学说""病症""诊法""论治"及"养生学""运气学"等。《黄帝内经》奠定了人体生理、病理、诊断，以及治疗的认识基础，是中医学影响极大的一部医学著作，被称为医之始祖。

东汉时期。东汉的《神农本草经》是中国第一部完整的药物学著作。《神农本草经》又称《本草经》或《本经》，中医四大经典著作之一，作为现存最早的中药学著作，据传它起源于神农氏，代代口耳相传，于东汉时期结集整理成书，成书非一时，作者亦非一人，是秦汉时期众多医学家搜集、总结、整理当时药物学经验成果的专著，是对中医药的第一次系统总结。其中规定的大部分中药学理论和配伍规则，以及提出的"七情和合"原则在几千年的用药实践中发挥了巨大作用，是中医药药物学理论发展的源头。《神农本草经》全书分三卷，载药365种，以三品分类法，分上、中、下三品，文字简练古朴，成为中药理论的精髓。

东汉末年的名医华佗，擅长外科手术，被誉为"神医"，发明的麻沸散比西方早1600多年。华佗首创用全身麻醉法施行外科手术，是中国历史上第一位创造外科手术的专家，被后世尊为"外科鼻祖"。他不但精通方药，在针术和灸法上的造诣也十分令人钦佩，是针灸医病的创始人、先驱者。华佗走访了许多医生，收集了一些有麻醉作用的药物，经过多次不同配方的炮制，终于试制麻醉药成功。他又把麻醉药和热酒配制，使患者服下失去知觉，再剖开腹腔、割除溃疡、洗涤腐秽、用桑皮线缝合、涂上膏药，四五日除痛，一月间康复。因此，华佗给这种麻醉药起了个名字——麻沸散。

东汉末年的名医张仲景，被称为"医圣"，其在深入钻研《素问》《针经》《难经》等古典医籍的基础上，广泛采集众人的有效药方，并结合自己的临床经验，著成《伤寒杂病论》。书中系统地分析了伤寒的原因、症状、发展阶段和处理方法，创造性地确立了对伤寒病的"六经分类"的辨证施治原则，奠定了理、法、方、药的理论基础，是中医临床的基本原则，是中医的灵魂所在，确立了中医学辨证施治的理论体系与治疗原则，为临床医学的发展奠定了基础。后世又将该书分为《伤寒论》和《金匮要略》。其中，《伤寒论》载方113个（实为112个，因其中的禹余粮丸有方无药），《金匮要略》载方262个，除去重复，两书实收剂269个，基本上概括了临床各科的常用方剂，被誉为"方书之祖"。

西晋时期。医家皇甫谧（215—282）将《素问》《针经》《明堂孔穴针灸治要》三书的基本内容，进行重新归类编排，撰成《针灸甲乙经》12卷、128篇。该书为中国现存最早的一部针灸专书，其内容包括脏腑、经络、腧穴、病机、诊断、针刺手法、刺禁、腧穴主治等。书中经过考查确定了当时的腧穴总数和穴位349个（包括单穴49个，双穴300个），论述了各部穴位的适应证与禁忌，总结了操作手法等，对世界针灸医学影响很大。701年，日本政府制定医药职令时规定，《针灸甲乙经》为医学生的必修书。

610年，巢元方等人集体编写的《诸病源候论》，是中国现存最早的病因证候学专著。全书共50卷，分67门，载列证候1700余条，分别论述了内、外、妇、儿、五官等各疾病的病因病理和症状。其中对一些疾病的病因及发病原理描述得详尽而科学。例如，对某些寄生虫的感染，已明确指出与饮食有关，认为绦虫病是吃不熟的肉类所致。书中还记载了肠吻合术、人工流产、拔牙等手术，说明当时的外科手术已达到较高的水平。

隋唐时期。由于政治统一，经济文化繁荣，内外交通发达，外来药物日益增多，用药经验不断丰富，对药物学成就进一步总结已成为当时的客观需要。657年，唐政府组织苏敬等20余人集体编修本草，于659年完稿，名为《新修本草》（又名《唐本草》）。这是中国古代由政府颁行的第一部药典，也是世界上最早的国家药典，它比欧洲纽伦堡政府于1542年颁行的《纽伦堡药典》早883年。该书共54卷，包括本草、药图、图经三部分，载药850种，在国外影响较大。713年，日本官方就以此书的传抄本规定为医学生的必读课本。

唐朝杰出的医学家孙思邈（581—682）被称为"药王"，他对古典医学有深刻的研究，对民间验方十分重视，一生致力于医学临床研究，对内、外、妇、儿、五官、针灸各科都很精通，著有《备急千金要方》《千金翼方》。其中，《备急千金要方》分为30卷，合方论5300首；《千金翼方》亦30卷，载方2571首。二书还对临床各科、针灸、食疗、预防、养生等均有论述，尤其在营养缺乏性疾病防治方面成就突出。如认为瘿病（指颈前喉结两旁结块肿大为主要特征的一类疾病）是因人们久居山区，长期饮用一种不好的水所致，劝告人们不要久居这些地方；对夜盲病人，采用动物肝脏治疗等。公元752年，王焘著成《外台秘要》，全书共40卷，1104门（据今核实为1048门），载方6000余个，可谓集唐以前方书之大成，作为中国历史上第一部临床医学百科全书，被国外学者推崇为"人类之至宝"。

（三）功在千秋：灿烂辉煌

宋代。宋政府对中医教育比较重视，设立了"太医局"，作为培养中医人才的最高机构。学生所学包括《素问》《难经》《伤寒论》和《诸病源候论》等。教学方法也有很大改进，如针灸医官王惟一于1026年设计铸造铜人两具，精细刻制了十二经脉和354个穴位，作为针灸教学和考试医师之用。考试时，试官将铜人穴位注水，外用蜡封。受试者如取穴正确，则针进水出，这是中国医学教育事业的创举。1057年，宋政府专设"校正医书局"，有计划地对历代重要医籍进行搜集、整理、考证和校勘，历时十余年，约在1068—1077年陆续刊行。目前我们所能读到的《素问》《伤寒论》《金匮要略》《针灸甲乙经》《诸病源候论》《千金要方》《千金翼方》和《外台秘要》等，都是经过此次校订、刊行后流传下来的。

元代。中医学出现了许多各具特色的医学流派，其中有代表性的有四大家：刘完素（1120—1200），认为伤寒（泛指发热性疾病）的各种症状多与"火热"有关，因而在治疗上多用寒凉药物，被后世称之为"寒凉派"；张从正（1156—1228），认为病由外邪侵入人体所生，一经致病，就应祛邪，故治疗多用汗、吐、下三法以攻邪，被后世称之为"攻下派"；李东垣（1180—1251），提出"内伤脾胃，百病由生"，治疗时重在温补脾胃，因脾在五行学说中属"土"，故被后世称之为"补土派"；朱震亨（1281—1358），认为人体"阳常有余，阴常不足"（即认为人体常常阳气过盛，阴气不足），治疗疾病应以养阴降火为主，被后世称之为"养阴派"。

明清时期。明朝李时珍的《本草纲目》（图9-7），记载药物1800多种，方剂10000多个，全面总结了16世纪以前的中国医药学，被誉为"东方医药巨典"。李时珍重视实地考察和试验观察，注意运用比较方法，所以他对药物的认识和总结具有较高的科学价值。《本草纲目》对药物的分类反映了由低级

图9-7 李时珍《本草纲目》书影

到高级的生物进化观。李时珍还提出"鸟产于林，故羽似叶"的观点，反映了他在动物适应环境、相关变异，以及遗传特征等方面的新认识。

大约在 11 世纪，中医即开始应用"人痘接种法"预防天花，成为世界医学免疫学的先驱。17 至 19 世纪，由于传染病的不断流行，人们在同传染病做斗争的过程中，形成并发展了温病学派。如明代吴有性认为，传染病的发生"非风非寒，非暑非湿，乃天地间别有一种异气所感"，他称之为"戾气"。他指出，"戾气"的传染途径是自口鼻而入，无论体质强弱，触之皆病。这就突破了中医学历来认为的病邪是由体表进入人体的传统理论，在细菌学尚未出现的 17 世纪中叶，这无疑是一个伟大创举。到了清代，中医在治疗温病（包括传染性和非传染性发热性疾病）方面的代表著作有叶桂的《温热论》、薛雪的《湿热条辨》、吴瑭的《温病条辨》及王士雄的《温热经纬》等。

清代医家王清任（1768—1831）根据尸体解剖和临床经验写成《医林改错》，改正了古代医书在人体解剖方面的一些错误，强调了解剖知识对医生的重要性，并发展了瘀血致病理论与治疗方法。

近百年来，随着西医在中国的广泛传播，我国医学逐渐形成了中医、西医、中西医结合并存的局面。一些医家逐渐认识到中西医各有所长，试图把两种医学加以汇通，逐渐形成了中西医汇通学派。代表人物及其著作：唐宗海（1851—1908），《六经方证中西通解》；朱沛文（约 19 世纪中叶），《华洋脏象约纂》；张锡纯（1860—1933），《医学衷中参西录》等。

中医药学是中华民族灿烂文化的重要组成部分几千年来为中华民族的繁荣昌盛做出了卓越的贡献，并以系统的理论体系、显著的治疗效果、浓郁的民族特色、独特的诊疗方法、浩瀚的文献史料，屹立于世界医学之林，成为人类医学宝库的共同财富。中医药学历数千年而不衰，显示了自身强大的生命力，它与现代医药共同构成了我国的卫生事业，是中国医药卫生事业所具有的特色和优势。

**思考题：**

1. 中国古代科技发明和创造有何特点？与当今科技发明与创新有何本质区别？

2. 你如何认识中国的"四大发明"对人类的进步和社会的发展起到的作用？

3. 如何认识以《本草纲目》为代表的中医药的特点和地位？

查看答案

**我的思维导图**

请选择本章中的某一内容为核心词，自行绘制一幅思维导图。要求：层次清晰、图文精练。

# 第十章　时光的雕琢

## 中国古代节俗

　　民俗是生活在同一个地方的人们在长期生活过程中自然形成的习惯，依靠习惯的力量，在民间长久承袭，具有地域性、通俗性和实用性的特征，它体现出人们的心理与信仰，约束着人们的意识行动。民俗是社会物质文明和精神文化的体现，是一种社会文化现象，随着社会历史的推进而不断产生、不断演变。

　　民俗的表现形式大致可分为心理民俗、行为民俗和语言民俗。心理民俗以信仰为核心，主要是崇拜和禁忌；行为民俗是心理民俗的反映，但更多地表现为有形的活动，如礼仪、二十四节气、节日、游艺等；语言民俗则以语言为手段，表现人们的思想和愿望，包括传说、民谣、谚语等各类形式的口头文学，还有口诀、韵语等语言形式。

　　人们从原始社会的自然崇拜，到母系氏族社会的图腾崇拜，再到农业社会的祖先崇拜，逐渐从崇尚自然力量到关注人本身，民俗内容也逐渐丰富起来。进入现代社会后，全球化让社会更加开放，发展速度更快，新的科学技术和生活方式促使新的民俗现象产生，电视、网络、报纸书刊等大众媒体传播出来的大量信息，真实地反映了种种现代民俗现象。本章精选了二十四节气、中国节日、十二生肖这三个有代表性的中国传统文化中与时间相关的民俗，介绍它们的缘起、发展和与之有关的民俗现象，以期加深读者对它们的了解，并让读者思考身处如此开放、多元的社会，我们该如何守护文化的时间线，让传统民俗得以传承。

# 第一节　二十四节气

　　2016 年 11 月 30 日，中国申报的"二十四节气"被正式列入联合国教科文组织人类非物质文化遗产代表作名录。"中国的二十四节气是中国人通过观察太阳周年运动而形成的时间知识体系和其实践。中国古人将太阳周年运动轨迹划分为 24 等份，每一等份为一个'节气'，统称'二十四节气'。节气的划分标准是基于人们对季节变化、天象和其他自然现象的观察。'二十四节气'指导着中国的传统农业生产和日常生活。一些民间节日习俗也与这些节气相关，成为人们社会文化身份认同的重要组成部分。相关知识通过正规和非正规的教育手段传承下来。"由此可见，"二十四节气"是我们祖先崇拜太阳，感知自然、感知时间的产物，它是中国人开展农事和进行民俗活动的重要时间指南。为了更容易地记住节气的顺序，古人还编有易于记诵的《节气歌》："春雨惊春清谷天，夏满芒夏暑相连。秋处露秋寒霜降，冬雪雪冬小大寒。"自古至今，"二十四节气"被全国各地、各民族应用于农事和生活中，成为拉近人和自然间距离的纽带。

## 一、万物复苏：春日节气

### （一）立春

　　《增广贤文》云："一年之计在于春，一日之计在于晨，一家之计在于和，一生之计在于勤。""一年之计在于春"，它强调的是在一年的春季要制订好详细可行的计划，为全年的工作打下坚实的基础。作为"二十四节气"之首，立春是春季的开始（每年 2 月 2 日至 5 日之间），这时东风送暖、大地解冻、白昼变长，农民开始准备春耕。

　　中国从官方到民间都尤为重视这个一年之始的节气，自周朝起，就有官方举行的祈求丰收的"立春"仪式，后逐渐演变为"打春"。"打春"通常在立春时刻或立春日早晨举行，古代打春仪式最高由皇帝亲自主持，太监执行。地方上也有打春仪式，但是各地稍有不同。鞭打春牛（为泥塑）的场面极热闹，依照惯例是主事人用装饰华丽的"春鞭"先抽第一鞭，然后依地位高低，依次鞭打。最终春牛被打烂后，围观者一拥而上，争抢碎土，据说扔进自己家田里秋天就能丰收。在民间，人们在立春当天用各种方式迎接春天的到来，如"咬春"是吃春卷、春饼、萝卜等硬脆的食物，认为这样能坚固牙齿，在新的一年不会牙痛。现在人们肯定不会为了防止牙疼而在立春之时吃硬脆食物，但还是继承了这一习俗，这其中饱含着人们对新年风调雨顺的期盼。

（二）雨水

杜甫在《春夜喜雨》中写道："好雨知时节，当春乃发生。随风潜入夜，润物细无声。野径云俱黑，江船火独明。晓看红湿处，花重锦官城。"这首诗道出雨水这一节气的特点，即每年 2 月 18 日至 20 日间，中国大部分地区气温升到0℃以上，但天气变化不定，忽冷忽热。这时的春雨往往在夜晚降临，雨量的多少将决定一年的收成，所以俗话说"春雨贵如油"，农民此时会择机对冬小麦和一些农作物施肥。在古代，如遇少雨干旱，官府会出面主持求雨仪式，拜龙王，以祈春雨。

除农事以外，在这一节气还有辟邪除灾、迎祥纳福的一系列民俗活动，如给自家孩子认干爹干妈，希望孩子能健康成长，这一民俗在北方被称为"认干亲""打干亲"，在客家地区被称为"撞拜寄"，在四川广汉又叫作"拉保保"。四川广汉的"保保节"，起源于民间的游百病与拉（拜）保保习俗。正月十六游百病，清代即已成俗，有"正月十六游百病，游了百病不生病"之说。历经三百年，至今尤盛。每年正月十六，在广汉的房湖公园和金雁湖公园举行"保保节"。用拉"保保"这种方式来祈求小孩能平安成长，是当地很有影响力的一个民俗。每到这天人们都要出门游玩，为孩子拜干爹，结干亲家，也就是"拉保保"。这天，男女老少一般要上城墙游览，并在文庙万仞宫墙附近的古柏林中折一小枝柏桠，插在头上或帽檐上，取柏字的谐音，喻"百事顺遂""百病不生""白头偕老""富贵白头"等以为吉祥。同时，也有携带幼婴于大柏树下"拉保保"。

（三）惊蛰

清孙希旦《礼记集解》中说："二月节万物出于震，震为雷，故曰惊蛰，是蛰虫惊而出走矣。""春雷惊百虫"，惊醒了蛰伏在泥土中冬眠的动物，特别是各类昆虫。

惊蛰（每年 3 月 5 日或 6 日）时分，温暖的气候适合农作物生长，但也使各种病虫害增加、野草疯长，于是人们会在这一天手持清香的艾草熏家中四角，以香味驱赶蛇、虫、鼠。久而久之，渐渐演变成不顺心者拍打他人和驱赶霉运的习惯，亦即"打小人"的前身。惊蛰以龙抬头为大事，民间认为龙虎相斗。因此，白虎在龙抬头时会搬弄是非，甚至开口噬人，故人们祭龙王之外，也会祭白虎，使之不要张口说人是非，让人全年不遭小人阻挠。惊蛰的节气神是雷神，故人们还要祭雷公。

（四）春分

《礼记集解》中是这样解释春分的："二月中，分者半也，此当九十日之半，故谓之分。秋同义。"春分（每年 3 月 20 日或 21 日）那天是 90 天春季的一半，刚好昼夜平分，各为 12 小时，此时农事上需防春旱、冻害。

春分期间，"二月春风似剪刀"，燕子开始从南方飞回北方衔泥筑巢，古人开始举行祭日仪式、采摘春菜，并纷纷在家贴上《春牛图》。《春牛图》中画一芒神（一童子模样者手持一短鞭，俗称句芒，象征春临）依一卧牛旁，手托一"春"字。图上印有一年二十四节气月日表，及"牛郎诗""地亩经"等，供农民耕作时，按图上节气务农。现在，农民开展农事不再依赖春牛图，而是借助各地农业气象观测站观测的内容和数据，可多方位了解气象情报、气象预报和气象灾害监测预报等信息，享受科学技术带来的便利。

（五）清明

每年 4 月 4 日至 6 日间，清明既是节气，又是中国传统节日之一。这期间天气清爽明净，草木繁茂。

对于中国人来说，这是一个悲喜交加的日子。说悲，是因为清明前后人们开始扫墓、祭祖、缅怀先祖，给人带来无尽悲思。唐代诗人杜牧最为人所知的诗歌之一是这样描述清明的："清明时节雨纷纷，路上行人欲断魂。借问酒家何处有？牧童遥指杏花村。"另外，清明插柳原意是指人们身上插戴柳枝的一种行为，但在坟茔祭祖和田野踏青的过程中，人们往往会将柳枝往坟头或地上一插，柳便成活，无意之中也起到了植树的作用。当然，清明插柳还有另外一层含义，那就是纪念战国时晋国大夫介子推（一作介之推）。到了唐代，由于清明、寒食两节相邻，人们为了祭礼方便，就将两节合而为一，于是寒食插柳、植柳的风俗便演变为清明插柳与植柳的风俗，从此以后，代代流传。直到 1979 年 2 月，为了纪念孙中山，也为了营造优美的生态环境，响应绿化祖国的号召，除了大力提倡清明植树的民俗活动外，又制定了全民义务植树日，将 3 月 12 日定为植树节，从而使民间的插柳、植柳习俗又有了新的社会意义。

在清明扫墓、祭祖之余，民间还有踏青或春游的习俗，唐宋时盛行。踏青时，人们与亲朋好友相伴，尽情享受春日美景，开展的丰富民俗活动也流传至今，如赏花、荡秋千、放风筝、拔河、吃青团等。

（六）谷雨

每年 4 月 19 日至 21 日，为春日最后一个节气——谷雨。此时雨量充足而及时，谷类作物茁壮成长，布谷鸟开始鸣唱，可栽插水稻、播种玉米和棉花、采谷雨茶。

民俗方面，在河南洛阳，有"谷雨过三天，园里看牡丹"的习俗，人们把牡丹花又称为"谷雨花"，在晚间点灯夜宴，饮酒赏花，号称"花会"；在山东沿海地区，谷雨当天为谷雨节，是渔民祈求海神保佑出海平安顺利、满载而归的海祭日。

## 二、三伏袭来：夏日节气

### （一）立夏

每年 5 月 5 日或 6 日，是夏季开始的日子，被称为"立夏"。这时全国气温大幅提高，动植物进入疯长期，农事进入繁忙期，田间管理以抗旱防涝、防病虫害为主。

从周朝起，古人就会举办迎夏仪式，参加君臣均身着朱色礼服，仪式所需仪器和车马也都为朱色，以表达期待丰收的愿望，但这一迎夏习俗没有流传下来。

清朝道光、咸丰年间，一位叫顾禄的秀才在他编撰的笔记《清嘉录》中提到了在立夏日，以苏州为核心的江南地区的人们会举行"立夏见三新"的民俗活动，即"立夏日家设樱桃、青梅、麦，供神享先"，以吃时令新鲜食物的方式迎接夏天的到来。另外，人们还会在立夏日用黄豆、黑豆、赤豆、绿豆、青豆五种颜色的豆子，拌白粳米，煮成"五色饭"，即立夏饭。饭后还有称人的习俗，"家户以大秤权人轻重，至立秋日又秤之，以验夏中之肥瘠"，如在立秋之日再次称重时体重有所增加，为身心安康的表现。

在北京，每年农历四月的前半月，前往妙峰山朝山的香客有"带福还家"的习俗，他们要采几朵玫瑰花以示"带福还家"。后来为保护花种，禁止采摘玫瑰花，以手工制作的绒花取而代之。随着社会变化发展，绒花逐渐淡出人们的生活。2018 年电视剧《延禧攻略》的热播，让小小绒花再次回到大众视野，一些古装服饰爱好者在日常生活中也开始佩戴绒花。

### （二）小满

《月令七十二候集解》："四月中，小满者，物致于此小得盈满。"每年 5 月 20 日至 22 日之间，气温不断升高，我国南北方的温差越来越小，麦类等夏熟作物籽粒开始饱满，但还未达到成熟的程度，在这青黄不接时，旧时人们会到野外采摘野菜来果腹。

为了保证丰收，小满时田里应蓄满水，还要采取一些有效的预防干热风和防范突如其来的雷雨大风的措施，于是，"小满动三车"的习俗由此形成。三车指水车、油车和丝车。《清嘉录》中记载："小满乍来，蚕妇煮茧，治车缫丝，昼夜操作，郊外菜花，至是亦皆结实，取其子，至车坊磨油，以俟估客贩卖。"农民们忙着踩水车引水灌溉庄稼，用油车将刚割下来的油菜籽榨成油，摇着丝车缫丝，收丝客们也在小满前后在各地集市上开始收购新蚕丝。

因相传小满是蚕神的诞辰，所以江浙一带在小满节气期间有一个祈蚕节。我国农耕文化以"男耕女织"为典型，女织的原料北方以棉花为主，南方尤其是江浙一带以蚕丝为主。气温、湿度，桑叶的冷、热、干、湿等均会影响蚕的生存。由于蚕难养，古人们把蚕视作"天物"。人们在夏初放蚕时节举行祈蚕节，以祈求有个好的收成。

### （三）芒种

《月令七十二侯集解》："五月节，谓有芒之种谷可稼种矣。"每年 6 月 6 日前后，进入雨季，大麦、小麦等有芒作物成熟，需要及时抢收，夏秋作物也需要在此时抢种、抢栽。慢慢地，一种流行于西北地区的古老职业——麦客，应运而生。他们每到麦熟季节，由北向南、由南往北，成群结队地走乡串户，替人割麦子。小说《白鹿原》里的黑娃，就是麦客。20 世纪 90 年代后，农业逐步实现机械化，每年都有大量收割机跨区收割小麦，替代了传统麦客，被称为"现代麦客"。

可以说，芒种反映了农业物候现象，是农民一年中最忙碌的时节，虽然身处城市的人们很难感受到这样的农忙氛围，但是芒种这一节气体现出的"与时间赛跑""人人参与"的精神和干劲，却是都市人可以亲身实践的。

当然，和芒种有关的关键词不止"忙碌"和"麦客"，还有每年农历五月初五纪念屈原的端午节或端阳节，期间赛龙舟、包粽子、悬蒲艾、戴石榴花、斗草等延续千年的民俗活动已经深深融入中国人的血液和记忆里了。

### （四）夏至

每年 6 月 21 日或 22 日，太阳几乎直射北回归线，这是北半球一年中白天最长的一天，北半球炎热的夏天来临，天气变得越来越闷热，雨量增大，防洪防汛的压力也变大。此时农作物生长速度很快，需要大量水分，除草就显得尤为重要。

自夏至起，正式进入"三伏天"：初伏、中伏和末伏。曾经在民间还流行"夏九九"一说："一九二九，扇子不离手。三九二十七，冰水甜如蜜。四九三十六，挥汗如出浴。五九四十五，树头秋叶舞。六九五十四，乘凉勿入寺。七九六十三，床头寻被单。八九七十二，思量盖夹被。九九八十一，家家打炭墼。"

过去，一些乐善好施者，会在这个时节在家门口免费赠送路人凉茶。小商贩们沿街叫卖凉粉、凉冰、新鲜水果等消暑食物，有创意者还在凉冰里加上杨梅、桃等水果，宛如现在夏日里的刨冰。穿戴方面，人们多选择轻薄透气的布料做成的衣物，普通人多用夏布（原料来自植物葛的茎干纤维）、棉、麻，富裕人家多用纱、丝绸；还有戴花的习俗，由于鲜花不易持久，逐渐发展出绒花、宫花（堆纱花）、绢花、通草花等类型，这些簪花永开不败、形式多样、寓意吉祥，在古代受到宫廷和民间的喜爱，而且戴簪花并不只是女性的专利，男性也可佩戴。

### （五）小暑

《月令七十二候集解》中记载："六月节……暑，热也，就热之中分为大小，月初为小，月中为大，今则热气犹小也。"每年 7 月 7 日或 8 日，天气慢慢开始变热，凉风减少，热风阵阵，农作物继续茁壮成长，田间需多施肥、防虫害、抗旱和防洪。

过去，民间有小暑时节"食新"的习俗，即在小暑过后尝新米，农民将新割的稻谷碾成米后，做好饭供祀五谷大神和祖先，然后人人尝新米。据说"吃新"乃"吃辛"，是小暑节后第一个辛日。一般买少量新米与老米同煮，加上新上市的蔬菜等。所以，民间有"小暑吃黍，大暑吃谷"之说。在如此炎热的天气里，人们往往会感到心烦意乱、食欲不佳，采用这样的"食新"方式，无疑可以帮助人们在身心两个方面适应三伏天，很巧妙地利用了大自然的节令特点。

另一个巧妙利用大自然的习俗就是"冬日取冰、夏日使用"了。现代人在炎炎夏日可以吃冰饮、吹空调，古人则采用更环保的方式来降暑，即每年冬季，到已结冰的河面和湖面上，切出厚厚的长方形冰块后送至冰窖，到来年夏日取出使用。冰窖一般建在阴凉处，深入地下 4～5 米。从周朝起，各王朝都设专门的官吏管理冰政。明清开始，百姓可以使用窖冰，一般窖冰不直接食用，主要用途有二：一是用于室内降温；二是用于冰凉食品，如冰凉水果、美酒。盛放冰块的容器有冰鉴、木制冰桶等，它们兼有冰箱和空调的功能。

### （六）大暑

每年 7 月 22 日至 24 日之间，一年中最热的时候到来，大暑中的"大"字形象地体现出天气的炎热。这个时期的农事既要注意预防洪涝，又要注意抗旱保收。

民俗方面，此时正是捉蟋蟀、斗蟋蟀的好时节。斗蟋蟀活动始于唐代，盛行于宋代，清代愈发讲究。蟋蟀要求无"四病"（仰头、卷须、练牙、踢腿），外观颜色也有尊卑之分，"白不如黑，黑不如赤，赤不如黄"，体形要雄而矫健。蟋蟀相斗，要挑重量与大小差不多的，用蒸熟后特制的日草或马尾鬃引斗，让它们互相较量，几经交锋，败的退却，胜的张翅长鸣。旧时城镇、集市，多有斗蟋蟀的赌场，今已被废除，但民间仍保留此项娱乐活动。

农历六月二十四日，民间将此日视为荷花生日。荷花、莲花在中国传统文化中有着特别的地位，是"梅、兰、竹、菊"以外深受人们喜爱的植物，它洁净而质朴的气质在历代文人墨客的诗文中被反复歌颂，如李白的"清水出芙蓉，天然去雕饰"；杨万里的"接天莲叶无穷碧，映日荷花别样红"。它在佛教、中医里也有一席之地。在这一时节，人们在荷花丛中泛舟而行、消夏纳凉，放下寄思故人、祝福当下的荷灯。顾禄在《清嘉录》卷六中描述到："洞庭西山之址，消夏湾为荷花最深处，夏末舒华，灿若锦绣，游人放棹纳凉，花香云影，皓月澄波，往往留梦湾中，越宿而归。"由此可见，清朝时人们的赏荷心境和今人并无二样。

## 三、层林尽染：秋日节气

### （一）立秋

每年8月7日至9日之间为立秋，这一节气标志着秋季的开始，虽暑气未散，但已有凉风，天气逐渐变得凉爽起来。此时，南北方农田需要抓紧时机做好施肥、秋耕、播种和防虫工作，开始收割已成熟的谷物，各类瓜果也纷纷上市。顾禄的《清嘉录》提到清朝江浙地区"立秋西瓜"这一习俗，即立秋前后，人们买西瓜互赠，用食瓜、饮烧酒的方式迎接秋天的到来。除了吃西瓜，在有些地方还有"贴秋膘"的习俗，人们会再次称重，比较立夏日的体重变化，在立秋前后多吃鱼肉补身体，这一系列的习俗可统称为"咬秋"或"啃秋"。清末富察敦崇在《燕京岁时记》里这样描述当时水果小贩沿街叫卖的情景："七月下旬，则枣实垂红，葡萄缀紫，担负者往往同卖。秋声入耳，音韵凄凉，抑郁多愁者，不禁有岁时之感矣。"而我们现在很难听到这样引出"悲秋"之情的吆喝声了。

另外，古人还有在立秋之日戴楸叶的习俗。关于戴楸叶的记载最早出现在唐朝，历经宋、元、明、清各朝再到近现代。楸叶呈圆形或卵形，叶嫩时为红色，叶老后只有叶柄是红的，妇女儿童将买来的楸叶剪成各种花样戴在头上或胸前，以求秋季平安。

### （二）处暑

《月令七十二候集解》："处，去也，暑气至此而止矣。"每年8月23日左右，炎热的暑天即将结束，冷空气南下次数增多，气温下降明显，昼夜温差大，这给农作物的成熟提供了很好的气候条件，农民开始收割谷类、碾压、扬场、装袋和归仓，一幅五谷丰登的景象。旧时有些地方会祭祀农神和祖先，请来戏班连唱几天，敲锣打鼓庆祝丰收，还有些地方出游迎秋。

当然，秋天带给人们的不仅只有开心的一面，还有必须面对的消极的一面。秋天农作物收割后（农民）才算有了经济收入，此前欠下的债务可以在秋后算清了。现在的一些农村地区，农民在小的经销店购买生活用品，仍会拖到秋收后一起结算，这就是"秋后算账"的本义；而"秋后问斩"这一制度，从唐宋以至明清的法律基本上都予以遵循。

由于此时是从热转凉的过渡期，降水量逐渐减少，昼夜温差大，人们往往会感染呼吸道类、肠胃类疾病，也会感到皮肤干燥、口干舌燥，即"秋燥"。所以在饮食习俗上，人们多选择润肺健脾的食材。在处暑这天吃鸭子的习俗至今在全国多地仍旧流行，其做法也多种多样，如烤鸭、樟茶鸭、子姜鸭、荷叶鸭等。

（三）白露

《月令七十二候集解》："八月节……阴气渐重，露凝而白也。"每年 9 月 7 日前后，冷空气南下，日照减少，天气转凉，民间有在白露时喝白露茶、喝白露米酒、吃核桃的习俗。

白露开始，清晨时的草木上会凝结出白色的露珠。古人认为露水神奇，可祛病延寿，把它视为祥瑞之物，有"甘露"一说。《红楼梦》中，神瑛侍者（后转世为贾宝玉）每天用露水浇灌绛珠仙草，也许绛珠仙草因为有了露水的滋养，才修成人形，转世为林黛玉，下凡报恩。对于凡间的世人来说，想要享受露水的滋养并不容易。文人雅士认为泡茶之水分为四等，"一等水天水，二等水泉水，三等水江水，四等水河水"，这里的天水即指无根水——露水。为了得到天水，他们不辞辛苦，很早起床，到花园、田间、野外的花瓣、草叶上采集露水，因此由露水冲泡出的茶尤为珍贵。李真在《王少堂传》中记载了著名扬州评话艺术家王少堂品尝"露水茶"的故事，因露水有干净、清醇的特质，王少堂用陶罐将在自家天井屋角收集的露水封闭好，深埋在地下，以防露水变质，一季可以采三四坛水，用露水冲泡的茶，口感香醇、甘甜。但现在因环境污染，很少有人采集露水来泡茶了。

（四）秋分

每年 9 月 23 日前后，阳光几乎直射赤道，昼夜平分，凉风阵阵，丹桂飘香，蟹肥菊黄，农民忙着秋收、秋耕、秋种，努力保护着汗水浇灌出的丰收成果。此时人多有秋燥症状，口干舌燥、皮肤干燥、便秘等，所以古人在生活起居方面，配合自然气候的变化而变化。

饮食习俗方面，《清嘉录》记载江浙地区的人们此时会煮糯米和赤豆来吃。在其他地区，有拜月、送秋牛、吃秋菜、吃螃蟹、喝黄酒等习俗。以吃秋菜这一习俗为例，秋分一到，全家老小都拎着篮子去田野里采摘秋菜。在田野中搜寻时，多见嫩绿的、细细的约有巴掌长短的秋菜（野苋菜）。一般人家将采回的秋菜与鱼片"滚汤"食用，炖出来的汤叫作"秋汤"。有民谣这样说："秋汤灌脏，洗涤肝肠。阖家老少，平安健康。"人们争相吃秋菜，目的是祈求家宅安宁、身体强壮有力。

（五）寒露

每年 10 月 8 日或 9 日，气候从凉爽逐渐过渡到寒冷，露水已寒。中国南北地区气候差异较大，北方已进入深秋，南方才刚秋意渐浓，此时农事方面要抓紧秋收、灌溉农作物和播种小麦、油菜、白菜等，也是人们成群结队外出赏红叶、赏菊花的时节。

赏红叶之处必是高处，此时恰逢重阳节，故有登高的习俗。人们登高之余，极目远眺，尽享漫山红叶。景色最佳、历史悠久的赏枫叶之地当属中国四大赏枫胜地，它们分别是北京香山、南京栖霞山、苏州天平山和长沙岳麓山。北京香山是我国赏枫的发源地之一，驰名中外，林区以黄栌树为主，枫叶层次分明，有绿色、黄色、鲜红、粉红、猩红、桃红等；南京栖霞山，深秋时树叶红如火，十分壮观；苏州天平山既可观枫叶，也可观泉、观怪石，为天平三绝，林区以枫香树为主，一棵枫香树可同时呈现出嫩黄、橙红、赭红、血牙红、深红等颜色，被称为"五彩枫"；长沙岳麓山的岳麓书院，火焰般的枫叶点缀在历史古迹之间，显得意境深远。观赏之余，人们还会带回几片枫叶，制成书签，让美的记忆时刻相随。

赏菊，是从唐宋流传至今的古老习俗。菊花，又称黄花，它的花型和颜色多种多样，在传统中国文化中，与梅、兰、竹一道称为"四君子"，在中国传统建筑、刺绣、饮食、饰品等中均可看见它的身影。它盛开在百花凋零之后，被古人视为有顽强生命力、高风亮节的象征。另外，菊花也被赋予了长寿长久的内涵，白色或黄色菊花在中国、日本、韩国等国家被用于葬礼，表达对逝者的追思。

（六）霜降

每年 10 月 23 日前后，天气渐冷，开始有霜，霜降是秋天最后一个节气，冬天即将到来。霜是空中水汽于气温低于 0 ℃时，在地面或地面物体上直接凝结而成的白色疏松冰晶。我国不同地区的霜降期长短不一，黄河中下游的初霜期一般在 10 月下旬到 11 月初，长江以南的初霜期要推后 20 余天，云南的西双版纳、海南和台湾南部及南海诸岛则不会有霜降。

在古代中国，霜降日有一种鲜为人知的风俗。在这一天，各地的教场演武厅有隆重的收兵仪式。按古俗，每年立春为开兵之日，霜降是收兵之期，所以霜降前夕，府、县的总兵和武官们都要全副武装，举行收兵仪式，所谓"沙场秋点兵"，以期被除不祥、天下太平。霜降日的五更清晨，武官们汇集庙中，行三跪九叩大礼。礼毕，列队齐放空枪三响，然后再试火炮、打枪，谓之"打霜降"。据说打霜降后，司霜的神灵就不敢随便下霜危害本地的农作物了。

霜降的另一个习俗是吃柿子（见图 10-1）或柿饼。俗话说："霜打柿子红如火。"柿子一般在霜降前后完全成熟，成熟的柿子含有 15% 的碳水化合物，以及多种膳食纤维、钙、磷等矿物质和维生素。柿子品种约有 300 多种，可从色泽上分类，也可从果型上分类。民众赋予柿子"事事如意"的含义，认为霜降时吃柿子或柿饼可以御寒保暖、清热生津。在泉州，老人们在霜降当天吃带霜的柿子，希望能预防感冒，补充水分，防止嘴唇开裂。而传统柿饼制作更是在霜降时采摘新鲜柿子，使用"日晒夜露"的方式，经过两个月的挂晒而成。有几百年栽培、加工历史的柿饼产地主要有广西壮族自治区恭城瑶族自治县，主产月柿饼；陕西省富平县，有着"中国柿乡"的美称。这些产地的柿饼均远销日本、韩国等地。

图 10-1　柿子

## 四、草木皆冰：冬日节气

（一）立冬

每年 11 月 7 日或 8 日，冷空气占了上风，冬季开始。《月令七十二候集解》说："冬，终也，万物收藏也。"秋天的农作物已收割，放入仓库或地窖，动物开始冬眠，传统农耕社会由于"水始冰，地始冻"，也进入了冬季农闲的阶段。这时，农民开始修剪果树、修缮水利系统，一些穷人家的孩子还有机会进入学堂认字，学习期在三四个月左右。

旧时人们为御寒、增强体质，在立冬时有补冬、养冬和迎冬的民俗。补冬，即指人们在冬天进补，多使用补药和鸡鸭搭配，炖制各类汤品。养冬，即通过食补的方式，调养身体，提高机体抗病能力。如汕头人在立冬之日吃甘蔗，岭南人会吃用花生、蘑菇、板栗、虾仁、胡萝卜等做成的香饭，潮汕人吃在新米中加入白萝卜、小蒜、新鲜猪肉等做成的炣饭，苏州人则会品尝咸肉菜饭。除食补以外，从明代开始，上海一带就有在立冬这天用各种香草、菊花及金银花煎汤沐浴的习俗，希望把身上的寄生虫都除掉，整个冬天不得疥疮，称为"扫疥"。迎冬，在《后汉书·祭祀志》中就有记载："立冬之日，迎冬于北郊，祭黑帝玄冥，车旗服饰皆黑。"皇帝会和众臣一道在城郊举行迎冬仪式，并赐予众臣冬衣、抚恤孤寡，这一习俗发展至今，演变为政府或各单位领导给贫困家庭、孤寡老人、烈士家属等送去冬季用品和物资，展开慰问活动。

（二）小雪

每年 11 月 22 日或 23 日，太阳照射北半球的时间变短，北风主导，冷空气到来，北方以下雪为主，但还难以形成积雪。和雨水、谷雨一样，小雪是反映降水的节气，对于农民来说"小雪雪满天，来年必丰年"，下雪可以冻死一些病菌和害虫，减轻来年的病虫害。

过去，在这样的寒冷天气下，人们很难获取足够的蔬菜和水果补充必需的维生素，因此不论南北，都会在寒冬到来之前，提前备上一些蔬菜，用多种方法保存好，以备不时之需。在北方，"小雪来，出白菜"，家家户户至少备上几百斤白菜，将它们窖储。东北人会将白菜生腌，挑选好白菜，摘去残根烂叶，在太阳底下晾晒几天，然后，用清水洗净，再一颗颗、一层层地摆放在缸里，菜顶压上一块石头，加入凉开水浸腌起来，密封存放，30 天左右便大功告成。整个冬天，白菜以各种形式出现在北方人的餐桌上，成为他们的"当家菜"。而在南方，以南京为例，逢小雪前后必腌菜，称之为腌元宝菜，一直吃到来年春天。这些冬菜伴随人们度过冬天，体现出人们的勤劳和智慧，也成为人们味蕾记忆的一部分，甚至能缓解他们的思乡之情，温暖他们的心。

（三）大雪

大雪节气在每年的 12 月 7 日前后，这时，气温不断下降，降雪量增多，地面开始有积雪，河流结冰。在古代，官府和民间选择在此时储藏冰块，为夏天消暑所用。现在人们在采集来的冰块上进行艺术创作，丰富了人们在冬日的业余生活。

在中国，不仅只有南京一带会"小雪腌菜，大雪腌肉"，其他地方也有大雪后腌肉、做香肠、腌鸡、腌鱼的习俗。腌肉的时候要先用粗盐，加上八角、花椒等香料，放在铁锅里炒香，凉后把盐往肉上搓，搓好后放到坛子里，把剩下的盐撒到腌肉上，用石头压好。腌一个星期左右，把肉拿出来，把腌肉的卤子烧开，去掉血水之后继续腌。这是腌肉的一个小窍门，用这种方法腌出来的肉不仅颜色不会发黑，而且味道特别香。灌香肠最好挑前腿肉，切成块状，根据口味加上盐、糖、姜末、葱末及少许五香粉，准备好这些原材料后送到菜场请人加工即可。很多人家在灌好香肠之后都会挂在竹竿上晾晒，也可以用缝衣服的针戳很多小孔，以缩短风干的时间。根据不同地区人们的喜好，香肠的口味主要分辣味、咸味和甜味，它和腌肉或腊肉一道被视为中国家庭年夜饭中不可或缺的菜品。

（四）冬至

每年的 12 月 21 日至 23 日之间，太阳直射南回归线，北半球白天最短、黑夜最长，这天便是冬至。作为二十四节气中较为重要的节气，在我国民间有"冬至大如年"的说法，现在还保留着北方冬至吃饺子，南方冬至吃汤圆或羊肉汤的饮食习俗。

古时，官方和民间会在这天举行规模盛大的祭拜活动，如祭祖、拜父母、拜师等，目的在于祈求消除世间的疫疾，减少荒年与饥饿死亡，也借此机会感谢父母和老师的恩情。

从南北朝开始，民间便有数九的习俗，地域不同，数九的形式也有不同，有传唱九九歌的，有"画九"的，有"写九"的。关于九九歌的内容，北京地区广泛传唱："一九二九不出手，三九四九冰上走，五九六九河堤看柳，七九河开，八九雁来，九九加一九，耕牛遍地走。"在内蒙古的部分地区，则唱成："一九二九门叫狗，三九四九冻死狗，五九六九消井口，七九河开，八九雁来，九九又一九，犁牛遍地走。"这些民谣中微妙的变化，反映了人们对从冬至到春分间 81 天里气候和物候变化的细致观察，也指导着人们较好地应对寒冷的天气。

（五）小寒

每年 1 月 5 日或 6 日，照射到北半球的太阳光较弱，为一年中最寒冷的日子，民间有"小寒胜大寒"的说法，即指小寒要比大寒时还要寒冷。农事方面，万物开始萌动，农民在田间开展防冻和追肥的工作。

此时，在中国人眼中代表吉祥如意、喜事来临的喜鹊，冒着严寒开始筑巢，人们将对它的喜爱融入各种民俗形式中，以画喜鹊、剪喜鹊、绣喜鹊等形式呈现，让喜鹊的形象走进寻常百姓家，装点着门墙、窗格，反映了人们对美好生活的向往之情。其中，流传最广的主题有鹊登梅枝报喜图，又被叫作"喜上眉梢"；两只喜鹊面对面，则叫"喜相逢"；双鹊中加一枚古钱叫"喜在眼前"；一只獾和一只鹊在树下树上对望，叫"欢天喜地"。

小寒，也正是梅花开放，民间赏梅的大好时节。梅花为"四君子"之首，也与松、竹并称为"岁寒三友"。受到人们喜爱的梅花原产中国南方，类型主要有红梅、蜡梅、白梅、绿萼梅等。因它身上的两个特质——傲雪和清香，受到历代文人墨客和民众的偏爱和推崇。古人品赏梅花一般着眼于梅花的色、香、形、韵、时等方面。宋代王安石的咏梅诗《梅花》："墙角数枝梅，凌寒独自开。遥知不是雪，为有暗香来。"在把梅花作为市花的南京，植梅之风盛于南朝，赏梅之风历代相沿。据史书记载，南京城北钟山脚下的梅花坞、城南梅岭岗均为植梅、赏梅之佳地。

（六）大寒

每年1月20日前后，二十四节气中的最后一个节气大寒到来，这时是农历的十二月，又叫丑月、腊月。过了腊月，人们便告别寒冷天气，迎来春天，欢聚一堂，喜度新春佳节。农事方面，北方农民开始堆肥，为开春农事做准备；南方农民则多注意小麦及其他农作物的田间管理，在岭南地区，有大寒捉田鼠的习俗，当农作物收割完成后，田地里的田鼠窝暴露出来，农民利用这个机会集中灭鼠，以减少田鼠四处打洞和啃食庄稼所带来的田间作物损失。

除了打理田间，过去人们还会在大寒时打扫房间和糊窗户，这两项习俗都是为过年做准备，有着特殊含义。打扫房间，是为了驱除"穷运"和"晦气"，人们认为"尘"与"陈"谐音，陈是陈旧的意思，在大寒期间把家的里里外外打扫干净，整理有序，可"除尘布新"，迎接新年到来。从现代的角度来看，灰尘、废物之类多带有病菌，所以大寒除尘打扫是最好的时机，能给人们一个卫生的生活环境。过去窗户多为木质，需每年替换新的窗户纸。糊窗户非常讲究，不仅要糊窗户，还要裱顶棚，糊完后，还要再贴上各式各样的窗花。窗花内容有各种动植物，也有各种戏剧故事，可以美化家居，也起到一定的教化作用，寄托着人们对来年的美好期盼，营造出喜庆的节日氛围。

# 第二节 中国传统节日

2005年11月24日，韩国江陵端午祭被联合国教科文组织正式确定为"人类口头和非物质遗产代表作"。这一事件在中国国内引起轩然大波，毕竟从端午节的起源来看，它源于中国。这一结果让中国人失望不已，痛惜不已。但也从另外一个角度反映出中国还需要加强对传统节日和传统文化的保护与重视程度，无论是政府还是国人都需要实实在在地为中国传统文化和传统节日的保护和传承做些事情。此后，我们也看到了一些进步和变化，比如，2006年，中国政府将6月13日定为中国"文化和自然遗产日"，目的就是进一步提高我国人民群众对非物质文化遗产的保护意识。在遗产日前后，全国各地还会先后开展非遗宣传展示活动，传承、弘扬中华优秀传统文化，营造保护非遗的良好社会氛围。

## 一、中国传统节日中的"十朵金花"

在以农业为根基的中国，农业生产的节奏早已与国民生活的节奏相交织。我国的传统节日，包括最隆重的春节，均源自于农事，是由农业节气演化而来的，并不像其他民族那样，节日多源于宗教。以西方节日为例，它们更看重"神"的介入，圣诞节、复活节均与神有关，连接着人与天神。对于围绕农事节气而来的中国传统节日而言，则体现出中国人对时间和生命的轮转循环的观察结果和认知感受，更多地连接着人与人、人与事、人与天。

由莫福山先生主编的《中国民间节日文化辞典》收入的中国各民族的节日达1572条，其中，主要的传统节日约有120个左右。以民族特点、影响度和流传范围为主要参考标准，本小节选择中国传统节日中的腊八节、春节、元宵节、上巳节、清明节、端午节、乞巧节、中秋节、重阳节和冬至节这"十朵金花"，分别介绍它们的来源和节俗，并在全球化和现代化的视角下，探寻它们的发展变化，以及对我们生活的意义和影响。

（一）腊八节

农历十二月是腊月，为一年的结尾，腊八节（十二月初八）早在先秦时代就是祭祀神灵和祖先、祈求丰收的重要的传统节日，民间有"过了腊八就是年"的说法。喝腊八粥、吃冰是这个节日的主要民俗，其中喝腊八粥这一民俗，从宋朝起一直延续至今，上至宫廷、官府，下至平民百姓，都会在这一天熬上内容丰富的八宝粥。比较讲究的八宝粥会在白米中加入精心挑选的不少于20种的食材，包括红橘饼、百合、薏仁、枸杞、花生、核桃、杏仁、莲子、红枣、红豆、桂圆、葡萄干等。熬制好的八宝粥口味可甜可咸，营养丰富，和亲朋好友分享，寓意来年丰收。在中国的一些城市，还有在腊八节这一天施粥的活动。以成都文殊院为例，每年都会进行为期4天的施粥，派送主体多为寺院、养老机构、儿童福利机构、居民社区、商业中心等，2019年腊八节当天的派送份数达30万份。这些派送出去的八宝粥传承着中国人对甘甜的记忆，传递着分享的喜悦，温暖了城市和人与人之间的心，拉近了人们的距离，对促进社会和谐有着积极作用。

（二）春节

古代的春节一般在立春这一天，农历正月初一被称为"元旦"，但在1911年中华民国成立后，各省都督代表在南京开会，决定使用公历纪年法，把农历正月初一叫作"春节"，把公历的1月1日叫作"元旦"。到孙中山于1912年1月初在南京就任临时大总统时，为了"行夏正，所以顺农时，从西历，所以便统计"，定农历正月初一为春节。春节是中国最为隆重的传统节日，人们在节前要打扫房屋，置办年货，贴福字、春联、年画和门神以驱邪避疾。相传历史上第一幅春联"新年纳余庆，嘉节号长春"由后蜀皇帝孟昶创作于964年除夕；而《红楼梦》刘姥姥游大观园那段中，刘姥姥说"我们乡下人，到了年下，都上城来买画儿贴"，说的就是当时人们年前购买年画的习俗。在春节期间，男女老少都会换上新衣新鞋帽，祭拜天地和祖先，家家户户团圆，年糕、水饺为春节餐桌上必不可少的节日食物。守岁、放爆竹、拜年、舞龙舞狮、看社火等丰富的节日活动穿插其中，热闹非凡，一年的辛劳在这几天中消散殆尽，人们的内心得到极大的慰藉。时至今日，全国各地、世界各地的游子都会在春节前趁着"春运"大潮，如期回家。在有些地方团圆饭从在家里操办转移到各大餐厅；大鱼大肉也不只是在春节才能吃到，人们反而开始强调节日饮食营养均衡摄入的重要性；给晚辈的红包，不再局限于现金，而可以通过电子红包的移动支付功能实现。但是，无论春节的庆祝方式如何改变，春节在中国人心中的重要地位不会变，它始终体现出中华民族对家庭血缘的重视，对美好生活的向往和追求。

（三）元宵节

春节之后紧接着就是正月十五的元宵节，它又被称为灯节、上元节，源自汉朝人们燃灯祭祀太乙，兴起于唐朝，发展于宋朝。节日当天及前后忌日，各处张灯结彩，人们品完汤圆后，结伴走上街头，赏灯、猜灯谜、敲花鼓、看皮影和踩高跷表演。以彩灯为例，宋朝时，彩灯品种达到鼎盛，有琉璃灯、多面球灯、滚灯、巧作灯、冰灯等，其中最有名的灯叫作"走马灯"。周密在《武林旧事》中记载："若沙戏影灯马骑人物，旋转如飞。"这种灯一般是用年画作坊刻印的刀马人剪制而成，先用竹篾扎成方形或圆形的纸灯，将彩印的刀马人剪出，粘于纸轮上，轮中有杆，能活动自转，下方有一烛，烛火煽轮，轮上之刀马人物随即旋转不息，常见的有"三英战吕布""割须弃袍""捉拿花蝴蝶"等小说中的武打场景。众多彩灯之下，还会悬挂上各色灯谜，有时还有相应的奖品奖励猜对的游人。这些元宵民俗活动具有趣味性和互动性，深受人们的喜爱，不论时代如何变化，它们仍旧延续至今。比如，每年在四川成都和自贡都会定期举办灯会，灯会上总是游人如织，人们在载歌载舞的夜晚，许下一个个愿望，期待来年团圆美满、和谐幸福。

（四）上巳节

农历三月三，古称"上巳节"，大约在西周时就有了，是一个纪念黄帝的古老传统节日。相传这天为黄帝的诞辰，在这一天，古人有郊游、沐浴、放风筝、临水宴饮等节日习俗。人们认为，在三月三这天借郊游的机会，到河里沐浴可驱病祈福。从现代人的眼光来看，这一民俗有利于身体健康。同时，源自远古时代的放风筝在三月三也广受人们欢迎，如今人们还把放风筝视为治疗颈椎病的辅助手段。另外，在古时，三月三还是青年男女认识交往的好时机。现在虽然汉族地区鲜有人庆祝三月三，但壮族、白族、苗族、黎族等少数民族仍把三月三视为"情人节"，青年男女主要以对歌为媒介相识相知。1959 年由长春电影制片厂出品的经典电影《五朵金花》，讲述了金花与阿鹏在大理"三月三"盛会上一见钟情，并在蝴蝶泉边约定一年之后如不变心就再次相见，一年以后，阿鹏按照约定踏上了寻找心上人金花姑娘之路的爱情故事。影片中"大理三月好风光，蝴蝶泉边好梳妆，蝴蝶飞来采花蜜，阿妹梳头为哪桩……哥有情来妹有意，从今我们不分开，白头到老同甘苦，地久天长永相爱"的歌曲至今都广为传唱，甚至为推动大理旅游业发展起到了重要的宣传作用。

（五）清明节

2006 年 5 月 20 日，清明节经国务院批准，被列入第一批国家级非物质文化遗产名录，2008 年清明节被正式确立为法定节假日。它是节日与节气合而为一的传统节日，与三月三（上巳节）、寒食节相邻。清明节前几天为寒食节。古时寒食节和清明节是两个节日，在寒食节当天，人们除了禁火冷食，还会祭扫坟墓，向祖先表达追思；而清明节只是一个节气节日。但由于时间相近，两个节日的节俗慢慢相互影响和融合。从唐朝开始，寒食节逐渐被清明节替代，人们在清明扫墓的同时，也会相约外出春游。如今，在中国南方各省，还保留有清明喝清明茶、吃青团的习俗。青团在不同地区的叫法各不相同，如在江浙一带被称为青团，在福州被称为菠菠粿，在四川被称为艾蒿馍馍或清明馍馍，在安徽被称为蒿子粑。它曾经是祭拜先人时用的食物，味道可甜可咸，现在逐渐变为清明节特有的节令小吃。就清明节存在的意义来说，它是中国文化中对祖先崇拜的典型范例。人们通过祭拜仪式增强了对家的归属感、对祖先的感恩之情，也在亲近自然的时候，放松心情，做好迎接未来挑战的准备。

### （六）端午节

每年农历五月初五为端午节，又称端阳节、五月节、夏节、艾节等，从汉朝被定为节日起，已有两千多年的历史。关于它的来历，有众多说法，最为人们接受的是为了纪念屈原。中国的邻国日本和韩国也有过端午节的传统。2009年9月，联合国教科文组织将中国的端午节列入世界非物质文化遗产名录，至此端午节成为中国首个入选世界非物质文化遗产的传统节日。它丰富的节俗是各个时期、各个地域不断融合的结果，宋朝时，它被辽金两国接受；明朝时，它又吸收了金人射柳的习俗。节俗中，具有汉族特色的有挂菖蒲和艾叶、吃粽子和咸蛋、喝雄黄酒、赛龙舟、戴香囊等。以避五毒，五毒指蛇、蝎、蜈蚣、壁虎、蜘蛛五种有毒的动物，旧时在端午节，父母要给孩子穿上有"五毒图"的五毒衣和虎头鞋，手腕上系上名叫"百索"的五彩丝线，胸前佩挂装有草药的香囊，最后蘸取一些雄黄酒，在孩子的额上画一个"王"字，以求孩子平安健康。另外，在湖北、湖南，祭屈原与赛龙舟是紧密相关的。沈从文在时隔40多年后，仍对家乡湘西的赛龙舟场景念念不忘，他在《古人的文化》中写道："这些特制龙船多窄而长，有的且分五色，头尾高张，转动十分灵便。平时搁在岸上，节日来临前，才由二三十个特选少壮青年，在鞭炮轰响、欢笑呼喊中送请下水……正式比赛或由初三到初五，或由初五到十五。沅水流域的渔家子弟，白天玩不尽兴，晚上犹继续进行，三更半夜后，住在河边的人从睡梦中醒来时，还可听到水面传来蓬蓬当当的锣鼓声。"

### （七）乞巧节

乞巧节又称七夕节或少女节，据说每年农历七月初七，是牛郎织女"鹊桥相会"的日子，这给乞巧节蒙上了一层浪漫的面纱，激起了女性们的想象和憧憬。同时，她们被破例允许操办一些乞巧活动。所谓乞巧，指的是向织女乞求让自己心灵手巧，擅于女红。常见的乞巧活动有：到专门卖乞巧用品的市场上买回比赛穿针的用品，用七根线和七根绣花针在月下比赛穿针，看谁穿得又快又多；准备一个盒子，捉一只蜘蛛，放在盒子里，盖上盒盖，第二天打开盒子，如果盒里结上网，则算从织女处乞到巧。清朝顾禄在《清嘉录》中记录了当时苏州女子的乞巧活动："各自将阴阳水（开水和生冷水各一半掺和）一杯搅匀，在露天底下敞放一夜，日出后晒上一阵子。然后每人各拿一根绣花针，轻轻地放在水面上，注意不使下沉；再看针映在杯底的影子像什么事物，以此来判断心灵手巧的程度。"当然，在乞巧节这一天的晚上，并不是只有女性才能举办乞巧活动，对于儿童来说，可以通过学字乞文；对于想考取功名的读书人来说，可以通过拜魁星来祈求自己金榜题名。随着社会发展，上述民俗大多已不存在，女性祈求心灵手巧的初心也不再是人们过乞巧节的原因，聪明的商家在"牛郎织女"这个传说中找到灵感，同时也受到西方情人节的启发，将这一天定义为"中国情人节"，借机展开一系列关于"爱情"的商业营销活动，一些恋人对此也趋之若鹜，但对乞巧节本来的内涵知之甚少，这不能不说是一个遗憾。

（八）中秋节

中国人重视家庭，自然也重视阖家团聚的节日，中秋节就是这样一个具有团圆、寄托思乡之情的重要传统节日。每年农历八月十五月圆之时，各地举行各种各样的赏月拜月仪式，家家户户都会齐聚一堂，吃团圆饭、赏月、品尝月饼。赏月时，文人墨客不免诗兴大发，借诗词抒情，宋苏轼的《水调歌头·明月几时有》便是其中的佼佼者："明月几时有？把酒问青天。不知天上宫阙，今夕是何年？我欲乘风归去，又恐琼楼玉宇，高处不胜寒。起舞弄清影，何似在人间！转朱阁，低绮户，照无眠。不应有恨，何事长向别时圆？人有悲欢离合，月有阴晴圆缺，此事古难全。但愿人长久，千里共婵娟。"词里表达的佳节时虽与家人相隔千里，但仍祈盼家人能平安健康、共享皎洁月光的美好愿望打动了无数中国人。如邓丽君的代表歌曲《但愿人长久》便是基于该词所作，被海内外华人广为传唱，以表达思乡之情。中秋节节日食物月饼，在南宋时已有此名，但只作为"蒸作从食"（《武林旧事》），还非应节之食品；明代八月"自初一日起，既有卖月饼者，加以西瓜、藕，互相馈送"（《酌中志》），这才作为中秋的节物出现于市。如今，象征团团圆圆的月饼发展出各种类型，如京式月饼、广式月饼、苏式月饼等，仍是人们过节时购办节物的首选。

（九）重阳节

《易经》中把单数视为阳数，九为最大的阳数。每年的农历九月初九，含有两个九，因此，这一天被称为重阳，民间称为重阳节或登高节。它的渊源可追溯到前秦之前，《西京杂记》中记载了西汉时的宫人贾佩兰称："九月九日，佩茱萸，食蓬饵，饮菊花酒，云令人长寿。"可见从那时起，人们便有在这一天避难消灾、宴饮和求长寿的节俗了。戴茱萸的一般是妇女、儿童，有些地方的男性也会佩戴，多戴于手臂上，或插在头上，或把茱萸放在香囊中，以避凶驱恶，但这一节俗对现代人来说已变得陌生而遥远。前面贾佩兰提到的"蓬饵"，指的是重阳糕。《东京梦华录》记述了北宋时汴梁居民的生活，说在重阳节前一日，"各以粉面蒸糕遗送"。由此可见，宋朝时期人们还有互赠"粉面蒸糕"（重阳糕）的节俗，但这一节俗到现在已难觅踪迹。另外，因此时秋高气爽，非常适合登高望远，放松心情，同时也能强身健体于是有了重阳登高的习俗。代表长寿、长久的菊花也在此时盛开，唐朝诗人孟浩然有"待到重阳日，还来就菊花"的诗句，体现出古人对菊花的喜爱。如今，赏菊的节俗也流传下来，在有些城市，每年重阳节前后都会举办大型菊花展，吸引人们前来观赏。

（十）冬至节

冬至是为数不多的节气与节日合而为一的节。这一天是一年里日照时间最短、夜晚最长的日子，民间有"冬至大如年"的说法。人们曾把冬至视为一年结束或开始的节点，可见冬至节在人们心中的地位。在古代，不管是官府还是民间，都会在这天举行大规模的祭祀活动，拜祖先、拜父母、祭孔，仪式过后，亲朋好友相聚甚欢。餐桌上的节日食物南北各不相同，北方吃饺子，南方吃汤圆，西南有些地区还有在这天喝羊肉汤的节俗，据说这样可以驱寒暖身。另外，为了打发漫长而寒冷的冬日时光，人们还通过"数九"的方式来计算从冬至到春分之间 81 天的气候和物候情况。明朝时，有"画九"的节俗。《帝京景物略》载："冬至日，画素梅一枝，为瓣八十有一。日染一瓣，瓣尽而九九出，则春深矣，曰九九消寒图。"清朝时，还有"写九"的节俗，往往用"亭前垂柳珍重待春風（风）"或"春前庭柏風（风）送香盈室"九字，先双钩成幅，从头九第一天开始填写。用粗毛笔着黑色，每字九笔，每笔一天，九字填完正好八十一天。每天填完一笔后，还要用细毛笔着白色在笔画上记录当日天气情况，所以，一行"写九"字幅，也是九九天里较详细的气象资料。到了今天，除去南方和一些少数民族地区，冬至节的节日活动和仪式已变得不再像过去那样正式，但它仍旧是中国人全家团聚的重要传统节日。

# 二、中国传统节日的特点

中国传统节日承载着中华民族的民族基因，在宗法社会和农业自然经济的基础之上萌芽发展，它的特点和中国传统文化的特点紧密相关，主要有如下三个方面：

（一）务实性

中国人很早就认识到只有农耕才能给自己带来财富，才能使自己和全家的生活有保障，统治者也认为保证农业的核心地位，才能安邦强国，所以中国传统节日具有保障生存的务实性。看天吃饭的中国人利用所知的天文、历法、节气知识，按照四季交替的规律生活生产，同时也基于此发展出一个节日体系。这些传统节日有些来自于在劳作过程中对天、地、人的观察和体悟，于是在节日的祭祀活动中，中国人多祭拜祖先、灶神、财神、龙、河神、土地公等神灵，以求国家、家人和自己能平安吉祥、驱病灭灾、来年丰收、健康长寿、多子多福，这是一种务实的心理诉求，通过节日庆祝实现自身愿望的满足。在征服自然的能力增强后，人们除了保证自身生存以外，还有了更强的精神文化需求，于是中国传统节日的民俗活动在唐宋之后，增添了很多世俗娱乐的元素，一些祭鬼神的巫术手段逐渐转变为丰富的节日娱乐活动，如社火、燃放爆竹、放风筝等。

（二）教育性

中国人从原始社会的"自然崇拜"，到母系氏族社会的"图腾崇拜"，再到封建社会的"祖先崇拜"，崇拜的对象在逐渐转变。崇拜对象从上天回到大地，形成了对中国传统节日发展来说极为重要的传统社会根基：血缘宗法制度。这一制度反过来利用传统节日易被人们接受的特点，对人们的心理和行为进行塑造，让中国传统节日具有了教育性。在这样的社会背景中，国家由社会、宗族、家族、家庭构成，农业活动又主要依赖最小的社会单位家庭来具体开展，推动小农经济的发展。如林语堂所说："中国人的人生真义在于现世，享受淳朴生活，尤其是家庭生活的快乐（如父母俱存，兄弟无故），及在于五伦的和睦。"因此，中国传统节日多强调崇拜祖先，看重每逢节日的阖家团圆，节日期间的仪式禁忌、问候礼仪、送礼礼节等方面无不透露出中国社会人际关系的秘密，不同社会关系的相处之道存在着既定的处事原则。而统治者们通过各类传统节日活动和民间艺术，以最能吸引人的、反映人们日常生活和农作情景的题材入手，如戏剧、剪纸、年画等，进一步加强和教化他们的忠孝思想、道德观和言行，尽管这样一来会对个体的自由程度和创造力有所局限。

（三）包容性

众所周知，人类文明史上唯一没有中断而延续至今的文化就是中华文化。中国传统节日借助中华文化强大的生命力，在其不同发展阶段不断汲取来自多地域、多民族、多阶层、多信仰的精髓，接受差异的存在，体现出中国传统节日的包容性。多地域方面，除长江流域和黄河流域以外的地域四季到来的时间先后不同，但传统节日能遵循当地的环境、民情等特点，发展出具有各地特色、不同流派的节俗，如在冬至节时中国人的食俗为南吃元宵、北吃饺子，并未对这时的食俗做刻意规定。多民族方面，无论是北方游牧民族还是西南少数民族，他们都在先进汉民族文化的影响下，接受传统节日。同时，传统节日吸纳了这些民族的文化传统，保证传统节日可延续下去。多阶层方面，人们在中国传统节日里，既能做到雅俗共赏，又能做到官民同庆，也就是说传统节日并不仅仅限定某一特定阶层参加，而是全民参与。各类民俗活动能被不同阶层的人们所接受，从而形成相同的文化认同感，如明清时皮影戏成了元宵节时上自宫廷下至平民的广受欢迎的民俗娱乐活动。多信仰方面，中国远古有"万物有灵"的观念，佛教传入后与道教并行不悖。唐宋开始，祆教、景教等也传入中国，信仰多元化。有趣的是，由于中国的宗法制度根深蒂固，所以中国社会的宗教意识淡薄，传统节日不仅仅是祭祀神灵，更多地开始注重"人"，一些与道教或佛教有关的节日，如上元节、重阳节、腊八节等，其中的宗教环节也逐渐被世俗内容或形式所替代。

## 三、中国传统节日的蜕变

古人对天文历法的掌握，为中国传统节日的产生奠定了基础。几千年来指导中国农事活动的农历历法，主要根据太阳的运行规律，将冬至视为新年的开始，将一个太阳年划分为24个节气，人们据此开展农事活动和生活。中国传统节日体系依托于此，从先秦统一六国，到汉朝时董仲舒独尊儒术，为中国传统节日的形成创建了统一的文化环境，隋唐的繁荣发展，宋朝的鼎盛，元、明、清的日趋成熟，到20世纪初中国传统社会瓦解，传统节日逐渐式微，再到21世纪国人对中国传统优秀文化的重新重视和创新，中国传统节日以更符合现代人的生活方式和价值观的形式存在于中国人的生活中。

各种节日活动、节日民俗充分地体现了中国人特有的思维方式、价值取向、道德观念和审美情趣等，中国传统文化通过节日这一载体有序传承。传统节日让人们基于共同接受的行为方式和心理活动，推动社会和谐向前发展。在繁重的劳作以外，节日给人们提供娱乐放松的机会，成为统治阶级教化人们的手段，另外，也让人们对未来多了一份美好期盼。张岱年在《中国文化概论》一书中，认为中国文化基本精神的主体内容包括"天人合一""以人为本""刚健有为""贵和尚中"，中国人在中国传统节日漫长的历史演变过程中，多方面、多层次地将这些文化基本精神凝聚和整合进来，并代代相传。例如，大部分传统节日中都有祭拜天、地和祖先的仪式，以祈福上天保佑，人们把自己视为自然的一部分，按天道行事，这是"天人合一"的表现。传统节日多与"人"有关，通过节日庆典、戏剧、剪纸等形式，向人们传递各种中国传统社会的道德规范，如公忠、正义、仁爱、诚信、孝慈、谦敬、勤俭等，在节日中君臣、父子、夫妇、兄弟、朋友各司其职，践行这些道德规范，这是"以人为本"的表

228

现。一些传统节日为了纪念仁人志士而起，是坚忍不拔、自强不息的精神深入人心的体现。如端午节，屈原用生命来抗争，他身上的自尊自重的高洁气质为全社会所认可和爱戴，这是"刚健有为"的表现。传统节日在不同阶段的重要性和地位不断变化，如中秋节在明清时的社会地位明显高于在唐朝时。同时，传统节日逐渐被不同地域文化、不同阶层所接受，衍生出新的节日、民俗传统，并不断地兼容并包，成为中华民族共同的文化认知，这是"贵和尚中"的表现。

<h1 style="text-align:center">第三节 十二生肖</h1>

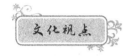

十二生肖里，"狗"被中国人认为是忠诚的代表。在传统农业社会，狗就是家园的最佳守卫。魏晋时期，有位叫陆机的名士，养有一只特别通人性的狗，叫"黄耳"。一次，陆机在王都有要事通知家人，难以寻得一位可靠的送信人，他心中因此感到非常的愁闷。就在他一筹莫展时，低头瞧见了黄耳，于是灵机一动，把黄耳唤过来，对它说："黄耳，我有一封要信需要你替我带回老家，另外还需要你带回回信！一切就靠你了。"黄耳听完陆机的话，心领神会一般，在陆机把信绑在它身上后就出发了。一路上，黄耳朝陆机老家的方向奔去，经历各种艰难险阻、风吹日晒。而陆机每天则在家门口望着家乡的方向等候，心想："不知黄耳平安到达没有？我让它送信会不会太为难它了？"50 天后，黄耳终于面容憔悴地带着回信跑回来了。陆机高兴地抱着黄耳，然后取下信看起来。哪知当陆机看完信，发现黄耳已经气绝身亡。陆机哭泣到："黄耳，你真是一只忠心的好狗，都怪我，我一定将你好好埋葬。"后来，陆机在住地不远的地方，专门为黄耳建了一个墓冢，忠犬黄耳的故事也就流传下来，为人们所称赞。

## 一、十二生肖说的来源

"十二生肖"也叫"十二属相"，是中国和东南亚地区部分民族用来代表年份的十二种动物，包括鼠、牛、虎、兔、龙、蛇、马、羊、猴、鸡、狗、猪，它们依次与十二地支（子、丑、寅、卯、辰、巳、午、未、申、酉、戌、亥）相配，形成子鼠、丑牛、寅虎、卯兔、辰龙、巳蛇、午马、未羊、申猴、酉鸡、戌狗、亥猪。每个人都以其出生年的象征动物作为生肖，所以中国民间常以生肖计算年龄，每 12 年为一轮。

　　早在先秦时代就有十二生肖，东汉王充在所著的《论衡》中较完整地记录了十二生肖的名称。魏晋南北朝时期，十二生肖已被广泛使用，延续至今。关于为什么要用这十二种动物，历史上众说纷纭，有"阴阳说"，认为十二生肖是阴阳结合的结果；有"相术说"，认为是相术家观察和选择的结果；有"混合纪年说"，认为十二生肖是古代华夏族纪年法与少数民族纪年法混合的结果；有"外来说"，认为十二生肖是印度传来的；有"图腾与天象结合说"，认为十二生肖是远古动物图腾崇拜与天文学中的天象结合而成，因上古时不同的部落有各自崇拜的动物，例如牛是农耕社会的象征，相传神农氏炎帝是"牛头人身"，所以炎帝的后裔就以牛为图腾。

　　那么，为什么老鼠会位列十二生肖的首位呢？中国古代学者曾经从一昼夜十二时辰的角度做出解释。天地混沌一片时，老鼠正好在子时出来活动，将天地咬出一道缝隙，就是"鼠咬天开"，所以子时属鼠。中国民间则认为，老鼠繁殖力强，过去人们看重生命的繁衍、大家庭子孙兴旺，于是产生了敬奉子鼠的多子多福的生育观。清末画家任预的《十二生肖图册》中，《子鼠图》中的五鼠正抢食罐中瓜籽，"籽"与"子"音同，也代表"多子"。

## 二、生肖民俗的演变

　　"十二生肖"的观念在民间被广为接受，人们相信生肖与人的命运与性格有着某种关系，即使同一生肖的人，由于出生的时辰不同，性格、命运也会各异。人们也相信，每 12 年就是一个人的本命年，本命年为凶年，需要在这一年采取一些特定的措施才能逢凶化吉，如系上红腰带、穿红背心和红内衣、戴红线手环等，这种习俗到今天仍然被人们接受。在各地倍受重视的"花甲之年"，是指老人 60 岁大寿这年，意味着这位老人度过了 5 个本命年，即将迎来他的第六个本命年，这是干支纪年的一个轮回，是一件值得庆祝的事，人们会在老人寿宴上祝福他健康长寿。

　　与此同时，十二生肖在语言、年画、服饰、神话传说、戏曲、饮食等传统文化中，是主要灵感来源之一。在语言方面，与十二生肖有关的成语举不胜举，如含有"虎"的成语就有上百之多：谈虎色变、如虎添翼、虎视眈眈、龙争虎斗等，体现出虎在人们心中是力量、王者的象征，人们对它充满畏惧之感。在年画方面，天津杨柳青、苏州桃花坞、四川绵竹、湖南隆回等地的年画都有"老鼠嫁女"或"老鼠娶亲"这一题材，体现出民间对"生肖之首"老鼠虽好感不大，但又不得不承认其聪明的特质。当然，在中国古代传说和故事中，老鼠也不完全是负面形象，清代晚期小说《八仙全传》中提到一个与老鼠有关的传说：在一次大水灾中，桥梁被冲毁，有老鼠衔枝搭桥救人，最后耗尽力气被大水吞没。仙人被感动了，赐给老鼠一枚仙果，并收其为徒，最终帮助老鼠成仙得道。另外，清代有一本书叫《梦园丛说》，记载粤东有一种玩具叫"钱鼠"，叫声好像数钱，老鼠能发出数钱般的声音，一些地方以此声为吉兆。在服饰方面，陕北妇女曾有系围裙的习惯，姑娘出嫁，必有一条绣花围裙作为嫁妆，在围裙的两条长长的裙褶带末端，常绣有双猪图案。它的深层民俗含义在于，借多产子的猪来祈福多子多孙、繁衍不息，且寄托着姑娘在婚后能持家有道，为新家积蓄财富的愿望。

综上所述，这些民俗文化的背后是中国人对生命和未来的探索，也是人们寻找"我是谁？我从哪里来？我要到哪里去？"这三个问题答案的一种民间途径。对于十二生肖的信仰已经成为中国人生命中不可或缺的一部分。

**思考题：**

1. 二十四节气对于中国人的农事开展和日常生活有何意义？

2. 当今中国人可以过的节日不仅只有传统节日，还有一些外来节日，比如情人节、万圣节、圣诞节等，你怎么看这样的现象？

查看答案

3. 请给同学分享一下关于你的属相的故事或相关成语，并谈谈你的属相在中国传统文化中被赋予的一些特点。

**我的思维导图**

请选择本章中的某一内容为核心词，自行绘制一幅思维导图。要求：层次清晰、图文精练。

# 参考文献

［1］ 毛泽东：《新民主主义论》，《毛泽东选集》第二卷，北京：人民出版社，1991 年。

［2］ 张岱年、方克立：《中国文化概论》，北京：北京师范大学出版社，2018 年。

［3］ 金元浦：《中国文化概论》（第 3 版），北京：中国人民大学出版社，2019 年。

［4］ 安凤琴、李国新：《中国传统与地域文化》，青岛：中国海洋大学出版社，2016 年。

［5］ 马克垚：《世界文明史》，北京：中国人民大学出版社，2004 年。

［6］ 冯天喻：《中华文化史》，上海：上海人民出版社，2009 年。

［7］ 崔钟雷：《中华上下五千年》，长春：吉林人民出版社，2008 年。

［8］ 张岂之：《中国传统文化》，北京：中国农业大学出版社，2006 年。

［9］ 吕思勉：《中国通史》，上海：上海古籍出版社，2010 年。

［10］ 许慎：《说文解字》，北京：中华书局，2006 年。

［11］ 许飞东、聂晖：《读字识中国》，北京：作家出版社，2016 年。

［12］ 胡朴安：《文字学常识》，长春：吉林人民出版社，2013 年。

［13］ 阮乃元：《文字奇观》，福州：海风出版社，2007 年。

［14］ "诗词中国"组委会：《中国诗词大会》，北京：中华书局，2017 年。

［15］ 李文娟、任彤：《浅谈汉字与中国文化》，百度文库，2013 年。

［16］ 冯友兰：《中国哲学简史》，北京：北京大学出版社，2013 年。

［17］ 沧浪：《汉字文化的魅力》，北京：北京大学出版社，2017 年。

［18］ 林庚：《诗人屈原及其作品研究》，上海：上海古籍出版社，1981 年。

［19］ 袁行霈：《陶渊明影像》，北京：中华书局，2009 年。

［20］ 张晖：《中国"诗史"传统》，北京：生活·读书·新知三联书店，2012 年。

［21］ 刘学锴、余恕诚：《李商隐诗歌集解》，北京：中华书局，2004 年。

［22］ 杨海明：《唐宋词史》，镇江：江苏大学出版社，2010 年。

［23］ 李修生：《元杂剧史》，南京：江苏古籍出版社，1996 年。

［24］王丽娜：《中国古典小说戏曲名著在国外》，北京：学林出版社，1988 年。

［25］刘梦溪：《红楼梦与百年中国》，石家庄：河北教育出版社，1999 年。

［26］袁行霈：《中国文学史》，北京：高等教育出版社，1999 年。

［27］叶朗：《中国美学史大纲》，上海：上海人民出版社，1985 年。

［28］蒋勋：《美的沉思》，长沙：湖南美术出版社，2014 年。

［29］教育部体育卫生与艺术教育司组编：《中国美术史及作品赏析》，北京：高等教育出版社，1997 年。

［30］沈从文：《古人的文化》，北京：中华书局，2013 年。

［31］彭吉象：《中国艺术学》，北京：高等教育出版社，1997 年。

［32］李泽厚：《美的历程》，北京：文物出版社，1981 年。

［33］柴永柏、曹顺庆：《艺术学导论》，北京：北京大学出版社，2013 年。

［34］邹大海：《中国数学的兴起与先秦数学》，石家庄：河北科学技术出版社，2001 年。

［35］吴守贤、夏仲康：《日食年代确定的研究史略》，《自然科学史研究》，2000 年第 2 期。

［36］钱存训：《书于竹帛：中国古代的文字记录》，上海：上海书店出版社，2006 年。

［37］袁娟：《情系中国节》，北京：人民武警出版社，2014 年。

［38］中国天文学史整理研究小组编：《中国天文学史》，北京：北京科学出版社，1981 年。

［39］张秀民：《中国印刷史》，杭州：浙江古籍出版社，2006 年。

［40］钱存训：《纸和印刷》，北京：北京科学出版社，1990 年。

［41］李晓岑：《浇纸法与抄纸法——中国大陆保存的两种不同造纸技术体系》，《自然辩证法通讯》，2011 年第 5 期。

［42］潘吉星：《中国古代四大发明——源流、外传与世界影响》，合肥：中国科学技术大学出版社，2003 年。

［43］田建、何双全：《甘肃天水放马滩秦汉墓群的发掘》，《文物》，1989 年第 2 期。

［44］李晓岑、王辉、贺超海：《甘肃悬泉置遗址出土古纸的时代及相关问题》，《自然科学史研究》，2012 年第 3 期。

［45］何双全：《甘肃敦煌汉代悬泉置遗址发掘简报》，《文物》，2000 年第 5 期。

［46］范晔：《后汉书》，北京：中华书局，1965 年。

［47］路甬祥：《走进殿堂的中国古代科技史》，上海：上海交通大学出版社，2009 年。

［48］潘吉星主编：《李约瑟文集》，沈阳：辽宁科学技术出版社，1998 年。

［49］陈美东：《中国科学技术史·天文学卷》，北京：科学出版社，2016 年。

［50］陈展云：《旧历改用定气后在置闰上出现的问题》，《自然科学史研究》，1986 年第 5 期。

［51］王振铎：《科技考古论丛》，北京：北京文物出版社，1989 年。

［52］王振铎：《司南指南针与罗经盘》，《中国考古学报》，1948 年。

［53］卢嘉锡：《中国科学技术史·医学卷》，北京：北京科学出版社，1998 年。

［54］陈瑞林：《民俗和民间美术》，长沙：湖南美术出版社，1990 年。

［55］余世存：《时间之书：余世存说二十四节气》，北京：中国友谊出版公司，2017 年。

［56］宋敬东：《中华传统二十四节气知识》，天津：天津科学技术出版社，2018 年。

［57］钟叔河：《念楼学短》，长沙：湖南美术出版社，2018 年。

［58］程裕祯：《中国文化要略》（第 4 版），北京：外语教学与研究出版社，2018 年。

# 后 记

    源远流长的中华文化，是中华民族智慧的结晶和精神风貌的体现，它自成系统、独具特色，是世界文明进程中唯一未曾断绝的文化。当今世界正面临百年未有之大变局，在实现中华民族伟大复兴的道路上，全社会都需要高扬起文化自信的旗帜，以优秀文化激发的精神力量，凝心聚魂，砥砺前行，共同开创一个新的时代。

    为响应大力弘扬中华优秀传统文化的时代要求，贯彻高等职业教育"以服务为宗旨，以就业为导向，全面提高高职学生的人文素养"的办学理念，落实人才培养"立德树人"的根本任务，我们组织编写了这本面向高职院校的中国传统文化课程教材，希望学生能够通过课程学习，认识中华优秀传统文化的发展概貌，提升人文素养，增强民族自豪感和文化自信心，让文化成为每个学生成长成才的强大的内生力量。

    本书在内容组织上注重引导学生掌握中华优秀传统文化的基本面，认识中华传统文化的涵义、特点、价值系统等，在总揽中华传统文化概貌的基础上，按照汉字、文学、建筑、戏曲、科技、教育、文化思想、民俗等主题进行了分类介绍，力求以优秀的中国传统文化传递人文精神与科学精神，帮助学生拓展视野、净化心灵、陶冶性情、丰厚涵养。

    我们在编写上强调理论结合实际，贴近生活，从每章的开始以现实的"文化视点"导入，到每章后面的"我的思维导图"思考训练，这样的编写安排目的就在于"以古人之规矩，开自己之生面"，以优秀传统文化的底蕴给今天的大学生以启发和引导。书中还结合已经建设两年多的四川省创新创业精品在线课程——"中国传统文化的传承与创意"的资源链接，在教与学的全面互动过程中增强课程的实践性和趣味性，引导学生以蕴含于传统文化的智慧哲理思考和化解学习、生活中遇到的问题，并鼓励学生在学习、实践、创新创业中体验、再现、再造中国文化之美。

    本书编写团队来自于不同院校，在成稿过程中进行了分工协作，其中：四川城市职业学院袁娟编写第一章绪论、后记，并承担了第一、二、三、四稿修订和统稿工作；四川城市职业学院潘山编写第五章，并承担了第三稿的修订工作；四川城市职业学院祥寒冰、齐华、王茂春分别编写第二、三、四章；西南交通大学杨光编写第六、七章；成都农业科技职业学院文绍琼编写第八章；四川城市职业学院何成军、尹璐分别编写第九、十章。

本书的编写得到了四川城市职业学院王世伦校长、罗大宪书记、赵齐阳副校长、教务部侯志春部长、教育学院王颖院长及涂丹副院长等各级领导，还有学院教务部等相关部门的关心和支持；也特别感谢江苏大学出版社的汪再非总监和其他编审老师的耐心指导和辛苦付出。

这本《中国传统文化选讲》几经波折，终于迎来了付梓时刻。在此，还要向所有编写团队的老师们致以敬意。中华文化博大精深，编写者深感学识浅薄，书名为"选讲"也表明这本教材无法详尽中华传统文化的全貌，对书中存在的缺漏和不足，编写团队恳请广大师生及各方人士给予批评指正，我们在今后的教学实践中一定会不断修订完善，与时偕行。

袁 娟

2020 年 10 月于成都金沙